Unter Mitarbeit von Hubert Ortkemper

Anja Silja

Die Sehnsucht nach dem Unerreichbaren

Wege und Irrwege

Parthas Verlag Berlin

Hubert Ortkemper

ist Autor und Regisseur zahlreicher Fernsehdokumentationen, darunter Die Musik sagt alles – Anja Silja, Wir leben von Traditionen – Christoph von Dohnanyi, Bayreuth Primadonnen mit Martha Mödl, Birgit Nilsson, Astrid Varnay.
Buchveröffentlichungen: Engel wider Willen – Die Welt der Kastraten (1993), Olympische Legenden (1996), Führer durch das klassische Griechenland (1997)

Die Deutsche Bibliothek – CIP – Einheitsaufnahme
Silja, Anja
Die Sehnsucht nach dem Unerreichbaren
Wege und Irrwege
Unter Mitarbeit von Hubert Ortkemper
Berlin : Parthas-Verl., 1999
ISBN 3-932529-29-4

5. Auflage 2001

Gestaltung: Hans Spörri
Satz und Reproduktionen: typossatz GmbH Berlin
Druck und buchbinderische Verarbeitung: Offizin Andersen Nexö Leipzig
Printed in Germany

Inhalt

Wieland Wagner
und
André Cluytens
gewidmet

Prolog

Erinnerung ist ein erstaunliches Phänomen. Je mehr man versucht, sie zu verdeutlichen, je mehr man glaubt, sie zurückholen zu können, um so mehr entzieht sie sich. Sie wird zu einem gesichtslosen Gefühl, wie ich beim Schreiben dieses Buches mit Erschrecken festgestellt habe. Vieles erscheint mir heute wieder so nah, als wäre es gestern gewesen. Aber die Menschen, die mir alles bedeutet haben, die mich nach wie vor in meinen Gedanken begleiten, deren Bilder in silbernen Rahmen vor mir stehen und um deren Verlust ich – noch immer und für immer – weinen kann, sehe ich nicht mehr wirklich vor mir. Keine ihrer Gesten, keine ihrer Bewegungen gehört zu meiner Erinnerung, die mir auf ewig lebendig erschien. Es ist, als läge ein riesiges, schwarzes Tuch über allem. Und plötzlich bekomme ich Angst vor dieser endlosen Unwissenheit, die Erinnerung heißt. Die nur noch gedanklich in mir ist, in der nur wenige Bilder für Momente die Dunkelheit erhellen.

Wissen, ohne zu sehen, sehen ohne zu wissen, das scheint Erinnerung zu sein. Erinnerung, die nur in die Dunkelheit führt, je mehr man versucht, sie zu entschlüsseln.

Mein Leben erinnert mich mehr und mehr an das der Emilia Marty in Leoš Janáčeks Die Sache Makropulos. Eine Rolle, die inzwischen weit mehr als eine Opernfigur für mich ist. Ich habe diese selten gespielte Oper in den letzten dreißig Jahren in sechs verschiedenen Inszenierungen gesungen. Erstaunlich oft für ein immer noch fast unbekanntes Werk. Inzwischen empfinde ich sie beinahe wie meine eigene Geschichte. Sie erzählt von einem jungen Mädchen, dessen Vater, Alchimist am Hofe Rudolfs II. in Prag, für den Kaiser ein lebenserhaltendes Elixier erfunden hat. Da der Kaiser nicht den Mut hat, sich als erster dem Experiment auszusetzen, wird es an Emilia ausprobiert. Mit Erfolg. Seit 300 Jahren lebt sie nun schon, irrt durch die Welt, durch verschiedene Welten, verändert immer wieder ihre Identität. Als Sängerin, als Schauspielerin, Tänzerin und wieder Sängerin. Am Beginn der Oper ist sie auf der Suche nach der verloren gegangenen Formel, ohne die sie sterben muß. Sie hat sie dem Mann gegeben, den sie als einzigen wirklich liebte, den sie ihr ganzes überlanges Leben nicht vergessen konnte. In seinem Nachlaß vermutet sie dieses Papier. Als sie findet, wonach sie so lange gesucht hat, verzichtet sie auf ein endlos weitergehendes, sinnloses Dasein. Es bedeutet ihr nichts mehr. Sie spürt zum ersten Mal, welches Glück die Endlichkeit sein kann: ›Welch ein Gefühl, der Tod hat mich angerührt. Und ich hatte Angst davor!? Kein Leben darf zu lang sein. Narren, ihr seid glücklich, weil ihr eines könnt: sterben, wenn die Zeit da ist.

In mir steht alles Leben still …, man fühlt, daß die Seele längst tot ist … Alles ist sinnlos, Singen und Schweigen …‹

Rückblicke müssen schon deshalb traurig machen, weil das, was man heute mit Sicherheit anders machen würde oder möchte, nicht erreichbar ist. Weil man sich selbst nicht wiederholen und anderen nichts mehr beweisen kann. Jedenfalls nicht in unserem Sängerberuf. Ich würde es schon deshalb gern, weil ich in zu jungen Jahren mit dem Singen begonnen habe. Es bleibt nichts, als über die ›guten alten Zeiten‹ zu reflektieren, was von der nächsten Generation immer milde belächelt wird. Gibt es noch Menschen, die wissen, daß es diese Zeiten tatsächlich einmal gab …?

Ich habe in meinem Leben – besonders in meinem künstlerischen Leben – eine Menge erreicht, und doch schmerzt es mich, daß ich vieles, wie mir heute scheint, in völliger Ahnungslosigkeit, beinahe in Trance, durchlebt habe. Vielleicht erscheint es mir auch nur so. Vielleicht war gerade dieses Unbewußte meine Besonderheit, die Wieland Wagner und André Cluytens an mir faszinierte, und die mich von allen meinen Kolleginnen unterschieden hat. Ich sage das ohne Eitelkeit und Arroganz, denn daß ich so jung war, als ich anfing zu singen, ist einfach Teil meiner Biographie. Ich habe im Alter von 26 Jahren so gut wie aufgehört, ein Repertoire zu singen, über das die meisten Sängerinnen frühestens in diesem Alter nachzudenken beginnen. Ich habe freiwillig eine außergewöhnliche Wagner-Karriere beendet, weil sie mir ohne Wieland sinnlos erschien.

Ich hatte bis dahin schon viele schicksalsträchtige Jungmädchenrollen gesungen, nicht nur die von Richard Wagner. Die Gefühle dieser

Operngestalten unterscheiden sich wenig von den Sehnsüchten und Schicksalen ›normaler‹ junger Mädchen. Ich habe sie dargestellt, wie sie erdacht waren. Ihre Begeisterung, ihre Liebe, ihre Furcht und ihren Haß. Ich sang sie so, wie Richard Wagner sie geschrieben hat. Mit Sicherheit wollte er keine üppigen Heroinen in seinen Werken sehen, sondern junge, sich aufopfernde Mädchen, was auf der Bühne zu erreichen ihm dank seiner überwältigenden Orchestrierung gründlich mißlungen ist.

Obwohl ich weiß, daß alles Bewußte Gefahr läuft, sein Geheimnis zu verlieren, bedaure ich unendlich, nicht bewußter die Jahre mit Wieland und die kurze Zeit mit André gelebt und empfunden zu haben. Beide waren für mich von prägender Bedeutung, sind es bis heute geblieben.

Ich kann mein Leben nur beschreiben als ein Leben vor und nach Wieland Wagner und André Cluytens. Die Zeit mit ihnen ist mir unbegreiflich, unwirklich, einzigartig und doch immer – und nach wie vor – gegenwärtig, niemals beendet. Der zweite Teil ist realistischer, greifbarer, nachvollziehbarer und daher leichter – beendbar!

Wie wäre meine Karriere verlaufen, wenn ich nicht die Möglichkeit gehabt hätte, in Bayreuth zu singen, mit Wieland zu arbeiten und zu leben? Daß ich es konnte, verdanke ich zuallererst Leonie Rysanek, die im rechten Moment für mich absagte, und Wolfgang Sawallisch, der für Bayreuth als erster an mich glaubte. Ich bin beiden unendlich dankbar dafür.

Ich bin noch nicht 300 Jahre alt, wie es Emilia Marty war. Aber auch über mein Alter gibt es inzwischen die merkwürdigen Ungenauigkeiten, wie sie bei Filmdiven häufig vorkommen. Obwohl mein Geburtsdatum seit fast 50 Jahren immer wieder in den Zeitungen steht, wurde ich in einigen Lexika 5 Jahre älter gemacht. Vielleicht macht einen so etwas auf die Dauer unsterblich, weil man von einem ›Geheimnis‹ umgeben ist. Wie so etwas passieren kann, gehört zu den Rätseln, oder besser Gehässigkeiten unserer Zeit. Der normale Alterungsprozeß reicht eigentlich.

Mein Leben, nicht nur das als Sängerin, erscheint mir unendlich lang. Vielleicht, weil man es, wie Emilias, in so viele Stationen unterteilen kann. Zweimal beendete der Tod einen gerade neu begonnenen Weg. Das Schicksal gab mir noch eine weitere Chance …

Mein Grossvater

Egon Friedrich Aders

Sehnsucht begleitet mich von Kindheit an. Eingepflanzt in den dunklen Nächten vor der Währungsreform, den wegen der dauernden Stromsperren nur mit Kerzenlicht erhellten Abenden, an denen mein Großvater mir jeden Tag aufs neue die deutschen Sagen erzählte oder die Gedichte der deutschen Romantiker näherbrachte. Erst nur die Gedichte, später zusätzlich deren Vertonungen durch Schubert, Schumann, Brahms. Ich lebte in dieser Welt, einer Traumwelt, die mein Großvater für mich schuf. Sie wurde noch verstärkt durch die Dunkelheit, die für die Erwachsenen sicher alles andere als romantisch war, für mich aber Geborgenheit bedeutete.

Auch jetzt sitze ich, mit einer kleinen Lampe neben mir, in einem ansonsten dunklen Zimmer und schreibe. Ich erinnere mich an die nachkriegsbedingten dunklen Abende am deutlichsten. Und an die verschiedenen Weihnachtsfeste, die für mich bis heute dazu gehören und an denen ich immer wieder dasselbe geschenkt bekam, nur etwas aufgefrischt. Aber das schmälerte meine Freude und Begeisterung nicht. Ich erinnere mich an das winzig kleine Haus, in dem ich aufgewachsen bin, den großen Kachelofen, an dem wir, nicht nur abends, angelehnt saßen. An Schnee, viel Schnee, den es damals noch gab und der für mich bis heute Kindheit bedeutet. Ich hätte Eisbär werden sollen. Schnee ist für mich immer noch ein Wunder. Was das betrifft, dauert meine Kindheit schon ein Leben lang.

Die Winter sind es, an die ich mich fast ausschließlich wirklich erinnere. Die kalten Tage, drinnen und draußen, und die Eisblumen an den Fenstern, die man heute kaum noch kennt. Jeden Morgen habe ich mich an ihnen erfreut und herauszufinden versucht, was die vereisten Ornamente wohl bedeuten könnten. Ich erinnere mich an eine Rutschbahn im Garten, die wir künstlich schufen, indem wir den Wasserhahn aufdrehten, um das Wasser über den abschüssigen Gartenweg laufen zu lassen (wieso war der Hahn nicht eingefroren?), so daß wir mit dem Schlitten bis auf die Straße und das gegenüberliegende Grundstück rodeln konnten.

Ebenso erinnere ich mich an das Schlittschuhlaufen auf dem See, an dem wir wohnten. Mit Schlittschuhen, die man unter die Schuhe schraubte. Es war eine Katastrophe, wenn man den Schlüssel verlor. Das geschah seltsamerweise immer wieder, obwohl er an einer Schnur um den Hals hing. Oft fand ich ihn Monate später verrostet irgendwo am Uferrand. Sogar auf der Straße konnte man eislaufen. Es gab keinen Verkehr und daher wurde auch nicht gestreut.

Ein Jahr nur, das erste, ging ich zur Schule. Selbstverständlich zu Fuß. Ein Weg von mehr als einer halben Stunde. Für ein kleines Mädchen ein schier endloser Weg. Ich ging allein. Damals konnte man das noch. Manchmal auch zusammen mit einem anderen kleinen Mädchen. Frühmorgens, im Dunkeln, oft in Schnee und Eis und bei klirrender Kälte. Dabei habe ich mich wohl fürs Leben abgehärtet.

Das Rauschen der Bäume im Wald, den ich durchqueren mußte, die Käuzchen und das Gurren der Tauben erinnern mich bis heute an diesen Schulweg. Und ich träumte, durch diese Geräusche angeregt und oft verängstigt, von Drachen, Hexen und anderen Monstern.

Ich habe eine extrem schöne Erinnerung an meine Kindheit. Sie erscheint mir heute wie das Leben von Lotta, dem freiheitsliebenden, selbständigen kleinen Mädchen aus Astrid Lindgrens Buch. Ich konnte alles, durfte alles, tat alles. Und sehnte mich danach, ernst genommen und von allen geliebt zu werden.

Nach diesem ersten Jahr habe ich nie wieder eine Schule besucht. Ich habe nur die Buchstaben und Zahlen dort gelernt, alles andere brachte mir mein Großvater bei. Sein frühes Befassen mit meiner Stimme begann ebenfalls in diesem ersten und einzigen Schuljahr. Ich hatte eine Fünf in Musik. Wahrscheinlich, weil ich zu sehr durch mein technisches ›Wissen‹ um die Stimmbehandlung auffiel. Mein Großvater wollte verhindern, daß ich auf dem Schulhof oder in der Klasse rumgrölte, wie das Kinder nun mal tun und brachte mir deshalb einige Grundbegriffe des Singens bei. Ich zeigte so viel Interesse daran, daß er ein Jahr später mit der Gesangsausbildung begann.

Eigentlich sollte ich nur Klavierspielen lernen. Aber das haßte ich. Dabei war es fast das einzige, was ich täglich zu tun hatte. Schon mit vier Jahren begann diese ›Tortur‹. Meine Großmutter war eine ausgebildete Pianistin. Sie unterrichtete mich nach der ›alten‹ Methode. Ständig klopfte sie mir auf die Finger. Ich fühlte mich unendlich in meinem Freiheitsdrang behindert, umging das verhaßte Zählen, indem ich statt dessen sang, was ich natürlich nicht sollte. Mein Großvater erkannte zum Glück, daß mir das sehr viel mehr Spaß machte. Trotzdem spielte ich noch ein paar Jahre weiter Klavier, brachte es immerhin so weit, daß ich mich später in meinen Konzerten selbst begleiten konnte.

Es tut mir nachträglich noch leid, daß ich so wenig Interesse an diesem Instrument zeigte, aber was kann man von einem vier- bis fünfjährigen Kind erwarten? Zudem habe ich meine Großmutter, nach dem Ergebnis zu urteilen, nicht ganz ›mißachtet‹, sie nicht nur enttäuscht!

Meine Großmutter war eine Frau, die keinerlei Chance hatte, sich gegen die Stärke meines Großvaters durchzusetzen. Ich weiß nicht, was er ohne sie gemacht hätte, und doch hatte man immer den Eindruck, als gäbe es sie gar nicht. Ihr blieb es lebenslang überlassen, ihm alle Unannehmlichkeiten aus dem Weg zu räumen. Sie war der ausgleichende Pol. Ich verstehe nicht, warum sie niemals protestiert hat. Das tat ihre Generation wohl nicht. Sie wollte Konzertpianistin werden. Sogar das wurde ihr verwehrt. Statt dessen bekam sie zwei Kinder. Meine Mutter und einen Sohn, der nicht aus dem Krieg zurückkam, in Rußland als vermißt gemeldet wurde. Seinen Tod hat sie nie verwunden. Ich habe keine Erinnerung an ihre Verzweiflung, sie muß sie in sich hineingefressen haben, wie es eine ganze Generation von Müttern damals getan hat. Kurz vor ihrem Tod sagte sie: ›Es war ein schweres Leben, aber trotz allem schön!‹

Sie begleitete mich überall dahin, wo mein Großvater nicht mit mir hingehen wollte. An den Strand, zu meinen Freundinnen, mit deren Müttern sie sich anfreundete, zur Ballettschule.

Genauso, wie ich das später mit meinen Kindern tat.

Als ich noch nicht ganz zehn Jahre alt war, wurde mein Kehlkopf von einem bekannten Spezialisten der Freien Universität Berlin untersucht. Er sollte prüfen, ob eine ernsthafte professionelle Gesangsausbildung in einem so frühen Alter möglich sei. Ob mein Kehlkopf eine solche Belastung aushalten könne. Offensichtlich konnte er. Singen war für mich immer die selbstverständlichste Sache der Welt. Daß ich es noch so empfinde, kommt selbst mir fast wie ein Wunder vor.

Ich hatte täglich Gesangstunden. Auch das, trotz meiner generellen Begeisterung für das Singen, nicht immer nur zu meiner Freude, wenn ich meine Freundinnen draußen spielen sah. Aber das mußte nun mal sein. Spielen allein ging ja wirklich nicht. Ich hatte wohl die längste und konzentrierteste Ausbildung aller Zeiten, wenn auch nie mehr als eine halbe Stunde am Tag. Das macht sich jetzt noch bezahlt. Es wurden 15 Jahre, bis ich mich dem Unterricht 1960 durch eine eigene Wohnung in München entzog. Trotz aller Gefahren durch zu schwere Rollen in zu vielen verschiedenen Fächern ist das mir immer wieder prophezeite baldige stimmliche Ende bis heute nicht eingetreten. Das ist allein das Verdienst meines Großvaters. Das Talent, in so jungen Jahren zu begreifen, was er mir da beibrachte, war zwar meines und ist wohl nicht alltäglich. Aber es einem Kind so früh begreiflich machen zu können, ist mindestens ebenso ungewöhnlich. Ich habe nie die Kontrolle über meine Stimme verloren. Ich erwarb sozusagen mit der Muttermilch meine Gesangstechnik, ohne sie bewußt zu lernen. Solange ich gesund bleibe und die Kraft dazu habe, werde ich vermutlich singen können.

Mein Großvater ist ähnlich wie Wieland – eine erstaunliche Parallele in meinem Leben – immer auf der Suche nach dem Menschen gewesen, der in der Lage war, s e i n e Träume zu verwirklichen. Zweimal hatte er es erfolglos versucht, bei meiner Großmutter und meiner Mutter (bei ihr wenigstens mit einem Teilerfolg, sie wurde Schauspielerin). In mir fand er endlich das richtige ›Opfer‹. Mit mir und durch mich konnten er und Wieland ihre Wagner-Träume verwirklichen, die sich für mich in gleicher Weise durch sie erfüllten.

Seine eigene Gesangsausbildung hat mein Großvater als Hobby begonnen. Er liebte den Gesang und wollte mehr über die technischen Möglichkeiten wissen. Er studierte bei demselben Lehrer, der Benjamino Gigli ausgebildet hat. Er hat bei diesen Stunden sehr gut aufgepaßt, zu meinem Vorteil. Aber berufsmäßig, für sich selbst, konnte und wollte er nicht singen. Er hätte nicht die Nerven dafür gehabt.

Von Herkunft Rheinländer, war mein Großvater Egon Friedrich Aders nach zahlreichen Reisen in Europa Ende der zwanziger Jahre in Berlin journalistisch tätig. Das Spektrum seiner Artikel zu unterschiedlichen Kulturthemen reichte von einer Würdigung des 1931 verstorbenen Altphilologen Ulrich von Wilamowitz-Moellendorff bis zu Betrachtungen über die Belcanto-Renaissance an der römischen Oper.

Am 24. Dezember 1927 brachte der Berliner Lokalanzeiger anläßlich des 90. Geburtstages von Cosima Wagner den Bericht seiner ›Pilgerfahrt‹ nach Bayreuth. Er fuhr dorthin, um mit ihr zu sprechen und sie zu malen:

Schließlich stand ich vor dem Haus Nr. 48 in der Richard Wagner Straße. Da ist es. Steil und streng, dunkel, schwer und einsam, tief versteckt hinter Gittern, schwarzen, kahlen Baumstämmen und beschneiten Laubengängen ragt es auf ... Haus Wahnfried, ... Hort und Witwensitz nun der nornenhaften und penelopeischen Greisin ...

Sie liegt im Lehnstuhl. Nicht allzu tief. Das Gedächtnis ist unendlich ermüdbar für Dinge der Gegenwart und der jüngeren Vergangenheit ... Cosima Wagner ist nicht krank und ist nicht schwach. Sie ist nur alt, alt, sehr alt ... Ihr Geist ist völlig wach. Und körperliche Schmerzen oder Beschwerden hat sie nicht ... Was die Festspiele betrifft, so hat sie im Vorjahre noch einen Akt lang einer Vorstellung beigewohnt. In diesem Jahr hat niemand mehr die Verantwortung für das Geleit übernehmen wollen. Aber sie hat sich berichten lassen. Haargenau, über jede Einzelheit, wirtschaftlich und künstlerisch ... Sie wacht und hütet noch. Die Vorbereitungen für die nächstjährigen Festspiele sind in vollem Gange. Sie läßt sich berichten. Sie tagt noch mit im Rate. Ihre Hand ruht noch auf dem Siegel.

Die Familienverhältnisse zwangen meinen Großvater, während der Nazi-Zeit länger und häufiger, als ihm lieb war, in Berlin zu sein. Die Kriegsjahre verbrachte er in Zoppot und Berlin. 1940 wurde ich geboren und schon mit drei Monaten bei den Großeltern untergebracht, weil meine Mutter auf Wehrmachtstournee geschickt wurde.

Mein Großvater konnte wunderbar erklären und erzählen. Und er wußte für fast alles eine Lösung und eine Antwort. Wie sein schwärmerischer Artikel über Cosima erkennen läßt, war er ein großer Wagnerianer. Ich kannte schon im Alter von zehn Jahren alle Rollen in Wagners Opern auswendig, nicht nur die weiblichen. Von Alberich über Hagen bis zum Waldvogel kannte ich sie, gleich mit der dazugehörigen Sage, die ja im Original anders ist als in den Opern. Das war bald meine Welt.

Auch über die griechische Mythologie wußte er viel zu erzählen. Die enge Verwandtschaft, die Wieland zu den Werken Richard Wagners sah, konnte ich als Kind natürlich noch nicht begreifen. Daß die weiblichen Gestalten Wagners sich alle aufopfern oder den Liebestod sterben (nicht nur Isolde), hat sicherlich zu meiner Begeisterung beigetragen. Liebe und Tod üben eine große Faszination auf junge Menschen aus. Als

Kind möchte man meistens etwas ganz anderes sein, als man ist, möchte tun, was man nicht kann.

Die Frauen bei Wagner leben in einer Traumwelt. Es gibt fast keine reale Figur in seinen Opern, alle sind Traumgestalten: Elsa, Elisabeth, Senta, selbst Isolde. Die einzige Ausnahme ist das Evchen in den MEISTERSINGERN. Sie haben keine ›normalen‹ Schicksale, wie die Rollen, die ich später sang. Vielleicht ist die Elisabeth noch am ehesten als Frauenschicksal zu begreifen. Aber die Zeit der Minnesänger ist für uns heute weit weg, schon das Wort klingt märchenhaft, obwohl es sie wirklich gegeben hat.

Jeder Mensch hat hin und wieder den Wunsch, sich in eine Phantasiewelt zu flüchten. Mein Glück war, daß ich diese Träume in Töne verwandeln konnte. Meine Träume waren dunkel, niemals fröhlich, voll von unerfüllten Wünschen, von unerfüllbaren Idealen. Die ›dunklen‹ Rollen haben mich schon als Kind begeistert. Deshalb bin ich wohl am überzeugendsten in ihnen.

Mein Großvater erzählte immer wieder, daß ich schon als Kind fröhlich aufgewacht und ebenso fröhlich wieder schlafen gegangen sei. Ich hätte nie gefragt, warum und weshalb ich etwas tun müsse, sei immer alles mit großer Energie angegangen (bis auf das Klavierspielen). Das lag wohl daran, daß ich nicht gefragt werden wollte. Ich war wie fast jedes Kind unerhört wortkarg, wenn es ums Antworten und Erzählen ging. Meine Großmutter hatte die Angewohnheit, mich jeden Tag auszufragen. Ich hatte nie etwas erlebt, nie etwas gesehen oder gehört! Ich glaube, ich habe nie etwas erzählt. Auch später nicht.

Wir fuhren oft nach Berlin in die Oper, was von Glienicke (Groß-Glienicke bei Gatow, nicht das berühmte bei Potsdam) eine Weltreise war, mit Bus und Straßenbahn. Und endlosem Warten an den Haltestellen. Der Bus zu uns fuhr nur alle zwei Stunden. Das ganze Unternehmen war immer wieder ungeheuer spannend, schon deshalb, weil wir erst spät in der Nacht zurückkehrten. Die erste Oper, die ich sah, war AIDA. Ich war neun Jahre alt.

Eigentlich war mein Großvater Porträtmaler. Damit verdiente er sich seinen Lebensunterhalt – oder auch nicht! In der Kriegszeit gab es wenig Gelegenheit, damit Geld zu verdienen. Wir saßen zudem ausgesprochen

›im Gebüsch‹. Dadurch blieb vielleicht unser Glienicke von Bomben fast verschont (eine der wenigen fiel ausgerechnet auf unser Haus und zerstörte ein Zimmer).

Wir hatten eine sehr gemischte Nachbarschaft. Einer der Nachbarn hatte einen eigenen Bunker, in den wir uns häufiger flüchten mußten. Zwei Häuser von uns entfernt wohnte eine jüdische Familie. Der Vater war plötzlich verschwunden, und seine junge Frau brachte sich und ihre Tochter um. Selbst ich, die ich erst drei oder vier Jahre alt war, kann mich an dieses schreckliche Ereignis noch erinnern.

Die Russen kamen schließlich als Befreier. Sie nahmen Olga Tschechowa mit, unsere Nachbarin, damals eine berühmte Filmschauspielerin (meine jüngste Tochter ist nach ihr benannt). Nicht für lange, glücklicherweise. Die Russen, die zu uns kamen, waren sozusagen das letzte Aufgebot. Die russische Elite, Akademiker und Künstler waren dabei. Einer war Pianist und hieß André. Das weiß ich noch, wahrscheinlich nur, weil er immer Schokolade mitbrachte. Er spielte bei uns Klavier und wurde von meinem Großvater gemalt.

Mein Bruder und ich wurden einmal in das schräg gegenüberliegende Wasserwerk, in dem ›unsere‹ Russen stationiert waren, zum Mittagessen eingeladen. Es gab Suppe. Und diese Suppe wurde, während ich sie löffelte, rot und röter. Ich glaubte, daß man uns vergiften wolle. Ich aß heldenhaft weiter in der Hoffnung, wenigstens das Leben meines Bruders retten zu können. Als endlich der Grund des Tellers sichtbar wurde, lag da – mein Milchzahn! Die armen Russen, sie wollten uns etwas Gutes tun, und wir hatten gelernt, nur das Schlechteste von ihnen zu erwarten.

Nach dem Zustand aller Gärten, in denen Kleider und Möbel verstreut herumlagen, hätte man das auch durchaus annehmen können.

Später wohnte ein Schwarzmarkthändler neben uns. Selbstverständlich sehr wohlhabend. Ich durfte nicht mit seinen Kindern, die er sehr zahlreich hatte, spielen und konnte das überhaupt nicht begreifen.

Nach dem Krieg nagten wir am sprichwörtlichen Hungertuch. Mein Großvater kochte uns Fischgrätensuppe in einem dieser Riesentöpfe, in denen man früher die Wäsche kochte. Mindestens sieben Tage hintereinander ›durften‹ wir davon essen. Wenn wir die Suppe endlich, nach einwöchigem Würgen, bewältigt hatten, machte er zu unserem Entsetzen dasselbe mit einer Brotsuppe.

Die ersten Nachkriegsjahre waren hauptsächlich geprägt von der Sorge um Essen und Wärme. Kartoffelversorgungsfahrten über Land, Suchaktionen nach Abfallholz in den nahen Wäldern oder nach Pilzen, von denen man nie genau wußte, ob sie eßbar waren. Wir hatten 25 Pfund Kohle für sechs lange Wintermonate, dazu Stromsperre an 22 Stunden pro Tag, und es gab eine genaue Buchhaltung am Gaszähler. Dies alles betraf in erster Linie meine Großeltern, ich merkte wenig davon.

Auf den Feldern pflückten wir Brennesseln und Melde. Und Sauerampfer. Kartoffeln hatten wir im Garten. Dachte ich jedenfalls in meiner Erinnerung bisher immer. Wieso schleppte ich sie aber so oft vom Kaufmann an? Na ja, vielleicht kam die Anpflanzung erst später.

Meine Großmutter verkaufte unsere ganze Bibliothek, Buch für Buch. Dafür ging sie immer nach Kladow, natürlich zu Fuß. Ein Fahrrad hatten wir erst später. Es hätte gar nicht zu ihr gepaßt, sich auf ein solches Ding zu schwingen. Sie war eine echte Dame, genau so, wie man sich eine wirkliche Dame vorstellt. Die einzige in unserer Familie. Klein und zierlich, und sehr kapriziös. Es war eine absurde Idee meines Großvaters, sie zu einer Wagnersängerin machen zu wollen. Selten hat sich ein Mensch so wenig dafür geeignet. Aber sie hatte etwas, das zu ihr paßte, fand ich. Sie hatte ein Riechfläschchen. Ob es das heute wohl noch gibt? Ich fand das ganz toll und durfte hin und wieder daran riechen. Sie war etwas ganz Besonderes, meine Großmutter, und jeder liebte sie.

Mein Großvater ging nur mit Spazierstock und Gamaschen aus dem Haus. Heute kommt mir das wie aus einem Roman von Thomas Mann vor. Das war auch seine Zeit, seine Welt. Er wollte sich nicht anpassen und hat es später nur sehr widerwillig getan.

Meine Großeltern hatten kein Geld. Ich glaube, sie hatten nie Geld. Meine Mutter sorgte für unseren Lebensunterhalt. Sie war von meinem Vater kurz nach meiner Geburt geschieden worden. Erst Anfang der fünfziger Jahre hat sie erneut geheiratet und zog mit ihrem Mann und meinem Bruder, der ein Jahr jünger war als ich, nach Stuttgart. Mein Bruder wohnte anfangs noch bei uns in Glienicke. Später, nach einigen unerfreulichen ›Ausflügen‹ in Kinderheime, mit meiner Mutter in Berlin. Das Haus in Glienicke war einfach zu klein.

Mein Stiefvater hatte in den fünfziger Jahren das für ihn zweifelhafte Vergnügen, das Wunderkind nebst ›Anhang‹ über Jahre hinweg zu unterstützen. Aber wenigstens hat sich diese Unterstützung gelohnt. Nicht immer ist die Ausbildung von Kindern so erfolgreich.

Mein Großvater schrieb an einem Buch, das ihn sehr beschäftigte: ›Vorposten Berlin – Gesichter und Gesichte‹, 1950 veröffentlicht unter dem Pseudonym Modestus van Rijn. Er zeichnete dafür alle wichtigen Berliner Persönlichkeiten des öffentlichen Lebens von General Clay bis zu Ernst Reuter und Paul Löbe, die Schauspielerin Hilde Körber, die Berliner Bischöfe Otto Dibelius und Graf von Preysing. Er wollte mit seinem Buch dem Kampf um ein freies Berlin ein Denkmal setzen. Die Zeit von 1946, als die Stadt geteilt wurde, bis 1949, als die Blockade beendet war, sah er als einen Freiheitskampf auf dem östlichen Vorposten der abendländischen Kulturwelt.

Daneben konzentrierte er sich hauptsächlich auf mich, sängerisch wie schulisch. Alles machte er allein. Ich lernte bei ihm das Wichtigste: Lesen, Schreiben, Rechnen und mein Lieblingsfach Geschichte. ›Allgemeinbildung‹ blieb gewissermaßen dem Leben überlassen. Ich habe die Schule nie vermißt. Und nicht gebraucht. Was zu kurz kam, kam eben zu kurz. Dazu gehörten Fremdsprachen. Ich spreche nur Englisch und hätte so gern mehrere Sprachen gelernt. Ich beneide alle Menschen, die lässig von einer Sprache in die andere wechseln können. Dafür singe ich sie. Das kann auch nicht jeder!

Sein Augenlicht wurde schlechter und schlechter, in den fünfziger Jahren verlor er es fast völlig. Auf dem einen Auge hatte er den grauen, auf dem anderen den grünen Star, damals inoperabel und wohl mit großen Schmerzen verbunden. Ich sollte so wenig wie möglich davon merken. Er hielt alles Unangenehme von mir fern. Seine wachsende Blindheit nutzte ich schamlos aus, um während der Gesangsübungen zu lesen oder irgend etwas zu basteln. Ich mußte Übungen singen und sprechen, die den Buchstaben ›R‹ enthielten, und das langweilte mich. Dadurch lernte ich nie, das ›R‹ richtig auszusprechen. Wenn er ausnahmsweise merkte, daß ich nicht aufpaßte, hat er Gegenstände nach mir geworfen, einmal sogar einen Stuhl. Getroffen hat er mich, glaube ich, nie.

Ich habe nicht bereut zu sein, was ich wurde. Obwohl ich gar keine andere Wahl hatte. Ich bin sozusagen als Sängerin geboren. Ich wäre genauso gern Detektivin oder Innenarchitektin geworden, oder sogar Sportlerin. Fürs Fechten sagte man mir ein großes Talent nach, ich habe es in Hamburg eine ganze Weile trainiert.

Am allerliebsten wäre ich Pippi Langstrumpf geworden. Da das aber selbst für Wunderkinder unmöglich ist, muß ich mit dem, was ich in meinem Beruf erreicht habe, wohl zufrieden sein!

❧

Mein Großvater hat glücklicherweise vermieden, mit mir eine Hollywood-Karriere anzustreben, die ihm angeboten wurde. Als Shirley Temple des Gesanges sozusagen. Mit einem dieser 5-Jahres-Exklusivverträge, bei denen man gewöhnlich von der Bildfläche verschwand, auf Eis gelegt wurde. Die Diskussionen, daß man einen so jungen Menschen mit einer Gesangsausbildung überfordere, geradezu ein Verbrechen an ihm begehe, haben über ein Jahrzehnt angehalten. So ganz sind sie nicht an mir vorbeigegangen, trotz aller Bemühungen, mich nicht damit zu belasten. Manche meinten sogar, man müsse mich dem Großvater wegnehmen, die Überanstrengung raube mir die Kindheit. Davon konnte überhaupt keine Rede sein. Niemand hätte eine schönere Kindheit haben können.

Eine Stimme wird ähnlich wie ein Muskel trainiert, wie beim Sport. Das kann man nicht den ganzen Tag lang tun. Instrumentalwunderkinder sind da viel schlechter dran. Die üben mehrere Stunden am Tag, schon in sehr jungen Jahren. Mit einer Stimme geht das gar nicht. Mein tägliches zwanzigminütiges Training fiel mit Sicherheit nicht unter die Rubrik ›Fronarbeit‹.

Einen Kehlkopf zu haben, der Töne produzieren kann, ist etwas, was die Natur einem mitgegeben hat. Alles andere war, wie bei jedem anderen Sänger, erlernt, über Jahre, über sehr viele Jahre.

Das Wunderkind-Image hat mich bis weit in die Bayreuther Zeit verfolgt. Ich empfand mich selbst nie als Wunder. Und doch gehört dieser ›Titel‹ zu meinem Leben, und das war schon sehr früh öffentlich.

Mahnende oder herablassend wohlwollende Kritiken haben meine Karriere lange begleitet. Zuerst konnte man nicht an eine so frühe Karriere glauben, dann wollte man nicht daran glauben, und als ich zum allgemeinen Erstaunen immer noch und immer besser sang, konnte man nicht zugeben, daß das ›Experiment‹ gelungen war. Zu oft hatten meine ›Berater‹ die ›gut gemeinten‹ Kommentare ignoriert. Inzwischen sind fast alle diese Kritiker tot, ich kann ihnen nicht mehr beweisen, daß sie unrecht hatten.

Ich bin heute noch stolz darauf, daß ich weder meinen Großvater noch später Wieland in ihrer Einschätzung meiner stimmlichen Fähigkeiten und meines Durchstehvermögens enttäuscht habe.

Ich hatte als Kind überhaupt kein Lampenfieber. Solange man mir die Angst nicht suggerierte. Das fing erst später an, als ich zum zwanzigsten Mal hörte, wie schwierig zum Beispiel das Quintett in den MEISTERSINGERN ist.

Meine Wunderkind-Karriere ließ sich langsam an. Ich dachte bisher, Anfang August 1950 im sogenannten Seglerheim in Kladow, einem Nachbarort von Glienicke. Ich sang in diesem Konzert im ersten Teil Lieder von Schubert und Brahms, im zweiten Teil Opernarien. Das einzige, woran ich mich zu erinnern glaube, ist, daß ich mich beim ›Ave Maria‹ von Schubert in den Strophen verhedderte und mitten in den ›O Jungfrau, eine Jungfrau ruft‹-Text sagte, ‹so ein Mist, ich fang noch mal von vorne an‹. Vielleicht weiß ich das aber auch nur durch das häufige Erzählen dieser – meiner ersten – ›Theateranekdote‹.

Wie ich dem Berliner Konzertführer entnehme, war mein allererstes öffentliches Konzert tatsächlich schon am 14. Mai 1950 im Corso-Theater am Gesundbrunnen. Als Einlage in einem Kinderballett.

Vor diesem ersten Auftritt hatte die veranstaltende Konzertagentur Ende April etwa zehn Journalisten zu einer Pressepräsentation eingeladen. Es gab an den darauf folgenden Tagen in fast allen Berliner Zeitungen ausführliche Artikel. Nur durch sie weiß ich überhaupt etwas über diesen Nachmittag. Sie sind so betulich geschrieben, daß ich mich

Mit dem Großvater in Berlin, 1951

fast schäme, sie hier zu zitieren. Aber sie zeigen vielleicht doch etwas von der Atmosphäre dieser Zeit:

Auf tut sich die Tür, und die zehnjährige Sängerin knickst herein. Die blonden Haare sind zu einem Kranz geflochten, sie trägt eine weiße Seidenbluse, schwarze Schuhchen, sie ist sehr hübsch und lächelt unbefangen aus Veilchenaugen. Die Begleiterin hebt die Hände mütterlich über die Tasten. Anja faltet die ihren über der Brust, öffnet die kleinen Zähne, beginnt das Vilja-Lied und – lieber Gott – das ist die Stimme einer ausgewachsenen Nach-

tigall. Das sind Klänge von einem Liliputanerstern. Anja singt den Frühlingsstimmenwalzer. Die Koloraturen kommen rein. Die Mittellage hat dramatische Leidenschaft... Sie singt die Butterfly, und die tiefen Töne kommen mit der schmerzlichen Wärme einer verlassenen Japanerin ...

Die blumigen Schilderungen, die alles andere als Musikkritiken sind, vermerken mehrfach, bei geschlossenen Augen glaube man nicht, daß da eine Zehnjährige singe. Und es kommt zum ersten Mal die – rhetorische – Frage, die mich jahrelang begleiten sollte:

Ist es aber richtig, die kleine Anja schon jetzt als Wunderkind an die Öffentlichkeit zu bringen? Man würde dem unbefangenen und unverbildeten Kind einen größeren Dienst erweisen, wenn man es sich in aller Stille entwickeln läßt und es nicht in einen anstrengenden Musikbetrieb hineinwirft.

Der ›Spiegel‹ veröffentlichte in der Rubrik ›Personalien‹, die es damals schon gab, ein Foto, auf dem ich vor Schreck über die Blitzlichter Mund und Augen weit aufreiße. Als ich das Heft jetzt noch einmal durchblätterte, stellte ich zu meiner Freude fest, daß in derselben Ausgabe auch der Name André Cluytens genannt wird, mit der Bemerkung, er habe sich ›mehrfach Lorbeeren auf ausländischen Podien‹ geholt.

In diesen Tagen sang ich dem Amadeus-Quartett a capella (also ohne Klavierbegleitung) die Zerbinetta-Arie vor und hielt zu seinem großen Erstaunen bis zum Schluß der Arie den Ton in der richtigen Höhe.

Im Sommer 1951 nahm ich an einem Wettbewerb neben 21 erwachsenen Sängern teil und hatte in Erinnerung (wieder falsch), daß ich den zweiten Preis gewonnen hätte. Was ich gewann, war wohl eine Art ›Spezialpreis der Jury‹. Jedenfalls berichtete die Berliner ›Nachtdepesche‹, ich sei die eigentliche Attraktion der Veranstaltung gewesen (wenigstens das). Und daß ich gesagt hätte, ich hoffte, bis zu meinem 75. Lebensjahr singen zu können!

Ich weiß nicht recht, ob ich das immer noch hoffen möchte, aber ich scheine langsam darauf zuzusteuern.

Anfang August trat ich im Sommergarten am Funkturm in einem Johann Strauß-Konzert vor etwa 20.000 Menschen mit dem Frühlingsstimmenwalzer auf. Als ein Flugzeug über uns hinwegdonnerte, hörte ich wieder einmal mittendrin auf (ich hätte das zu einem Stilelement entwickeln sollen!), sagte über Mikrofon, ›lassen wir das erst einmal vorbei!‹, und fing von vorne an.

Beim Konzert in Hamburg, 1952

Das erste von den seriösen Kritikern bemerkte Konzert fand im Titania-Palast statt, in dem damals auch die Berliner Philharmoniker spielten. Es ist leider nicht mehr genau festzustellen, wann das war. Vermutlich im Herbst 1951, kurz bevor ich nach Hamburg ging, wo meine ›Wunderkindzeit‹ erst richtig begann.

Mein erster Auftritt dort war am 4. Dezember 1951. Im Rahmen eines Sinfoniekonzerts in der Musikhalle durfte ich drei Koloratur-Arien singen. Die Pagenarie aus den HUGENOTTEN von Meyerbeer, die Olympia-Arie aus HOFFMANNS ERZÄHLUNGEN und die Arie der Rosina aus dem BARBIER VON SEVILLA. Als Zugabe den inzwischen obligatorischen Frühlingsstimmenwalzer. Eine Kritik trug die Überschrift ›Eine neue Ivogün?‹, damals d i e legendäre Koloratursängerin. Ich erhielt, bei allem Lob, wieder Mahnungen mit auf den Weg: *Freilich wird es nun sehr darauf ankommen, daß dieses Naturtalent behutsam entfaltet wird.*

Ich habe nach diesem Auftritt sogar in der Staatsoper vorgesungen (was sicher nicht meine Idee war). Die ganze Sängerprominenz des Hauses schlich sich in den Zuschauerraum, um das Wunderkind zu hören. Günther Rennert war zu dieser Zeit Intendant der Oper. Das Vorsingen hatte zur Folge, daß ich am Silvesterabend als Überraschungsgast in der Heuberger-Operette DER OPERNBALL – niemand wird es erraten – den Frühlingsstimmenwalzer singen durfte. Dafür wurde mir ein Bauchladen umgehängt und ich als Blumenverkäuferin verkleidet. Auf dem Ball (in jeder anständigen Operette gibt es einen Ball) sollte ich Anneliese Rothenberger, die eine Hosenrolle sang, für ›ihre Liebste‹ mit den Worten: ›Der Herr ein paar Blumen für die Dame?‹, einen Blumenstrauß anbieten, mich zum Dirigenten wenden – Horst Stein dirigierte den Abend – und ihn bitten, eben diesen Walzer zu spielen. Rennert stand in der Kulisse, um mir Mut zu machen und mir zu soufflieren. Ich fand das alles sehr verwirrend, aufregend und meinen Satz äußerst blöd und peinlich. Also sagte ich ihn einfach nicht, sondern schmiß meinen Bauchladen in die Kulisse, Rennert direkt an den Kopf – wirklich an den Kopf – und ging danach wortlos an die Rampe. Horst Stein stimmte irgendwann den Walzer an. Den Satz, den ich partout nicht sagen wollte, weiß ich sinnloserweise noch heute!

Nach diesem Auftritt war ich in Hamburg bekannt wie ein bunter Hund. In der Musikhalle wurde ein Orchesterkonzert mit Arien angesetzt, das siebenmal wiederholt werden mußte. Es war jedesmal bis auf das Podium ausverkauft. Bis heute treffe ich immer wieder Menschen, die mich damals gehört haben. Ich wurde – ähnlich wie später Uwe Seeler im Fußball – für viele Hamburger ›uns' Anja‹.

Mein ›Opernrepertoire‹ umfaßte zu dieser Zeit neben den genannten drei Arien aus HUGENOTTEN, HOFFMANNS ERZÄHLUNGEN und BARBIER noch die Arien der Butterfly und der Tosca, die Zerbinetta-Arie aus ARIADNE AUF NAXOS, Desdemonas Gebet aus dem OTHELLO, die Gilda-Arie aus Rigoletto und die Arie der Violetta aus La Traviata. Ich war 11 Jahre alt, und wenn ich in der letztgenannten Arie zu singen hatte ›... jeder Abend soll mich finden, wo die Lust sich frei ergießt...‹ blieben mir die amüsierten Blicke und das verstohlene Schmunzeln des Publikums ein unerklärliches Rätsel.

Wir lernten in Hamburg viele Menschen kennen, an die ich mich nicht mehr oder kaum erinnern kann. Aber eine Bekanntschaft hielt ein Leben lang. Die zu einem Journalistenehepaar im Alter meiner Großeltern mit Tochter und Enkelin. Wir waren beinahe täglich bei ihnen. Sie führten ein richtiges Bohemienleben, wie ich es vorher und nachher nie wieder erlebt habe. Ich fand es großartig. Vor drei Uhr nachmittags gab es kein Leben in ihrem Haus, dafür wurde die Nacht zum Tag. Es gab keinen Stuhl, auf den man sich setzen konnte. Überall lagen Zeitungen, Bücher, Broschüren. Durch das Chaos liefen zusätzlich zwei Katzen, Radames und Amonasro. Die liebte ich besonders. Manchmal kam ich schon gegen zwei Uhr mittags in das totenstille Haus, um mit den Katzen zu spielen oder mit der Enkelin Sanni, die um diese Zeit aus der Schule kam.

Ihre Großeltern hießen Hans und Anni Harbeck, genannt Mausi und Bubi. Jeder in Hamburg kannte sie, und umgekehrt kannten sie jeden. Außergewöhnliche, wunderbare Menschen. Es wurde kettengeraucht und mittwochs war Jour-fixe, Kaffeeklatsch. Dafur wurden sogar ein paar Stapel Zeitungen von den Stühlen genommen, denn irgendwo mußte man sich ja hinsetzen können. Es war alles sehr ungewöhnlich, eine ganz neue, mir unbekannte Welt.

Aus heiterem Himmel schlug das Schicksal in diese Familie ein. Die Enkelin Sanni – sie war etwas jünger als ich – starb drei Tage nach einem Kinderfest, zu dem ich eingeladen war, an Diphterie. Es war ein ungeheurer Schock. Die Eltern, deren Kinder an dem Fest teilgenommen hatten, machten sich große Sorgen, denn diese Krankheit ist sehr ansteckend. Tagelang war mein Großvater, waren wir alle in Panik. Nie wieder kehrte in das Haus die unvergleichliche Atmosphäre zurück. Aber ich blieb mit Harbecks weiter befreundet. Wann immer ich nach Hamburg kam, besuchte ich sie, wohnte bei ihnen, in Sannis ehemaligem Zimmer. Mausi und Bubi leben schon lange nicht mehr, aber mit ihrer Tochter, Sannis Mutter, für die ich nach ihrem tragischen Verlust, wenn man das so sagen darf, ein bißchen zu einer Ersatztochter wurde und die jetzt schon über 80 ist, telefoniere ich fast täglich.

Ich sang 1952 in vielen norddeutschen Städten, in Bremen, Hannover, Neumünster, Lübeck, Heide und vor allem im Sommer in den Nordseebädern, die meinem Großvater aus seiner Zeit als Porträtmaler sehr vertraut waren. Wir lebten fast ein Jahr auf Norderney, in einem Hotel

Auf Norderney, 1952

direkt an der Strandpromenade. Ich liebte die Sturmfluten im Herbst ganz besonders, die oft gefährlich nah an die Häuser herankamen. Wir waren außerdem auf Borkum, Juist und Sylt, überall trat ich auf. Mal mit Orchester, mal nur mit Klavierbegleitung. Die Zugaben spielte ich oft selbst. Mein Großvater fuhr immer mit. Ich sehe uns noch mit einem großen Koffer von Hotel zu Hotel ziehen. Auf Schiffen, in Bussen oder in der Bahn. Ich fand das alles sehr aufregend.

Im Winter 1952/53 wurde ich nach Finnland zu einer großen Tournee eingeladen. In 24 Städten sollte ich, meiner Erinnerung nach, singen. Ich kann bis heute nicht glauben, daß Finnland so viele Städte hat! Diese Reise trat ich mit meinen zwölf Jahren ganz allein an. Wahrscheinlich, um Kosten zu sparen. Ich wurde in Hamburg in einen Zug gesetzt, der nach Kopenhagen fuhr und dort auf ein Schiff nach Stockholm verfrachtet. In Stockholm auf ein weiteres Schiff. Überall betreut von Konsulatsangehörigen. In Helsinki wohnte ich bei Privatleuten. Manchmal muß ich auch allein gewesen sein, denn ich erinnere mich, daß ich im Lokal immer nur Würstchen aß, weil es das einzige war, was ich auf der Speisekarte lesen konnte. Irgend jemand hatte mir wohl das finnische Wort dafür beigebracht.

Es war ein traumhafter Winter, genau so, wie man sich Winter vorstellt. Die dichten finnischen Wälder waren tief verschneit, die Straßen ebenfalls, und die Seen zugefroren. Wir fuhren von Stadt zu Stadt meist mit dem Autobus, selten in privaten Autos. Ich sah zum ersten Mal die typisch finnischen Schlitten, die ich seitdem nicht vergessen, aber auch nie mehr wiedergesehen habe. Man schob sie wie Einkaufswagen. Hinten hatten sie lange bewegliche Kufen, mit denen man lenkte, vorne einen Sitz. Diese Schlitten fand ich toll, ich hätte zu gerne einen mit nach Deutschland genommen. Vor lauter Begeisterung über diesen unglaublichen Winter und die Lust am Rodeln und Schlittschuhlaufen vergaß ich völlig, weshalb ich eigentlich nach Finnland gekommen war, und erkältete mich fürchterlich. An Singen war überhaupt nicht mehr zu denken. Die Tournee mußte abgebrochen werden. Aber die Auftritte, die ich absolviert hatte, waren so erfolgreich, daß ich im folgenden Jahr noch einmal eingeladen wurde. Aus dieser Zeit stammt die Fama, ich sei Finnin. Viele Wagnersänger kommen aus Skandinavien, irgendwann habe ich es aufgegeben, diese ›Falschmeldung‹ richtigzustellen.

Nach der Rückkehr aus Finnland wechselten wir in Hamburg dauernd die Adresse, auf der Flucht vor den Jugendämtern. Ich ging ja nicht zur Schule, mein Großvater wollte das nach wie vor nicht. Mindestens zehnmal sind wir, bis ich aus dem schulpflichtigen Alter war, zwischen Hamburg, Berlin und Bayern umgezogen. Als ich einmal auf der Eisbahn in ›Planten un Blomen‹ (für Nichthamburger: ein Park mitten in der Stadt) war, kam jemand, von meinem Großvater geschickt, um mir zu sagen, ich solle auf gar keinen Fall nach Hause kommen, die Polizei suche nach mir. Es folgte zum wiederholten Mal eine Nacht- und Nebelaktion, in der wir in einen anderen Stadtbezirk zogen. Ich war das inzwischen schon gewohnt, komischerweise hat es mich nie gestört. Wir hatten auch nicht viel zu packen.

In der Hamburger Zeit verunglückte mein Großvater. Er kam von einem kurzen Spaziergang nicht zurück. Seine Augen waren inzwischen so schlecht geworden, daß er kaum noch etwas sah und eigentlich allein nirgends mehr hätte hingehen dürfen. Ich führte ihn meistens. Aber er fühlte sich sicher, kannte die Wege und traute sich einen Spaziergang zu. Er wurde von einem Motorradfahrer angefahren und mußte ins Krankenhaus gebracht werden. Da wir wieder einmal irgendwo ohne polizeiliche Anmeldung wohnten, erreichte uns die Nachricht erst viele Stunden später. Nach diesem Erlebnis entschloß er sich nicht etwa, uns anzumelden, aber sich wenigstens an dem einen Auge, das noch zu retten war, operieren zu lassen. Die Operation gelang.

Einmal zogen wir bis an den Schliersee, der Ort hieß Hausham. Warum es so weit sein mußte – ich weiß es nicht. Ich sang in dieser Zeit nur ein Konzert in München, im Kino am Sendlingertorplatz, und freundete mich mit den Zwillingsschwestern Isa und Jutta Günther an, die 1950 im Film Das doppelte Lottchen gespielt hatten. Wir waren in München häufig zusammen, später habe ich sie nie mehr wiedergesehen. Schade eigentlich.

Und ich lernte, ›Grüß Gott‹ zu sagen. Ansonsten fuhr ich mit meinen neuen Freunden in den Bergen am Schliersee Ski. Das ist schon fast alles, was ich über diese Zeit weiß. Merkwürdig, was wir wohl damals, außer Skifahren und dem einen Konzert, in Bayern wollten?

1955 wohnte ich – zum ersten Mal in meinem Leben – ein halbes Jahr bei Mutter, Stiefvater und Bruder in ihrem Haus bei Stuttgart. Aus dieser

Autogrammpostkarte, Berlin 1955

Zeit gibt es nur einzelne Momente, an die ich mich erinnern kann. An meine Briefmarkensammlung zum Beispiel, die ich auf einem Tisch ausgebreitet hatte, als mein Bruder aus der Schule nach Hause kam und das Fenster öffnete. Alle meine Marken landeten innerhalb von Sekunden im gegenüberliegenden Nußbaum! Es wurde eine dramatische Rettungsaktion! An häufiges Pilzesuchen im Wald, oder an eine Autofahrt im Schnee, bei der meine Mutter die Kontrolle über den Wagen (der auf einen Abhang zurutschte) verlor. Sie sprang einfach heraus, wozu ich vor lauter Schreck erst in letzter Sekunde fähig war. Und – vor allen Dingen – an einen wirklich dramatischen Moment, als ich mir beim Skifahren den Skistock in den Hals bohrte. Das hätte das Ende meiner kaum begonnenen Karriere sein können. Nur wenige Millimeter mehr nach links oder rechts hätten genügt, um die Stimmbänder unrettbar zu zerstören.

Im Frühjahr machte ich mit Eltern und Bruder eine Spanienreise. Wir fuhren nach Mallorca, als Pioniere des Tourismus. Ich war mitten in der Pubertät und für meine Umgebung sicher nicht die reine Freude. Nirgends wollte ich hingehen, alles fand ich ›blöd‹. Und mich fand man wohl ebenfalls sehr ›blöd‹. Nur ein Matrose hatte es mir angetan. Seinetwegen wäre ich gern auf Mallorca geblieben!

Eigentlich war diese Zeit in Stuttgart sehr schön. Ich stritt mich mit meinem Bruder, wie sich das für Geschwister gehört, fing an, mich für mein Äußeres zu interessieren und sang wohl wenig, vielleicht überhaupt nicht.

Meine Großeltern waren zurück nach Berlin gezogen. Ich folgte ihnen nach einem halben Jahr, um mich auf mein erstes Engagement am Staatstheater Braunschweig vorzubereiten. Wann und ob ich dort vorgesungen habe, weiß ich nicht mehr.

❧

Der Braunschweiger Intendant hieß Kühn. Und kühn war es, mich mit 15 Jahren an ein Opernhaus zu verpflichten, noch dazu in großen Rollen wie Rosina im Barbier von Sevilla, Micaela in Carmen und Zerbinetta in Ariadne auf Naxos.

Bevor ich am 30. Mai 1956 mein Bühnendebüt hatte, war ich schon die Sensation der Stadt. Ich fühlte mich unerhört bedeutend und erwachsen. Mein Partner in den drei Opern war der Schwarm aller jungen Mädchen von Braunschweig: Jean Cox. Meine neuen Freundinnen beneideten mich glühend um das Privileg, so oft mit ihm zusammensein zu können. Ich mußte bald nicht mehr spielen, daß ich in den Grafen Almaviva verliebt sei. Es war keine leichte Zeit für ihn, ich verfolgte ihn geradezu mit meiner Begeisterung und Teenagerliebe. Jean blieb immer gleich freundlich, gleich hilfsbereit und versuchte meine Begeisterung in die richtigen Bahnen zu lenken, was ihm nicht vollkommen gelang.

Mit Jean Cox im Barbier von Sevilla, Braunschweig 1956

Durch meine Schwärmerei für ihn lernte ich meine engste und beste Freundin Erika (genannt Ric) Wagner kennen. Sie wohnte direkt gegenüber dem Haus von Jean, von ihrem Zimmer aus konnte man in seine Wohnung sehen. Grund genug, diese Bekanntschaft zu vertiefen. Aber selbst ohne diesen später nicht mehr wichtigen Grund hat unsere Freundschaft die vielen Jahrzehnte überdauert! Sie zog 1965 zu mir nach München und hat alle Höhen und Tiefen meines Lebens miterlebt.

Viele Mitglieder des Braunschweiger Theaters waren entsetzt über mein Engagement. Ohne Theatererfahrung bekam ich gleich die größten

Rollen, sang sie den älteren Kolleginnen weg. Ich dachte überhaupt nicht darüber nach und fand alles wunderbar. Nicht nur meinen Partner, den aber ganz besonders. Ich merkte nichts von den Animositäten, die es gegen mich gegeben haben muß.

Die Vorstellungen waren erfolgreich, die Leute strömten ins Theater. Alles was ich tat, wurde zum Gesprächsthema. Und ich war verliebt in den Tenor. Was kann man sich mehr wünschen?

Meine Großeltern wohnten mit mir die ersten zwei oder drei Monate in einer Wohnung im obersten Stock des Theaters. Zwei Etagen über dem Arbeitszimmer des ersten Kapellmeisters, der den BARBIER dirigierte. Er gehörte zu meinen ›Feinden‹, hatte mein Engagement zu verhindern gesucht. Ich mochte ihn nicht besonders. Das sagte ich lautstark und geschickterweise, indem ich aus dem Fenster heraus meinen Freundinnen auf der Straße die neuesten Kontroversen berichtete und ihnen den ›Quatsch‹ erzählte, den er wieder von sich gegeben hatte. Das konnte nicht gutgehen (obwohl ich heute noch der Meinung bin, daß ich recht hatte!). Ich wurde nach einem Jahr gekündigt, was für mich vor allem bedeutete, daß ich Jean ›verlassen‹ mußte. Das war das einzige, was mich wirklich belastete. Es war der Sommer, in dem ich zum ersten Mal in Bayreuth vorsang. Eigentlich fuhr ich nur dorthin, um Jean zu besuchen, der den Steuermann in Wolfgang Wagners Inszenierung des FLIEGENDEN HOLLÄNDER sang. Ich sah ihn natürlich so gut wie gar nicht. Er war nicht besonders erfreut, als ich dort auftauchte, sorgte aber immerhin dafür, daß ich einige Proben ansehen konnte.

Ich sang von da an jeden Sommer in Bayreuth vor. Vor dem Bühneneingang gab es eine Bank, auf der ich mit meinem Großvater auf das Vorsingen wartete. Das Wunderkind ist wieder da, hieß es. Wieland soll mich die ›Kindertrompete‹ genannt und meine weiteren Vorsingen nicht mehr beachtet haben. Als ich später ihm gegenüber einmal ängstlich bemerkte, daß ich vielleicht an der und der Stelle nicht über das Orchester kommen würde, meinte er liebevoll-ironisch: ›Keine Angst, deine Kindertrompete kommt überall durch!‹

Die Kündigung in Braunschweig muß mein Großvater als eine ernste Gefährdung meiner weiteren Karriere angesehen haben. Ich habe das damals wieder einmal nicht wahrgenommen (eine meiner Haupteigen-

Als Zerbinetta in Ariadne auf Naxos, Braunschweig 1957

schaften scheint es gewesen zu sein, nichts wahrzunehmen). Einem Brief, den er im März 1957 an Freunde in Berlin schrieb, entnehme ich, daß er sich längere Zeit vergeblich bemüht haben muß, ein neues Engagement für mich zu finden:

Anja ist für Nur-Koloratur zu ›groß‹ und ›walkürenhaft‹ geworden. Mit dieser Begründung ist der Vertrag nicht verlängert worden: ›für Koloratur zu heroisch, für Heroine zu jung‹ ...

Über das, was nun werden wird, können wir zur Zeit noch nichts sagen. Die Vermittler schweigen sich aus. Drei waren hier, schon im September vorigen Jahres, erklärten sich nach je einstündigem Vorsingen für restlos überzeugt und versprachen innerhalb vier Wochen Angebote. Seitdem sind sie stumm. Auch eine höfliche Bitte um Aufklärung, unter Beifügung von Rückporto, blieb dreifach ohne Antwort ...

Anja selbst ist, wie immer, völlig unbekümmert. Das Grübeln, Kämpfen und Sorgen ist ganz allein unsere Sache ...

Es muß eine große Enttäuschung für meine Großeltern gewesen sein. Endlich hatten sie sich einmal etwas sicherer im Leben gefühlt.

Im Herbst 1958 wurde ich nach Stuttgart engagiert. Ich fiel, wie man so schön sagt, die Treppe hinauf. Mein Großvater hatte es mal wieder geschafft. Als wir diesmal, ich kann nicht sagen zum wievielten Mal, umzogen, hatten wir etwas mehr Gepäck.

In Stuttgart wohnten wir prophetisch in der Richard Wagner Straße. Meine ersten Rollen waren die TROUBADOUR-Leonore, alternierend mit Astrid Varnay (in Astrids Vorstellungen, sang ich die Rolle der Dienerin Ines), und die Königin der Nacht in der ZAUBERFLÖTE. Zwei sehr unterschiedliche Partien, beide nicht gerade Teenager-gerecht. Die Königin der Nacht blieb noch einige Jahre an mir haften. Sie hat keine weiblichen Emotionen, keine Entwicklungen, sie war und ist eher eine Art Zirkusnummer. Das ließ sich vereinbaren mit dem, was man von einer so jungen Sängerin erwartete. Bei der Leonore war es schon etwas ganz anderes. Ich weiß nicht, warum und wieso gerade diese Partie für mich ausgesucht wurde.

In Stuttgart durfte ich außerdem die kleinste Rolle singen, die ich, neben der Engelsstimme im DON CARLOS in Braunschweig, je gesungen habe. Die Gräfin Ceprano im RIGOLETTO. Diese winzige Rolle habe ich

Mit Hans Harbeck (›Bubi‹), 1958

nur deshalb noch im Gedächtnis, weil ich am Abend einer Vorstellung im Kino saß und zwei junge Männer in der Reihe hinter mir sich darüber unterhielten, wohin sie nach dem Film gehen könnten (es waren vermutlich Tänzer). Man könne essen gehen, vielleicht in der Kantine der Oper. ›Was wird gespielt?‹ – ›Rigoletto.‹ Wie von der Tarantel gestochen, sprang ich auf und raste los. Alles war in heller Aufregung, eine Chordame schon in meinem Kostüm. Ich weiß nicht mehr, ob ich überhaupt auftreten durfte.

Eine andere kleine Rolle sang ich, aus einer Laune heraus, mit einer Kollegin zusammen. Die Priesterin in Aida. Ich ging zufällig kurz vor ihrem Einsatz auf der Hinterbühne an ihr vorbei und wir beschlossen, an diesem Abend zweistimmig zu singen. Den Dirigenten am Pult hat fast der Schlag getroffen, aber niemand hat verraten, wer die andere Sängerin war.

In der Stuttgarter Zeit hatte ich mein erstes Gastspiel in Wien. Natürlich mit der Königin der Nacht. Auf Einladung von Herbert von Karajan. Dirigent der Vorstellung war Karl Böhm. So steht es in den Opernbüchern. Zu behaupten, ich erinnerte mich daran, wäre eine glatte Lüge.

Das Stuttgarter Engagement genügte den Vorstellungen meines Großvaters nicht. Ich sang deshalb in Frankfurt vor, wo Harry Buckwitz, der berühmte Schauspielregisseur, Intendant war und Georg Solti Generalmusikdirektor. Solti beschreibt mein Vorsingen in seinen Erinnerungen so:

Ende der fünfziger Jahre kam eine ehrgeizige achtzehnjährige Sopranistin zum Vorsingen. Ich stellte die übliche Frage: ›Was würden Sie gerne singen?‹ – ›Ich kann drei Sachen‹ erwiderte sie, ›den Liebestod aus Tristan, oder eine der Arien der Königin der Nacht, oder von Pamina aus der Zauberflöte.‹ Das sind drei Rollen für drei verschiedene Sopranstimmen: ein dramatischer Sopran (Isolde), der höchste Koloratursopran im Repertoire (die Königin der Nacht) und der schönste lyrische Sopran (Pamina). Ich war so verblüfft, daß ich sagte: ›Also schön, lassen Sie mich alle drei hören.‹ Sie sang alle drei Partien mit großem Selbstbewußtsein und Differenzierungsvermögen. Sie brachte die Spitzentöne, die tiefen und die mittleren Lagen. Darüber hinaus war sie auch eine glänzende Darstellerin. Es war das erstaunlichste Vorsingen, das ich je erlebt habe, und ich bat Buckwitz, sie vom Fleck weg zu engagieren.

Daß ich jemals die Pamina studiert habe, klingt mir fremd, aber vielleicht hatte ich die Arie tatsächlich in meinem Vorsingerepertoire. Ich wurde eingeladen in Frankfurt als Gast ›auf Anstellung‹ die Santuzza in CAVALLERIA RUSTICANA zu singen, lernte die Rolle in 14 Tagen. Das war eine Chance, wie man sie sehr selten im Leben bekommt. Ich mußte sie ergreifen. Um die Sache nicht gar zu ›leicht‹ für mich zu machen, war dieses Gastspiel ohne jede Orchesterprobe und mit nur einer kurzen szenischen Einweisung.

Bevor das eigentliche Frankfurter Engagement begann, sang ich im Sommer 1959 in Aix-en-Provence, dem französischen Salzburg. Ich fuhr zu diesem Gastspiel, als ob ich auswandern wollte. Mit Töpfen, Pfannen und Bügeleisen. Ausland, so dachte ich wohl, bedeutet die Wallachei.

Die Hitze in Aix hat mir sehr zu schaffen gemacht. Ich konnte kaum singen. Hitze war ich überhaupt nicht gewohnt und kann sie bis heute nicht vertragen. Selbst nachts kühlte es kaum ab. Von den Proben in den Mittagsstunden will ich gar nicht reden. Mein Auftritt als Königin der Nacht war abenteuerlich. Ich mußte in einem schweren Samtkostüm, mit einer hohen Krone auf dem Kopf, auf eine Leiter steigen, um mich von dort auf ein Podest zu schwingen, von dem aus ich in majestätischer Haltung aufzutreten hatte, immer in Gefahr, bevor ich auf der Bühne stand, mit Leiter, Krone und der ganzen Chose umzufallen. Das blieb mir erspart, aber ich würde sagen, die akrobatische Leistung vor einer so heiklen Arie war eine harte Prüfung.

Eigentlich sollte Hans Rosbaud die Aufführung dirigieren. Er wurde kurz vor Probenbeginn krank, ich habe ihn leider nicht mehr kennengelernt. Alberto Erede sprang für ihn ein. Den Papageno sang Erich Kunz, der damals wohl berühmteste Vertreter dieser Rolle. Er gehörte zu der inzwischen fast ausgestorbenen Spezies von Sängerpersönlichkeiten, die man als Erzkomödianten bezeichnet. Alles, was er machte, machte er gut und geschmackvoll. Etwas, was man heute nicht mehr allzu oft findet.

Die Kritiken waren nicht überschwenglich. Meine Königin der Nacht wirke ›zumindest problematisch‹, schrieb Antoine Goléa in der ›Neuen Zeitschrift für Musik‹: *Die Rolle von einem neunzehnjährigen, noch so begabten Geschöpf singen zu lassen, wenn auch die Voraussetzungen dafür vorhanden sind, sie einer unfertigen, noch zarten Stimme zuzumuten, heißt, sie binnen wenigen Jahren zur Stummheit verdammen …*

Der Kritiker des ›France-Soir‹, der damals der französische Kritikerpapst war, meinte hingegen, ich sei die neue Callas. Er kreierte diesen Satz, mit dem heute jede bessere Nachwuchssängerin bedacht wird. Ich war die erste neue Callas, zu einer Zeit, als die Callas selbst noch ziemlich neu war.

Ich habe diese außergewöhnliche Sängerin sehr bewundert. Es ist unmöglich, sie nicht bewundert zu haben. Heute würde ich kritisch anmerken, daß sie für meinen Geschmack zu theatralisch war. Damals hat mir das sehr gefallen. Als Theaterpersönlichkeit war sie mir immer ein Vorbild. Ich bin nur ganz anders, deshalb war der Vergleich nie angebracht. Privat gibt es vielleicht gewisse Parallelen.

Im berühmten Café deux Margot in Aix saß Picasso am Nebentisch, unzählige andere Prominente sah ich dort, es war eine fröhliche, ungezwungene Atmosphäre, die mir aber doch sehr fremd blieb und in der ich mich, sicher auch meiner Jugend wegen, wie ein Fremdkörper fühlte.

(André Cluytens, der häufiger in Aix war, dirigierte in diesem Jahr in Bayreuth Wielands neuen LOHENGRIN, den ich – ohne André – im Jahre 1962 dort sang.)

HOFFMANNS ERZÄHLUNGEN war meine erste Oper in Frankfurt. Ich sang alle drei Frauenrollen, Ernst Kozub war mein Partner. Er hatte eine außergewöhnlich schöne Stimme. Warum er nicht das wurde, was diese Stimme zu versprechen schien, ist eines der vielen Rätsel unseres Berufs.

Von der Frankfurter Presse wurde ich ›Soltis Wunderkind‹ genannt. Dabei hatte ich fast keine Gelegenheit, mit ihm zu arbeiten. Er ging schon 1960 nach London. Erst dort wurde er wirklich berühmt.

Ich sang weiterhin das von mir ungeliebte Koloraturfach, Konstanze in der ENTFÜHRUNG AUS DEM SERAIL, Fiordiligi in COSI FAN TUTTE, und immer wieder die Königin der Nacht. Dabei fiel ich hauptsächlich durch meine Jugend auf, nicht durch besondere Rolleninterpretationen.

Die COSI wurde von Hans Neugebauer betreut, ich weiß nicht, wer sie ursprünglich inszeniert hatte. Früher blieben Aufführungen für Jahrzehnte auf dem Spielplan. Dieses Schicksal war wohl auch für diese COSI vorgesehen. Ich ließ es nicht dazu kommen. Ich hatte eine Dorabella, mit der ich einfach nicht zusammen auf der Bühne stehen konnte. Wenn wir uns nur ansahen, mußten wir lachen. Das ist mir vorher oder nachher nie wieder mit einer Kollegin passiert. Noch während der Proben ging Neugebauer zum Intendanten und beschwerte sich. Eine der Damen müsse umbesetzt werden, so ginge das nicht weiter. Es wurde uns sogar mit Kündigung gedroht. Aber auch das half nicht. Wir verlachten jede Vorstellung.

Während unseres ersten Duetts mußten wir an einem Brunnen imaginäre Tauben füttern. Als wir bei einem Abstecher nach Hanau (damals machte man so etwas noch) die Szene betraten, war dieser dämliche Brunnen nicht da. Er paßte nicht auf die viel kleinere Bühne. Man hatte uns darüber nicht informiert. Die Wirkung war verheerend. Vor lauter Lachen sangen wir keine einzige Note. So in etwa verliefen alle weiteren Aufführungen. Irgend etwas Unerwartetes passierte jedesmal. Wir sangen die Oper, was damals ungewöhnlich war, auf Italienisch. An einem Abend fing der Tenor, der diese Rolle zur gleichen Zeit woanders in der Übersetzung sang, eine Ensembleszene in klarstem Deutsch an. Wir wußten uns nicht anders zu helfen, als gemeinsam abzugehen und den Männern das Terrain zu überlassen. Nach nur acht Vorstellungen wurde die Inszenierung abgesetzt. Ich habe die Rolle nie wieder gesungen.

Trotzdem überlebte ich in Frankfurt ungekündigt, was an ein Wunder grenzte!

Meine Rollen dort blieben bunt gemischt, würde ich sagen. Von der Königin der Nacht über die Liu und die Turandot (selbstverständlich nicht an einem Abend!) bis zur – Sieglinde! Die sang ich allerdings nur ein einziges Mal. Martha Mödl war in dieser Vorstellung die Brünnhilde. Ich erinnere mich noch an eine Situation auf der Probebühne. Es war Januar, und sie hatte einen neuen Pelzmantel, über den sie so begeistert war, daß sie ihn trotz der Hitze im Theater nicht ausziehen wollte.

Der Kritiker einer Frankfurter Zeitung schrieb nach dieser Walküre über mich: *Die Städtischen Bühnen werden sich zu entscheiden haben: entweder Wagner-Sopran (an den ich nicht glaube) oder Koloratursängerin. Die Entscheidung von Fräulein Silja zu verlangen, wäre unbillig.*

Wieland

Eine Biographie zu schreiben, ist nicht leicht, das wußte ich. Und oft schmerzlich. Das wußte ich nicht, und es trifft mich unerwartet. Die Erinnerung nach so vielen Jahren ist trügerisch und – natürlich – subjektiv. Ich hatte geglaubt, die Vergangenheit bewältigt zu haben, abgeschlossen als schöne, oft auch traurige Erinnerung. Aber sie ist es nicht, viel weniger als ich ahnte, wie mir erst jetzt bewußt wird. ›Liebe hört niemals auf‹, ein Satz, den man häufig hört, aber doch nicht wirklich zu leben bereit ist. Heute weiß ich, wie sehr er zutrifft. André schrieb mir einmal, er habe nicht gewußt, wie schmerzhaft Liebe sein kann. Das habe ich lange Zeit auch nicht gewußt.

Meine Gefühle sind so lebendig, als wäre alles erst gestern gewesen. Ich bin heute fast zehn Jahre älter als Wieland Wagner geworden ist und noch immer drei Jahre jünger als André Cluytens war, als er starb. Mein Leben ist kein kontinuierliches Weiterentwickeln über all die Jahre gewesen. Eigentlich nichts ist so gelaufen, wie es normalerweise hätte laufen sollen. Es gab Zeiten, in denen ich immer wieder versucht habe, die vorherigen zu verdrängen. Vielleicht ist das etwas, was die meisten Menschen tun, ich weiß es nicht, jedenfalls ist es mir bisher nicht bewußt gewesen. Ich bin oft in den Monaten, die ich mit meinen Erinnerungen verbracht habe, an dem erneuten Durchleben der Tage, Monate und Jahre mit Wieland und André verzweifelt. Denn die Verzweiflung überwiegt, da mir erneut so deutlich bewußt wird, was ich verloren habe. Und wie viel mir beide – auch heute noch – bedeuten.

Ich muß mich außerdem, ob ich es will oder nicht, mit der Frau auseinandersetzen, die – zwangsweise – soviel mit mir gemeinsam hatte, mit Gertrud Wagner. Wir haben vielleicht dasselbe gehofft, aber nie dasselbe gewollt. Die Veröffentlichung ihrer Erinnerungen zwang mich zu etwas, was ich nie wollte, nie zu können glaubte. Es zwang mich, über die Vergangenheit nachzudenken.

Ich bedaure ihre Sicht des Lebens an der Seite Wieland Wagners, die voller Ressentiments ist, noch nach über 30 Jahren. Es ist die Sicht einer verlassenen Frau, die der Bedeutung und Außergewöhnlichkeit dieses Mannes in keiner Weise gerecht wird. Die durch Verblendung und Anspruchsdenken keinen eigenen Weg mehr fand. Die versuchte, auf Grund einer enttäuschenden, gescheiterten Ehe ihre eigene Position in ein ungerechtfertigtes Licht zu rücken. Aber das Ergebnis ihrer ›Biographie‹, die sie nicht selber geschrieben hat, würde sie heute genau so wenig gutheißen, wie ihre Kinder und ich.

Es erscheint mir unbegreiflich, daß im Zeitalter der Recherche und der Möglichkeiten dieser Recherchen, ein so verfälschendes Bild über einen der bedeutendsten Regisseure unserer Zeit, eine der ungewöhnlichsten Theaterpersönlichkeiten, die die Opernszene im zu Ende gehenden Jahrhundert hervorgebracht hat, gezeichnet werden kann und darf. In den Jahren, die ich mit Wieland Wagner verbringen konnte, hat er mich gelehrt, was am Theater gültig ist und bleibt – Wahrhaftigkeit! Die hat er mir und einigen seiner Sänger mitgegeben. Und die hätte er auch in einer Beschreibung seiner Person verdient.

Zum Leben mit diesem außergewöhnlichen Mann blieben mir nur wenige Jahre, aber endlos scheinende Jahrzehnte begleitet mich schon diese besondere Vergangenheit. Je mehr ich mich damit auseinanderzusetzen versuche, um so weniger kann ich es. Von Anfang an waren meine Träume vergangenheitsorientiert. Meine Zukunft lag immer in der Vergangenheit, und das wird sich nicht mehr ändern, auch wenn der Eindruck, den ich erwecke, ein ganz anderer sein mag.

Die Bayreuther Zeit und die damit verbundenen Jahre mit Wieland Wagner bis zu seinem Tod gehören zu den nebelhaftesten meines ganzen Lebens. Warum das so ist, ist schwer zu erklären. Ich befand mich in einem Vakuum, in einem beruflichen und privaten Ausnahmezustand. Alles, was mit ihm zu tun hatte, war ein einziger, unvergleichlicher, niemals einfacher Traum. Tragisch – und doch erfüllt und schön, wie eine gelebte Wagneroper. Nur, wer spielte welche Rolle? Und wer würde überleben? Die Wahl, die er damals, nach anfänglichem Zögern, zu meinen Gunsten traf, wie sollte, wie konnte ich sie verstehen?

Wieland hat seine Lebenskrise symptomatischerweise nicht überlebt. Schon als Kind als mürrisch und wild beschrieben, in seinen Talenten angeblich nicht erkannt und gefördert, wurde er in einer äußerst schwierigen politischen Zeit durch seine Mutter auf eine Seite gezogen, die vermutlich nie die seine gewesen wäre. Im Jahr 1941 wird ihm von seinem Lehrer geniale Begabung nachgesagt (er war damals 24 Jahre alt), aber daneben große Probleme mit sich selbst bescheinigt. Ein nicht ungewöhnlicher Zustand für vielseitig begabte und vielseitig orientierte

Menschen, die oft lange nicht wissen, wo sie hingehören. Nach einer nicht gewollten und für heutige Vorstellungen vermeidbaren und unverständlichen Heirat, wurde er mit kreativen Ideen seiner Frau bombardiert, die ihn mit Sätzen wie ›wir schaffen das schon!‹ antrieb.

Wielands lang andauernde Zweifel an sich, seine Suche nach dem rechten, zumindest dem künstlerisch rechten Weg zeigt, wie sehr er nach Neuem suchte, wie wenig er sich beeinflussen ließ von denen, die behaupteten, einen so großen Einfluß auf ihn gehabt zu haben.

Er schwieg an allen vorbei. Eine sehr charakteristische Eigenschaft. Jubelnd gelobt, häufig un- oder mißverstanden, wurde er von der Kritik lebenslang angegriffen und hatte er in Wolfgang Wagner einen Rivalen, der ihn seiner künstlerischen Potenz wegen mit Recht beneidete und nicht die Rolle spielen wollte, die eine wirkliche Zusammenarbeit möglich gemacht hätte. Winifred, seine Mutter, eine Frau von ungewöhnlicher Stärke, war es ebenfalls in ihren außergewöhnlichen politischen Ansichten, die in ihrer Unbedingtheit wohl einmalig waren. Ich habe sie, trotz allem, immer sehr bewundert. Als Mutter und später als verzichtende Festspielleiterin aber versagte sie. Sie hätte die – vorhersehbaren – Konflikte der Brüder verhindern können. Warum sie es nicht tat? Vielleicht versuchte sie zu lange, es allen, vor allen Dingen sich selbst, recht zu machen.

Wieland führte ein Leben der Kompromisse. Unsere Beziehung, unsere Liebe war ein Versuch, sich – zu spät – daraus zu befreien. Er war glücklich in diesen letzten Jahren, wenn auch, nach wie vor, hin- und hergerissen. Zu sehr stand er sich selbst im Wege, zu sehr folgte er der einmal vorgegebenen Richtung. Er war treu, unbedingt treu, und war doch der Untreueste. Er mochte sich nicht, wie er oft sagte, vielleicht, weil er sich zu lange selbst nicht gefunden hat. Die Stärke, die er nach außen zeigte, hatte er tatsächlich nicht, wie eine Bemerkung von ihm in einem Brief an mich andeutet: *Du hast recht. Und ich habe vielleicht auch für mich recht, aber danach fragt niemand.*

Er hat wahrscheinlich beruflich zu viel und zu lange über das Wesen der Liebe in Wagners Werken nachdenken müssen (und es wunderbar analysiert). Für sich selbst Konsequenzen daraus zu ziehen, kam ihm nicht in den Sinn. Er scheiterte an seinen ehrlichen Absichten, an den Zwängen der Familiendynastie und der Erziehung. Die Analyse des Seelendoktors von Gertrud Wagner ist sicher nicht falsch, der meinte, in

Wieland sei eine Sucht, stets eine Liebe durch die andere zu stören, keine richtig anzunehmen, sich aus allen Lebensdingen zu entfernen, nicht einmal bei sich selber zu Hause zu sein. Er hatte dieses Zuhause in seinen letzten zwei Lebensjahren gefunden, er hatte die Liebe gefunden, die es nicht mehr nötig machte, sich selbst zu zerstören.

Ich nahm den Kampf, eigentlich unwissentlich, auf. Aber es war zu spät. Mein Schicksal war es, daß ich zu jung war, um zu erkennen, warum und wie nötig er mich brauchte.

Wolfgang Wagner wurde ›frei‹ durch Wielands frühen Tod. Ob es ihm Glück gebracht hat, wage ich zu bezweifeln. Wir trafen uns in den letzten dreißig Jahren verschiedene Male, kurz, unwesentlich. Wir hatten nichts Gemeinsames. Eine Fernsehsendung zum Thema ›Mythos Bayreuth‹ brachte uns vor einigen Jahren für mehrere Stunden zusammen. Es war ein ungewöhnliches, ein sehr emotionales Wiedersehen. Er schien ähnlich bewegt zu sein wie ich. Es zeigte mir, auch wenn er nie darüber sprechen wird, was ihm sein Bruder bedeutet hat. Wolfgang Wagner ist für mich, wie wahrscheinlich auch ich für ihn, ein nicht unwesentlicher Teil zumindest nebeneinander gelebter Jahre, was immer es an Differenzen und Störungen in der Bayreuther Zeit zwischen uns gegeben hat.

Er sagte in dieser Sendung, seine Mutter habe in späteren Jahren meine Rolle ganz anders gesehen, als noch in dem langen Interview-Film von Hans Jurgen Syberberg, in dem sie die von Wieland beabsichtigte Heirat mit mir nahezu als nationale Katastrophe hingestellt hatte. In ihren letzten Jahren habe sie die früher so negative Meinung über mich revidiert. Ich war nicht mehr ›die Hure vom Kurfürstendamm‹, wie Winifred in mehreren Büchern über Wieland zitiert wird. Ich sei vielmehr die einzige gewesen, die Wieland verstanden hätte. Vielleicht ist das etwas zuviel gesagt, aber es ist doch wohl so, wie Martha Mödl in ihren Erinnerungen meint: Ich bin ihm wahrscheinlich von allen Menschen, die ihn durchs Leben begleiteten, am nächsten gekommen.

Er hatte gerade erst begonnen, sich aus einem Knäuel von Frustrationen, Pflichten, Zwängen und einer unsäglich komplizierten privaten Konstellation, aus der er fast keinen Ausweg sah, zu befreien. Der Tod hat ihm die erste große und wirklich eigene Entscheidung abgenommen.

Er gab mir die Kraft, die mein weiteres Leben bestimmte. Die Kraft und – vor allen Dingen – seine Kunst. Die wird mich für immer begleiten und mit ihm verbinden. Er hat mich gelehrt, Gefühle in Bewegung umzusetzen, wie es seitdem niemand mehr gekonnt hat. Doch mein Verstehen, mein Umsetzen seiner Ideen wäre ohne diese Liebe vermutlich nicht möglich gewesen.

Wielands kurze oder längere Affären vor meiner Zeit wurden zwar von Gertrud bemerkt, aber schnell zur Seite gedrängt, als hätten sie die Beziehung nie wesentlich gestört. Es ging, so schildert sie es, immer weiter, als wäre nichts geschehen. Es ging ja um ›die Sache‹! Die Rettung war die gemeinsame Arbeit, besser gesagt, i h r e Arbeit, wie sie behauptet, die sie Wieland ›vortanzend oder -sprechend‹ näher brachte!

Warum nun war Wielands Beziehung zu mir eine so ungleich größere Katastrophe für Gertrud, als alle anderen zuvor? Und zwar schon, wie es scheint, einen Monat nach Beginn unseres intimeren Zusammenseins? Zu einem Zeitpunkt, als noch niemand darüber sprach, niemand davon wußte? Für Gertrud war mein Auftauchen vor allen Dingen eine künstlerische Katastrophe. Alles, was sie sich mit Wieland aufgebaut zu haben glaubte, war in Frage gestellt. Seine künstlerische Potenz war auf dem Höhepunkt, in mir hatte er, nach eigenen Aussagen, gefunden, wonach er immer gesucht hatte. Sie konnte ihre Unentbehrlichkeit nicht mehr aufrecht erhalten. Ein Brief Wielands an mich:

Meine Liebe zu dir ist sehr komplex – ich habe viel darüber nachgedacht. Du bist zunächst der Typ, den ich wohl schon als Junge gesucht habe. Meine Mädchenzeichnungen gleichen dir alle: ganz lange Beine, blond, rot-blond, etwas ephebenhaft (allerdings mit Busen!!!!) nicht böse sein – darüber bin ich längst hinweg!!! Dann ein bißchen Vatergefühle, viel Pygmalion, das ist wohl nicht zu vermeiden, Erfüllung der Theaterträume von Darstellung; Bewunderung, viel, für dein Erzähltalent und vieles mehr. Auch Angst um dich.

Wielands Ehe sollte man eher eine Gemeinschaft nennen. Es war eine Ehe, die er eigentlich nicht eingehen wollte, von der er sich aber erhoffte, daß sie ihn von den Zwängen der Verantwortung in Bayreuth, die er lange nicht übernehmen wollte, befreien würde (im Unterschied zu Winifred, die offensichtlich das Gegenteil damit erreichen wollte). Als er kurz vor seinem Tod keinen von Gertruds Briefen mehr öffnen wollte, sagte er das beinahe wörtlich meiner Freundin Ric auf ihre Frage, warum er sie denn überhaupt geheiratet hätte. Das ist keine subjektive Auslegung, weder von meiner Freundin noch von mir. Gertrud Wagners Buch bestätigt es.

Ich wurde über Jahrzehnte als ›Ehebrecherin‹ angesehen, obwohl die Ehe schon weit vor mir gebrochen war. Wieland sprach so gut wie nie über seine private Vergangenheit oder überhaupt über Vergangenheit, und ich habe ihn nicht danach gefragt. Zu aktiv und zu kompliziert war unsere Gegenwart. Der Umgang mit ihm war für alle Beteiligten schwierig. Seine Arbeitswut, nicht nur in Bayreuth, sondern schon in der für ihn so wichtigen Zeit am Bodensee, an den er sich mit seiner Familie nach Kriegsende zurückzog, in der er begann, sich auf Bayreuth vorzubereiten, beruhte zum großen Teil auf der völligen Unfähigkeit, sich auf Menschen wirklich einzulassen, geschweige denn auf Bindungen. Er ließ sie nicht nur nicht zu, er versuchte sie erst gar nicht. Er floh ständig vor sich selbst. Wäre es da nun angebracht, Freud zu bemühen? Lag es an der gestörten Mutterbindung? Erst jetzt begreife ich, was unsere Beziehung auch für ihn bedeutet hat. Was für ein Bruch, eine unglaubliche Veränderung ich in sein Leben gebracht habe. Nicht nur für mich hat sich in diesen gemeinsam verbrachten Jahren Oscar Wildes Satz aus der SALOME bewahrheitet: ›Das Geheimnis der Liebe ist größer, als das Geheimnis des Todes.‹

Wieland zu beschreiben ist mir fast unmöglich. Er hatte etwas Unnahbares, Unerreichbares. Er versteckte sich hinter Ironie und Sarkasmus, die seine eigene Unsicherheit und vor allen Dingen seine Verletzlichkeit verbergen sollten und das erfolgreich taten. Seine Distanziertheit war faszinierend und verunsicherte die Menschen in seiner Nähe. Dabei konnte er sehr charmant sein. Aber er konnte sich nicht preisgeben, sich nicht öffnen, was, wenn er es gekonnt hätte, vielleicht seine Krankheit verhindert hätte. Er blieb, trotz aller Nähe, irgendwie fern. Nicht fremd, aber fern. Auch seine Tochter Nike beschreibt ihn so. Ich glaube, es ist auf unsere Beziehung zurückzuführen, daß sich das in den letzten Jahren änderte. Daß er offener wurde, mehr und mehr bereit, sich auf das Leben einzulassen. Wäre ich etwas älter und erfahrener gewesen, vielleicht hätte ich ihn schon früher von sich selbst befreien können. So war mir das erst in den letzten Jahren vergönnt. Er hat es uns allen weiß Gott nicht leicht gemacht.

Er war ein Kämpfer, hauptsächlich mit und gegen sich. Niemand lehrte ihn, sich zu lieben. Von ›unguten Gefühlen‹ wird in Beschreibungen seiner Person gesprochen. Von Ehrgeiz, Gekränktsein, Beleidigtsein, Konkurrenzdenken. Alles Charakterzüge, die ich nie bei ihm bemerkt habe. Wieland war und blieb ein Einzelgänger. Sein Freiheitsdrang war groß, seine Sehnsucht nach Liebe vielleicht noch größer. Seine Gedankenwelt blieb mehr oder weniger allen verschlossen.

Er galt als Despot. Dazu eine Charakterisierung Wielands durch André Cluytens. In einem Buch, das ich zwischen seinen Briefen an mich fand, wird er zu seinem Bayreuth-Debüt zitiert:

Vor allem hatte man mich darauf aufmerksam gemacht, daß die Bühnenleitung einen unerträglichen Druck auf Dirigenten auszuüben pflegt. Wieland Wagner sei ein Despot, der nicht nur die Bühne, sondern auch die einzelnen Sänger beherrsche, und daß also jeglicher Versuch, sich seinem Willen zu widersetzen. zwecklos sei. Ich erwartete, dauernd von Wieland Wagner zurechtgewiesen zu werden, aber zu meiner größten Überraschung ließ dieser den Künstlern gegenüber nur verlauten, sie sollten sich ganz nach dem Dirigenten richten. Als eine Chorszene ins Wackeln geriet, weil ich ein zügigeres Tempo wählte, schritt er ein und rief dem Chor zu: Schauen sie doch auf den Dirigenten!

So, und nur so kannte ich Wieland. Hilfsbereit und offen für alles, wenn es um Qualität ging. Aber ungeduldig und gefährlich leise, wenn es um Mittelmäßigkeit ging. Das kann ich ihm heute mehr denn je nachfühlen.

Wie soll das weitergehen in der Festspielzeit, hast du soviel Verstand, Kraft und Liebe? Dieser Satz, von ihm an mich geschrieben, zeigt, wie wenig er bereit war, unsere Beziehung zu beenden, wie sehr er auf Hilfe angewiesen und bereit war, sie anzunehmen. In verzweifelten Situationen hatten seine Briefe immer wieder eine ähnliche Aussage und die nicht ausgesprochene Hoffnung, daß es weitergehen würde – irgendwie! Ich hatte zumindest die Kraft und die Liebe, um diese ungeheuren Wechselbäder der Gefühle durchzuhalten, wenn auch hin und wieder mit unkontrollierten Verzweiflungstaten. Er schrieb mir dazu:

Ich kenne deine Emotionen, Elementarreaktionen, den Haß und Verzweiflung in deinem Wesen wie Niemand sonst! Du hast mich in bitteren Stunden so gequält und gepeinigt, wie das noch kein Mensch fertiggebracht hat. Ich hätte das auch nie so ausgehalten, wenn ich mir nicht jedesmal gesagt hätte, letzten Endes ist daran nur die Situation schuld, in Wirklichkeit bist du anders. Und ich habe immer bewundert, wie du die Kraft aufbrachtest, wieder aus der Katastrophe als du selbst aufzutauchen.

Diese Sätze zeigen sehr deutlich unsere damalige Situation (alle Zitate aus seinen Briefen sind aus den Jahren 1962/64, unseren größten Krisenjahren; später haben wir, leider, muß ich heute sagen, nur noch telefoniert).

Wir brauchten uns, er brauchte mich. Er bewunderte an mir etwas, das er nie gelernt hatte. Seine Briefe zeigen, wie sehr er sich in Menschen hineinversetzen und wie wenig er etwas auf sich selbst übertragen konnte. Er vergrub sich in der Katastrophe, verschloß sich, verzweifelte. ›Man rannte bei ihm offene Türen ein‹, er war ratlos, stürzte sich (gottseidank vor meiner Zeit) in schnelle und, wie es scheint, bequeme Beziehungen, um sich von sich selber abzulenken. Er merkte nicht, wie sehr er die Menschen, die er liebte, quälte, weil er sich selbst so quälte. Was wußte ich damals von dieser Art Untiefen in Menschen! Vielleicht war tatsächlich meine Unerfahrenheit unsere Chance. Ich ging nicht ein auf seine Problematik, weil ich sie gar nicht verstand, nicht verstehen konnte. Ich war einfach da. Die Liebe und Kraft, nach der er fragte, hatte ich. Verstand? Ich weiß nicht, wozu der in diesen Jahren gebraucht wurde. Wir lebten alle drei nur noch unseren Gefühlen. Wieland übernahm weiterhin den gewohnten Teil, besser gesagt, den arbeitsamsten. Er stürzte sich von einer Inszenierung in die andere, sein ›Alibi‹, um mit mir zusammensein zu können, und er machte auf der Bühne sichtbar, was er in Worten nicht ausdrücken wollte.

Sein Inszenierungsstil war inzwischen ein entschieden anderer geworden als noch in den fünfziger Jahren. War es damals eine deutlich distanzierte, eine nicht greifbare Welt, die er wie ein Maler, ein Bildhauer fast statuarisch, wie in Stein gemeißelt, auf die leere Bühne setzte, in der Licht die Gefühle fast völlig ersetzte, in der Farbe zu Klang und Klang zu Farbe wurde, so wurde er in den Sechzigern zusehends menschlicher, realistischer. Sein so lang unterdrücktes Triebleben, die *Zerfaserung seines*

Trieblebens, wie er es nannte, fing an, sich auch optisch zu zeigen. Er begann, sich der Konflikte des Lebens, seines eigenen Lebens, zu stellen. Aus Wahnfried schrieb er mir:

Bin ich hier und sitze am Mittagstisch, bin ich in Gedanken bei dir. Bin ich bei dir sind meine Gedanken bei den Scheißfestspielen, bei den Kindern und bei Gertrud. Ist das eine leichte oder eine schwere Schizophrenie, Anja? Oder ist das die für mich typische Form zu existieren? Ich weiß nicht. Aber du weißt ja so viel. Seit ich mit dir zusammen bin, fange ich an, über mich nachzudenken, das habe ich bis dahin nach Kräften vermieden. Du hast meine Kruste jedenfalls ganz schön angeritzt. Krisen und Katastrophen – das ist sicher richtig – zwingen zum Denken und sind heilsam – sofern das bei mir noch möglich ist.

Er hatte panische Angst, sich seinen Gefühlen zu stellen. Etwas, was er nie durfte, nie mußte. Ein anderes Mal schreibt er: *Siehe bitte, daß ich zurecht zu kommen versuche, aber ratlos bin, oder, wenn du willst, zu feige, eine saubere klare Entscheidung zu treffen. Aber in solche Situation muß man kommen, wenn man Doppelbindungen eingeht …*

Ich war noch keine Zwanzig, als ich ihn kennenlernte, wenn man von den alljährlichen Vorsingen im Sommer in Bayreuth seit 1956 absieht. Er war nicht nur der Mann, den ich liebte, mit dem ich leben wollte und der auch mich liebte. Er war viel mehr. Was er empfand, erfüllte ich mit Leben, was ich empfand, übersetzte er in Szene. Vielleicht ist das der Unterschied zu meinen Kolleginnen, vor allem Martha Mödl und Astrid Varnay, die ähnlich empfunden haben, sich ähnlich über die Arbeit mit ihm äußerten. Sie erfüllten seine Ideen, wurden die Sängerinnen der fünfziger Jahre. Die schönsten Jahre, wie Martha meint. Vielleicht hat sie recht. Alles war kreativ, experimentell, die Entdeckung einer neuen Welt. Ich beneide beide um diese Zeit mit ihm.

In mir aber fand er den Wagnertyp, den er sich wohl immer gewünscht hatte und der zu seinen und Richard Wagners Bühnenträumen paßte. Den des sich aufopfernden jungen Mädchens. Die über alles hinwegsehende Geliebte und Liebende. Ich war jung, unbekümmert, strahlend und scheinbar problemlos. Aber doch nicht ganz so, wie er hoffte. Meine Liebe zu ihm war groß, sehr groß sogar, aber nicht nur ganz und gar bedingungslos. Ich wollte nicht Opfer sein, ich konnte nicht über alles hinwegsehen. Ich wehrte mich gegen seine

Kompliziertheit, weil ich an uns glaubte, an mich, an ihn, an das Leben, an unsere Liebe. Ich wollte für ihn da sein. Das bewies ich ihm, und er wußte es: *Ich hätte mir in jeder Sekunde darüber klar sein müssen, daß du, wenn auch äußerlich eine Amazone, eine typische Ariadne bist. Für dich war lieben = leben. Und ich war so fasziniert von dir, daß es für mich nur eine Gegenwart aber keinen Gedanken an die Zukunft gab ...*

Das war unsere Ausgangsposition. Sie war schwierig, unendlich schwierig. Aber ich war jung genug, nur meine Liebe zu sehen. Ich mußte es aushalten. Ich mußte ja an so vielen Abenden auf der Bühne stehen und singen, wie man es von mir erwartete. Nur einmal konnte und wollte ich nicht. Einmal verweigerte auch ich mich. Ich hoffte, damit etwas an unserer Situation verändern zu können. Es war ein LOHENGRIN, mitten in der Festspielzeit. Er war todtraurig über meine Sturheit, versuchte immer wieder, mich zum Singen zu überreden. Am Ende holte er tatsächlich eine andere. Das hatte ich nicht erwartet. Ich war verzweifelt an diesem Tag, den ich gesund in Bayreuth verbrachte, und er war es ebenfalls. Er hat sich den ›Ersatz‹ für mich an diesem Abend nicht einmal angehört. Wir schworen uns, das niemals mehr zu wiederholen.

❧

Von meinen ersten Tagen in Bayreuth, nun nicht mehr als Bittstellerin sondern als Mitwirkende, habe ich oft erzählt. Ich tue es hier noch einmal, der Vollständigkeit halber.

Nach der Absage Leonie Rysaneks für die Festspiele 1960 suchte man verzweifelt eine neue Senta. Ich kann beim besten Willen nicht mehr sagen, wie das Ganze im einzelnen ablief. Ich erinnere mich nur daran, daß ich in meiner Frankfurter Zeit von Wolfgang Sawallisch nach Wiesbaden eingeladen wurde, wo er Generalmusikdirektor war, um ihm die Senta vorzusingen. Die einzige Partie von Wagner, die ich nie studiert hatte, weil ich sie nicht mochte. Ich lernte daher einige Stellen aus dem FLIEGENDEN HOLLÄNDER, zum Entsetzen der Frankfurter Operndirektion, die meinte, Rollen dieser Art würde ich niemals singen. Das Vorsingen fand auf der Hauptbühne der Wiesbadener Oper statt. Sawallisch selbst begleitete mich am Klavier. Alles war sehr geheimnisvoll, ich hatte keine Ahnung, wofür ich das machte. Nach meiner Erinnerung war Wieland von Anfang an im Zuschauerraum, ohne daß ich davon wußte. Er sah und hörte sich erst einmal aus sicherer Entfernung an, ob ihn das, was er da zu hören bekam, wirklich interessieren könnte. Schließlich kam er auf die Bühne, stellte sich mir unnötiger-, aber höflicherweise vor und bat mich, einige Bewegungen zu bestimmten Passagen zu machen. Dafür stellte er eigenhändig Kulissen um, die schon für die Abendvorstellung aufgebaut waren.

Nach diesem ›Vorsingen‹ bekam ich immerhin den Auftrag, die ganze Partie zu studieren und den schönen Satz mit auf den Weg: ›Sie werden von uns hören!‹ Daß er schon damals zu mir gesagt haben soll, ›wenn ich irgendwo SALOME inszeniere, dann nur mit Ihnen‹, gehört zu den Legenden, ebenso wie mein angebliches Bühnendebüt als Rosina am Theater des Westens, der damaligen Städtischen Oper Berlin.

Sehr spät, am 5. April erst, schrieb Wieland einen Brief an Sawallisch, in dem er ihm mitteilte, daß die eigentlich als Ersatz für die Rysanek vorgesehene Sängerin inzwischen endgültig abgesagt habe:

Anscheinend will es das Schicksal, daß Ihre Lolita als einzige Senta der ganzen Welt konkurrenzlos übrig bleibt. Ich habe inzwischen über diesen ganzen Fall noch einmal eingehend nachgedacht: wir sollten es mit Lolita wagen. Das Timbre ist zwar weder sensationell noch ›international‹, dafür stimmt aber wohl alles andere als Typ haargenau in die Inszenierung, da sie meilenweit von den Wagnerischen Erlösungsziegen entfernt ist. Davon abgesehen: Frankfurt ist nahe bei Wiesbaden!!! Am 25. Juli sind wir klüger.

Er konnte damals nicht ahnen, wie schicksalhaft dieses Engagement für uns beide werden würde.

Lange überlegten Wieland und Wolfgang Wagner, ob man es wagen könne, das ›Wunderkind‹ unter seinem eigenen Namen auftreten zu lassen, ob man einen anderen erfinden oder bis zur Premiere gar keinen Namen veröffentlichen solle. Ich durfte jedenfalls zu niemandem darüber sprechen. Endlich bekannten sie sich auch namentlich zu diesem riskanten Engagement. Ich fuhr nach Bayreuth für eine szenische Probe. Sie fand irgendwo unter dem Dach statt, erinnere ich mich. Ich weiß nicht genau, wer, außer Wieland, noch anwesend war. Peter Lehmann mit Sicherheit. Auch Gertrud Wagner und noch einige andere. Alle saßen aufgereiht, wie bei einem Vorsingen. Wieland probierte mit mir den zweiten Akt. Nach dieser Probe bestellte er mich in sein Büro. Ich befürchtete, er würde mich nach Hause schicken. Das tat er wirklich, aber mit den Zusatz: ›Kommen Sie zu den Orchesterproben wieder, ich kann ihnen nichts beibringen, ich würde mehr verderben als nützen.‹

In Gertrud Wagners Buch liest sich das Ganze so: *Wieland und Gertrud wollten sehen, ob sie in der Lage wäre, in die Rolle zu schlüpfen, die mit der Rysanek einstudiert worden war (*genau das wollte er eben nicht, er entwickelte immer eine auf den jeweiligen Sänger zugeschnittene individuelle Personenregie*). Gertrud saß wie immer auf der Probebühne hinter Wieland und betrachtete die Gestalt, wie sie stand, wie sie sich bewegte, wie sie sang. Sie wirkte wie ein ungelenkes Fohlen, auch seltsam unansprechbar, und es zeigte sich, daß es ihr unmöglich war, die Rollenschablone zu übernehmen. Wieland war ratlos. Er dreht sich um zu Gertrud: ›Was machen wir denn mit der?‹ Gertrud, von ihrem Theaterinstinkt, ihrer so viel größeren Bühnenphantasie beflügelt, sah das Neue, das mädchenhaft Wilde; sie antwortete: ›Genau so lassen. Das ist gut, das paßt.‹ Wieland brauchte noch eine Bedenkzeit. ›Ja danke, Fräulein Silja‹, sagte er, ›die Proben sind beendet, Sie bekommen Nachricht‹. Die junge Frau, hochgemut in ihrer Erwartung, wurde weggeschickt, ohne zu wissen, ob sie versungen und vertan hatte oder nicht.*

Viel braucht man dieser Schilderung nicht hinzuzufügen. Sie zeigt, wie das ganze Buch, Gertruds enorme Selbstüberschätzung. Wieland bedurfte keiner ›Hilfe‹ von außen, sein Instinkt und seine Kenntnisse für Talente waren außerordentlich. Gertrud behauptete, er sei kein Theatermensch gewesen. Wenn es einen Allround-Theatermenschen gegeben hat, dann war es Wieland Wagner.

Martha Mödl beschreibt ihre erste Begegnung mit Wieland in Hamburg im Jahr 1951 ebenfalls so, daß man seinen großen Instinkt für das Besondere erkennt: *Ich habe mir große Mühe gegeben, besonders schön zu singen. Es gelang mir aber nicht … Er hat, trotzdem ich so schlecht gesungen habe, gehört und gespürt, daß ich etwas für seine Inszenierungen und Bayreuth sein könnte* (eine für Martha typische Untertreibung; sie war so viel mehr als nur ›etwas‹, was ›sein könnte‹!).

Daß ich meine erste Wagnerpartie gleich in Bayreuth singen würde, empfand ich überhaupt nicht als außergewöhnlich. Es erschien mir völlig logisch. Ich war nur zum Theater gegangen, um Wagner zu singen.

Darauf hatte mich mein Großvater jahrelang vorbereitet, deswegen hatte ich jedes Jahr in Bayreuth vorgesungen. Als ich nun wirklich an dem Platz meiner Träume stand, erschien mir das ganz normal. Ich hatte nie daran gezweifelt, daß es eines Tages so kommen würde.

Zu meinem 21. Geburtstag schenkte mein Großvater mir ein Album mit seiner Schilderung meines Werdegangs und vielen Fotos, ›als Grundlage für meine eventuellen späteren Lebenserinnerungen‹. Darin beschreibt er, wie er meine Bayreuth-Premiere erlebt hat: *Das mondäne Publikum in weißen Smokings und nerzstolabehangenen Abendkleidern schrie und trampelte wie Halbstarke bei einem Jazzfestival … Als nach der Premiere einige langjährige Standardsolisten Wieland Wagner dazu beglückwünschten, aus dem dubiosen ›Gesangswunderkind‹ eine große tragische Schauspielerin gemacht zu haben, stritt er jede Urheberschaft daran kategorisch ab …*

Ich bin sehr froh, daß mein Großvater des noch miterleben konnte. Er starb zwei Jahre später während einer Tannhäuser-Aufführung in unserem Bayreuther Domizil an Leberkrebs. Sein Lebensziel war erreicht. Und er wußte mich zusätzlich in guten Händen. Meine Großmutter überlebte ihn nur um ein Jahr.

Der Holländer wurde tatsächlich zu einem Triumph für alle Beteiligten: *Die Neubesetzungen, Erwartungsobjekt des spannungsgeladenen Hauses, bedeuten auch für Wieland Wagner ein ungewöhnliches Risiko … Es zeigt die mutige Konzessionslosigkeit des Wagnerenkels nur noch nachdrücklicher …*

Franz Crass, vor zwei Jahren noch im Festspielchor, König Heinrich des vorigen Sommers, hat nun mit dem Holländer den außerordentlichen Schritt aus Baßregionen zur Höhenlage des Heldenbaritons vollzogen …

Anja Silja, das singende Wunderkind, viel umstritten, tritt heute die Nachfolge einer Varnay, einer Rysanek an. Vergleiche wären müßig, da es sich hier in der Tat um ein Phänomen eigener Art handelt …

Das ist wohl das erstaunlichste Debüt, das die Geschichte Bayreuths verzeichnet. Schon in den ersten gesummten Tönen erweist sich die Qualität einer Stimme, die den Raum füllt. Die Ballade ist mit kunstvoller Bewußtheit geformt, die Steigerung im Duett gelingt mühelos, die Durchschlagskraft der hohen Töne ist bezwingend …, ein an seine Träume hingegebenes Wesen, das

Meine Großmutter Paula Aders, 1962

sich mit kindlicher Unbefangenheit in den Tod stürzt … Könnte man diese Besetzungsart zum Prinzip machen, so hätten wir das wahre, lebendige und packende Wagner-Theater, dessen schlimmste Feinde die üppigen Heroinen und der saturierte gewichtige Tenor sind … Es folgte die unvermeidliche Warnung: … *die einzige Sorge, die man haben muß, wird diese herrliche junge Stimme diesen frühen Einsatz durchhalten? …*

Sawallisch und Wieland wählten für diesen Holländer die bis dahin nie gespielte, einen Ton höhere Originalversion der Senta-Ballade.

Als Senta mit Fritz Uhl (Erik), Bayreuth 1960

Sie paßte besser zu meiner damals noch helleren, leichteren Stimme und ist für einen dramatischeren Sopran gar nicht mehr singbar. Wagner selbst hat die Ballade vor der Uraufführung für Wilhelmine Schröder-Devrient einen Ton tiefer gesetzt, und so blieb es von da an. Ich war vielleicht die erste und letzte Sängerin, die sie in ihrer ursprünglichen Fassung gesungen hat.

Wieland schenkte mir vor einer unserer Premieren ein zu der Zeit gerade neu erschienenes Buch über die Schröder-Devrient, die mit 16 Jahren schon den Fidelio sang und von Richard Wagner sehr bewundert wurde. Er schrieb mir sogar eine Widmung in das Buch und stellte erst im nachhinein mit Entsetzen fest, daß es sich um einen pornographischen Roman handelte, den sie geschrieben haben soll.

Die Senta war wohl deshalb so einfach für mich, weil sie genau dem entspricht, was junge Menschen empfinden. Für irgend etwas begeistert man sich in diesem Alter immer. Man geht alles mit großer Selbstverständlichkeit an, und nichts scheint unmöglich. Das ist die Rolle der

Senta, mehr ist es nicht. Senta ist keine Liebende. Sie ist von einem Erlösungswahn besessen, den sie bis in den Tod verfolgt. Sie ist durch nichts zu beirren, nichts kann sie abbringen, sich für diesen Mann zu opfern. Sie ist kein Opfer, das Opfer ist ihre Tat.

Die szenische Gestaltung des HOLLÄNDER-Duetts war ein typisches Beispiel für Wielands ›Spannungsfelder‹. Senta und Holländer standen auf der großen Bayreuther Bühne so weit wie überhaupt denkbar voneinander entfernt und blieben unbeweglich in dieser Distanz während der ganzen Daland-Arie und fast bis zur Hälfte des Duetts. Jeder sang es wie einen inneren Monolog, allein, für sich, und doch zu dem anderen. Endlich gingen wir ganz langsam aufeinander zu, blieben aber emotional in unserer vorgegebenen Welt, Senta mit Begeisterung, der Holländer zögernd, zweifelnd. Erst ganz am Schluß des Duetts kamen wir schließlich zusammen. Eine endlose Zeit der Annäherung. Der Zuschauer sollte von Anfang an sehen (und nicht nur der Musik entnehmen), daß das nicht gutgehen kann, daß alles von Sentas Seite aus fast wie unter Hypnose geschieht.

Die Intensität der Szene änderte sich, je nachdem, wer auf der anderen Seite der Bühne stand. Die Faszination, die der Sänger des Holländers auf sein Gegenüber hat, ist für die Wirkung auf das Publikum sehr wichtig. Wenn Thomas Stewart mir gegenüber stand, oder der dänische Bariton Frans Andersson, war sofort auch die Situation da. Ich habe über die Jahre mit sehr vielen verschiedenen Holländern gesungen. George London und Theo Adam waren tragisch, verzweifelt. Thomas Stewart und Frans Andersson sehr fordernd, dämonisch, mitreißend. Man konnte sie nicht aus den Augen lassen. Man hatte Angst um sie, aber auch vor ihnen. Das ist für mich der Holländer. Als Frans ihn in Kopenhagen sang, bekam die dortige Senta solche Furcht vor ihm, daß sie während des ganzen Duetts kaum einen Ton herausbrachte. Seine Erscheinung war zweifellos ein Extremfall der Übereinstimmung mit der Rolle des Holländers.

Als ich nach Bayreuth kam, war ich blond. Schmutzigblond, wie man diese Haarfarbe wohl nennt. Wieland bat mich während der Bühnenproben, meine Haare für die Aufführung zu färben, da meine Naturfarbe zu nichtssagend im Bühnenlicht wirke, und er auf gar keinen Fall eine Perücke wollte, die immer auch die Persönlichkeit verändert. Also färbte ich sie – wie er es wollte – rotblond. Das paßte sehr gut zu meinem sommersprossigen Teint, und diese Farbe wurde von da an zu meinem Markenzeichen, für mehr als 15 Jahre. Als ich später aus Bequemlichkeit wieder zu meiner natürlichen Farbe zurückkehrte, war man allgemein erstaunt, daß ich mir meine schönen roten Haare färbte.

Nach diesem ersten HOLLÄNDER gab es im Frühjahr 1961 eine Reprise derselben Inszenierung in Stuttgart, und im April lud Wieland mich ein, den Waldvogel in seiner SIEGFRIED-Inszenierung in Turin zu singen. War sein Interesse an mir da schon mehr als nur beruflich? Ich erinnere mich an einen Abend in der Stuttgarter Oper, in der wir getrennt voneinander eine Aufführung besuchten. Er saß in einer weit entfernten Loge und beobachtete mich ständig. Das ist mir damals schon aufgefallen.

In Turin sang Inge Borkh die Brünnhilde, Set Svanholm den Siegfried, Josef Greindl war der Wanderer und Ludwig Weber Fafner. Mit ihm war ich die meiste Zeit zusammen, mußten wir doch ›auf wonniger Höhe‹ vom Beleuchtungsturm rechts, zweite Etage, unsere relativ kurzen Passagen singen und konnten uns anschließend nicht von dort fortbewegen, den ganzen Akt lang nicht.

Das Gastspiel war um meinen einundzwanzigsten Geburtstag herum. Das wichtigste für mich war, daß ich mir von meinen ersten größeren Verdiensten ein Auto kaufen konnte. Ich war endlich erwachsen.

❧

Schon im Sommer 1961, nach meinen zweiten Bayreuther Festspielen, wollte Wieland mich in seiner im März 1962 geplanten TRISTAN-Inszenierung in Brüssel als Isolde besetzen. Als die Intendanz vor dem Experiment einer gerade einundzwanzigjährigen Isolde zurückschreckte, sagte Wieland kurzerhand dort ab. Er schrieb mir im September 1961 (einer seiner wenigen Briefe mit Datum): *Wie Sie wissen, habe ich Sie für Brüssel als Isolde vorgeschlagen. Brüssel hat Sie inzwischen abgelehnt ich habe heute die Brüsseler freundlich gebeten, den* TRISTAN *einem anderen*

Regisseur zu übergeben oder ihn zu verschieben, bis Frau Nilsson frei ist (also bis zum 29 Febr. des nächsten Schaltjahres!).

Vier Tage später kam ein weiterer Brief: *Alles zurück, Brüssel ist begeistert, daß Sie Isolde singen und wird direkt mit Ihnen verhandeln!* Was war das nun von ihm, geschickt oder emotional?. Jedenfalls zeigen diese Briefe, daß es Unsinn ist zu behaupten, mein Ehrgeiz habe mich dazu getrieben, all die großen Wagnerpartien zu singen (obwohl ich zugeben muß, daß es eine wirklich ›steile‹ Karriere ist, innerhalb eines halben Jahres vom Waldvogel zur Isolde vorzustoßen!). Wer, außer Wieland, hätte mich diese Partien singen lassen, wer die Macht gehabt, mich darin durchzusetzen?

Er schrieb mir nach der Brüsseler Isolde, im März 1962: *Sie haben alle in Sie gesetzten Hoffnungen als Elsa, Senta, und Salome ebenso übertroffen wie – erneut – als Isolde.* Es war ein offizieller Brief der Festspiele, unterschrieben mit: ›W. W., der fest an Ihre Zukunft glaubt.‹ Hätte ich seinen Glauben an mich zerstören sollen und damit meinen eigenen, inzwischen auch privaten Lebenstraum? Welcher junge Sänger hat Wieland Wagner je etwas abgesagt? Dieser Brief war gleichzeitig ein Vorvertrag, die Isolde 1963 in Bayreuth zu singen. Glücklicherweise hat er davon doch Abstand genommen, auf wessen Anraten auch immer. Es wäre ein Himmelfahrtskommando gewesen, Birgit Nilsson am Haus zu haben und trotzdem die Isolde mit mir zu besetzen. Daß er den Wunsch hatte, entsprach ausschließlich seiner szenischen Vision der Figur. Niemand wird ernstlich annehmen wollen, daß er Birgit nicht als das schätzte, was sie war, als große, wenn nicht d i e größte Wagnersängerin unserer Zeit. Mich nicht der lauernden Menge auszusetzen, war ein sinnvoller Rückzieher, und das einzige Mal, daß er von etwas abließ, was er sich in den Kopf gesetzt hatte.

❧

Unsere Geschichte begann in Berlin während der LOHENGRIN-Proben, kurz vor Weihnachten 1961. Ich sollte gleich anschließend an diesen LOHENGRIN in Bologna meine erste Isolde ausprobieren, sozusagen als Generalprobe für Wielands drei Monate später geplante Inszenierung in Brüssel. Er arbeitete mit mir die Partie in allen Einzelheiten durch. Sein

Assistent Peter Lehmann, der in Berlin bei allen Proben dabei war, war Regisseur der Produktion in Bologna.

Wieland träumte von einem jungen Paar – Tristan und Isolde sind nicht älter als 16 und 17 Jahre – eben nicht reif. Aber leider wird diese Reife stimmlich gefordert.

Wieland hatte sich zehn Jahre vorher mit Martha Mödl für einen dunklen Isoldenklang entschieden (was auch Richard Wagners Vorstellungen entsprach). Damit konnte ich wahrlich nicht dienen und eigentlich paßt das auch nicht zu dem Alter, das dem Komponisten für diese Figur vorschwebte (in diesem Fall muß man sich wohl an den profanen Spruch halten: man kann nicht alles haben! Auch Birgit Nilsson war weit entfernt von einem dunklen Timbre).

Wir arbeiteten also an der Isolde in Berlin, parallel zu den LOHENGRIN-Proben. Es war eine wunderbare Zeit. Ich war immer in seiner Nähe, und die Proben waren unerhört aufregend. Wieland schrieb in meinen Klavierauszug, wie ich diese Probenwochen empfunden habe: *Ein Monat Dauerekstase von früh um 9 bis nachts um 10.* Genauso war es.

Mit Wieland Wagner bei den Proben zu LOHENGRIN, Berlin 1961

Lohengrin war kein Problem. Aber die Tristan-Proben wurden immer mühsamer, geht es doch in dem Stück darum, daß zwei Menschen stunden-, tage-, monatelang aneinander vorbei reden. Und das taten wir auch. Wieland erklärte mir die psychologischen Zusammenhänge in dieser Beziehungstragödie, wir sprachen über die Figuren der Oper und wußten beide, daß wir von uns sprachen. Ich konnte nicht mehr unbefangen agieren, alles wurde persönlich und daher unmachbar für mich. Er versuchte, das zu übersehen, änderte die Szenen, wurde selbst zusehends ratloser. Die Gesten, die Emotionen entsprachen genau unseren Gefühlen, Neutralität war unmöglich geworden. Ich brach zu allem Überfluß ständig in Tränen aus, dabei krampfhaft bemüht, so zu tun, als wäre nichts. Jeden Tag fuhr ich aufgeregt in die Oper. Wielands Interesse an mir war offensichtlich, aber ich wagte nicht, von meiner Seite aus irgend etwas zu unternehmen. Statt dessen malte ich mir jeden Abend aufs neue aus, was ich ihm am nächsten Tag sagen würde. Natürlich sagte ich nichts. (Einmal meinte Peter Lehmann ahnungslos: ›Sag mir, wer es ist, der dich so unglücklich macht, ich schlage ihm die Zähne ein!‹)

So konnte es nicht weitergehen. Wieland lud mich zum Essen ins Kempinski ein. Ich sehe ihn noch vor dem Hotel stehen und auf mich warten, zusammen mit der Frau, die ihn schon lange – wenn Gertrud nicht bei ihm war – auf seinen Reisen begleitete. Er stellte uns vor und verabschiedete sie gleichzeitig! Sie ging, ich kam. War dieses Zusammentreffen Zufall, war es geplant, war es Schicksal? Ich weiß es nicht. Auch nicht, ob er sie je wiedergesehen hat.

Eifersucht wird als Wesenszug Wielands genannt. Ich habe sie eigentlich nie bei ihm bemerkt. Mir war sie dagegen nicht fremd, ich empfinde sie noch immer beim Schreiben dieser Zeilen! Er hielt nichts von Besitzdenken, was eine Voraussetzung für Eifersucht wäre, denke ich. Vielleicht beneidete er Menschen, die es leichter mit sich hatten, das ist möglich, aber doch weit entfernt von dem, was Eifersucht bedeutet. Und künstlerisch hatte er keinen Grund dazu. Das wußte er sehr genau.

Wir gingen in den Grillroom des Hotels, in dem er häufig aß, wenn er in Berlin war. Der Barpianist spielte jedesmal, wenn Wieland den Raum betrat, das ›Lied an den Abendstern‹, zu seiner großen ›Freude‹. Auch an diesem Abend. Ich weiß noch genau, an welchem Tisch wir saßen, in welcher Stimmung wir waren. Dieses Mal erinnere ich mich sehr genau an jede Einzelheit. Wir versuchten über alles mögliche zu reden, vermieden absichtsvoll, den eigentlichen Anlaß unseres Treffens zu berühren. Er beobachtete mich hinter seinen Brillengläsern, versuchte, sich Klarheit zu verschaffen über das, was er nicht mehr nur vermutete. Ich aß und aß, um den Abend möglichst in die Länge zu ziehen. Mehrere Vorspeisen, Hauptgerichte und Nachspeisen. Er bewunderte meinen Appetit, lächelte und bestellte. Offenbar wollte auch er diesen Abend nicht allzu früh beenden. Aber einmal mußte das Spiel aufhören. Selbst mein Magen hatte seine Grenzen. Schon fast beim Verlassen des Restaurants sagte er abrupt und unerwartet den schicksalsschweren Satz: ›Wenn es das ist, was ich vermute, dann wollen wir nicht darüber sprechen‹. Ich war verzweifelt, aber unfähig, etwas auf diese geheimnisvolle und doch so klare Aussage zu erwidern. Mir blieb nichts übrig, als Haltung zu bewahren und zu beteuern, daß es sicher nicht so sei, wie er vermute. Wie heißt doch der Tristan-Satz: ›Des Schweigens Herrin heißt mich schweigen: faß' ich, was ich verschwieg, verschweig' ich, was sie nicht faßt …‹ Dieser Abend hätte das Ende von etwas sein können, was noch gar nicht angefangen hatte.

Weihnachten blieb ich bei Freunden in Berlin und hörte nichts von ihm, entgegen der Annahme Gertruds, er telefoniere dauernd mit mir. Am 27. Dezember war die LOHENGRIN-Premiere. Wie dieses Engagement als Elsa überhaupt zustande kommen konnte, ist mir bis heute unklar. An der Berliner Oper war seit Jahren die wunderbare Sängerin Elisabeth Grümmer für dieses Fach engagiert. Ich habe sie oft in meiner Teenagerzeit – die kaum vorbei war – gehört und bewundert. Auch in Bayreuth. Ich hatte keine Ahnung, warum sie die Premiere nicht sang. Ich hielt meine Verpflichtung für ein ganz normales Engagement. Vielleicht war es das ja auch. Die Premiere endete mit dem größten Buhkonzert meiner Karriere. Der gefürchtete zweite Rang schrie auf in Verteidigung eines seiner Lieblinge.

Die Kritiker bemühten sich um mehr Objektivität: *Senta stellt sich als Elsa vor, sicherlich eine der jüngsten Sängerinnen, die sich je an diese Rolle wagten. Sie ist sichtlich Wieland Wagners Lieblingsinstrument. Er weiß meisterhaft auf ihr zu spielen, entlockt ihr den Ausdruck steter, fast somnambuler Verzückung, die sich ihrer Jungmädchenerscheinung faszinierend hinzugesellt. Beinahe klinisch wird ein Fall hingebungsvoller, visionärer Gläubigkeit entrollt, der in scharfem Kontrast zum Allerweltswissen und zur Allerweltsneugier ihrer Mitspieler steht... Anja Siljas große schöne Stimme wird – fast möchte man sagen – sportlich geführt. Christa Ludwig triumphiert als Ortrud, ersingt sich einen jubelnden Erfolg ...*

Wielands Bühnenbild wird als ›phantastisch schön, mitunter bizarr‹ bezeichnet. *Wieland Wagner ist ein Mann der konsequenten Stilisierung, er pfeift auf Kausalität und Logik ... Wieland Wagners Begabung als Regisseur überragt weit seinen Sinn für Bildwirkung!* (eine neue Variante der Bewertung seiner Talente).

Am Tag der zweiten Vorstellung schrieb das Feuilleton einer Berliner Zeitung meinungsbildend in dicker Schlagzeile: ›Wieder Pfiffe in der Oper?‹: *Heute singt Anja Silja zum zweiten Mal. Wieland Wagner ist nicht in Berlin. Wer wird Anja Siljas Händchen halten, falls wieder Buh-Rufe kommen?*

Wieland w a r da. Aus eigener Initiative und zu meiner großen Überraschung. Als das Buhkonzert beim Schlußapplaus tatsächlich gleich nach dem ersten Verbeugen wieder anfing, ließ er den Eisernen Vorhang herunterfahren (erstaunlich daß er das konnte, er war nur Gast an diesem Haus). Christa Ludwig war außer sich. Sie hatte einen Riesenbeifall, der ihr dadurch genommen wurde. Sie hielt es wohl für eine Forderung von mir, da ja immer behauptet wurde, auch später noch, ich übe Druck auf Wieland aus. Das wäre niemals möglich gewesen, und zu diesem frühen Zeitpunkt unserer Bekanntschaft schon gar nicht. Ich wollte lediglich und verständlicherweise nicht allein vor den Vorhang. Wieland wollte nach dieser Reaktion des zweiten Rangs aber überhaupt keinen Applaus mehr. Wütend schimpfte Christa auf dem Weg zu ihrer Garderobe auf mich, schmiß die Tür hinter sich zu. Ich wurde genauso wütend, tat dasselbe, nur nicht zur gleichen Zeit. Jede von uns schrie immer wieder gegen die geschlossene Tür der anderen. Die Garderobieren auf dem Flur bewegten ihre Köpfe wie bei einem Tennisspiel hin und her. Ich muß heute noch lachen, wenn ich an diese Szene denke. Christa Ludwig und ich waren uns eine Weile ›spinnefeind‹. Grotesk, denn sie war nicht nur eine wunderbare Sängerin, sondern ist eine ganz besonders nette Kollegin und Frau. Ich wohnte später mit Christoph in ihrem Appartement in New York, und wir freuten uns, wenn wir uns, leider viel zu selten, sahen.

Am Tag nach der zweiten LOHENGRIN-Vorstellung traf ich Wieland zufällig am Grenzübergang Dreilinden, und er meinte, ich solle mir nichts aus dem Wutgeheul der Grümmer-Gemeinde machen. Vor allen Dingen war es erst einmal vorbei. Meine Bayreuthzeit sollte übrigens nie ganz ohne Buhrufer sein.

LOHENGRIN war vielleicht Wielands schönste Inszenierung. Der ›blaue‹ LOHENGRIN. Kein Foto kann dem wirklichen Eindruck gerecht werden. Man wurde, auch als Mitwirkender, in eine andere Welt versetzt. Dabei war es nicht einfach, in dieser Inszenierung zu singen. Das Licht war ungewöhnlich anstrengend für die Augen. Die Chorsänger, die pro Akt jeweils eine Stunde stillstehen mußten, wirklich still, denn jede noch so kleine Bewegung wurde sofort störend bemerkt, fielen häufig vor Erschöpfung von ihren Podesten oder zumindest gegen den Nachbarn. Die Elsa kam in der Mitte des Bühnenbildes eine riesige Treppe herunter, wie immer bei Wieland sehr langsam. Sie durfte dabei nicht einen einzigen Blick nach unten auf die Stufen werfen, es hätte die ganze Wirkung zerstört. Das erforderte viel Übung und geschicktes Tastgefühl.

Wieland wünschte sich einen neuen, ungewohnten Elsatyp. Er beschrieb mir das so: *Ich könnte mir denken, daß Sie eine ganz andere Elsa werden können, ohne all das Rosa, das Süße und das Kitschige, das wie ein Firnis an dieser schweren Partie klebt: herb, traumselig und im Brautgemach sehr hart. Aber Sie haben mich ja bis jetzt noch nie im Stich gelassen.*

In demselben Brief schrieb er auch eine Mahnung hinsichtlich meines ›wilden‹ Singens: *Arbeiten Sie inzwischen an Ihrer berühmten Schwebung zu tief. Es könnten außer Herrn Sawallisch noch einige musikalische Ohren im Zuschauerraum sein!* (damit hatte er leider recht; es hat noch Jahre gedauert, bis ich mein gelegentliches zu tief Singen in den Griff bekam; es war sicher eine Kraftfrage).

Die ungewohnte Sicht der Elsa war es hauptsächlich, die das Publikum irritierte. Man wollte hören und sehen, was man gewohnt war. Das Bild von der lieblichen, weiblichen, anschmiegsamen Elsa hat Wieland gründlich verändert. Elsa bezieht in seiner Inszenierung ihre Kraft und

Als Elsa in Lohengrin, Bayreuth 1962

Stärke aus dem Kreuz, das sie, um den Hals hängend, immer mit sich trägt. So konnte sie allen Angriffen der Welt, der Bewerber (allen voran Telramund) trotzen. Ihre Frage an Lohengrin ist nicht blöd, sie ist nicht die ›dumme Gans‹, als die sie oft gesehen wird, weil sie ›so dämlich fragt‹. Ihre Frage kommt aus dem Glauben, ist motiviert durch innere Stärke, ihre Treue, ihre Liebe, ihr Vertrauen und ihren Willen. Richard Wagner schreibt dazu:

Elsa ist das Unbewußte, Unwillkürliche, in welchem das bewußte, willkürliche Wesen Lohengrins sich zu erlösen sehnt…, und die sich mit hellem Wissen in ihre Vernichtung stürzt um des notwendigen Wesens der Liebe willen, das ganz untergehen will, wenn es nicht den Geliebten ganz umfassen kann … Ich mußte meinen Lohengrin verloren geben, um mit Sicherheit dem wahrhaften Weiblichen auf die Spur zu kommen, das mir und aller Welt die Erlösung bringen soll.

Diese andere, starke Elsa wollten die Berliner nicht. An diesen Abenden nicht, und auch sonst nicht.

Dreißig Jahre später, in Robert Wilsons Inszenierung des LOHENGRIN in Zürich, konnte ich für mich verwirklichen, was Wieland sich wohl bei der Partie der Ortrud vorgestellt hat, die ich leider nie mit ihm erarbeitet habe. In keiner Inszenierung vor- oder nachher habe ich diese Partie so dominant empfunden wie in dieser Wilson-Inszenierung. Vor allen Dingen nicht im ersten Akt, wo sie ja so gut wie gar nicht singt. Er wurde geradezu ein Ortrud-Akt. Es war, genau wie Wieland es gesagt hat, ein unerbittlicher Kampf auf Leben und Tod zwischen Lohengrin und Ortrud. Er hätte diese Aufführung sehr gemocht, dessen bin ich mir sicher.

Von Berlin aus fuhr ich nach Bologna, sang die Isolde und bekam zur Premiere ein Telegramm von Wieland mit dem lapidaren Satz: ›Wie geht's?‹ Da wußte ich, unser Essen im Kempinski war nicht das Ende gewesen.

Er hatte, noch im Dezember aus Berlin, an Lovro von Matacic, der den TRISTAN in Bologna dirigierte, geschrieben:

Verstehen Sie es bitte richtig, wenn ich Sie heute ganz vertrauensvoll und offen in Sachen Silja anspreche. Ich habe mit ihr nahezu die ganze Isolde regiemäßig fertig gearbeitet, und Sie werden sich selbst überzeugen können, daß sie genau ›das Kind‹ ist, ›das mit dem Schwerte spielt‹, wie Richard Wagner in einem seiner Briefe an den Karlsruher Intendanten Devrient schreibt. Ich bitte Sie nun herzlich, ihr so weit wie möglich bei der ersten Isolde zu helfen, d. h. ihr tempomäßig entgegenzukommen – wir haben alles schlank und schauspielerisch angelegt und soweit von Flagstad und Nilsson entfernt, wie überhaupt möglich. Ganz egoistisch flehe ich Sie deshalb, sozusagen auf Knien, um sehr flüssige Tempi und um einen schlanken Orchesterklang in Bologna an. Anja ist eine meiner ganz wenigen Hoffnungen für das gesamte Wagnerfach, die ich für die nächsten zehn Jahre sehe, vielleicht die einzigste.

Ich habe mit ihr drei Striche – je einen im ersten, im zweiten und im dritten Akt – vereinbart, die ihr helfen werden, über diese schwierige Partie hinwegzukommen. Bitte zwingen Sie sie nicht, diese Striche überstürzt nachzulernen, ich habe ihr bis jetzt verboten, überhaupt den Text bei den fraglichen Stellen anzusehen, um sie vor Versuchungen zu schützen.

Wie weit war er von seinem ersten Brief an Sawallisch und seinen Lolitasprüchen entfernt!

❧

Mitte Januar, gleich nach der Isolde, begannen die Proben für Salome in Stuttgart. Wir saßen nach einer Abendprobe in Wielands Auto, er wollte mich nach Hause fahren, es war eiskalt draußen und wir redeten… Er fuhr einfach nicht los, die Scheiben beschlugen mehr und mehr, und irgendwann malte er auf die Frontscheibe ein Kreuz und sagte plötzlich und dann doch unerwartet: ›Also, lassen Sie uns die Kreuzung überqueren!‹

So fing es an und nicht, wie Gertrud vermutete, schon Monate vorher in Berlin während der Aida-Proben. Ich war zu dieser Zeit weder in der Nähe des Opernhauses noch überhaupt in Berlin und habe diese Inszenierung leider nie gesehen. Was sich innerlich in ihm – schon zu dieser Zeit – abspielte, kann ich nicht beurteilen. Ich wagte damals noch nicht, an irgendeine Form von Beziehung zu Wieland zu glauben.

Die Proben für Salome waren aus vielerlei Gründen ein Abenteuer. Es war wieder eine neue Partie, Wieland hatte sich eine ganz ungewöhnliche Gebärdensprache ausgedacht, und ich mußte zum ersten Mal tanzen. Die Bewegungen, die ich machen sollte, waren mir anfangs unerhört peinlich. Jede Bewegung war präzise ausgedacht, nicht nur im Tanz (er wurde zu dieser Interpretation von einem Relief an der Eingangstür der Kirche San Zeno in Verona, auf dem Salome wie ein Fisch dargestellt ist, angeregt). Es war nicht einfach, mir die ungewohnten und unkonventionellen choreographischen Gesten näherzubringen. Ich bat Wieland, erst einmal alle Assistenten und alles ›Wimmelnde‹ von der Probebühne zu entfernen und ganz allein mit mir – außer einem Pianisten – zu probieren. Ich wollte mich auf keinen Fall blamieren, und das tat ich – glaubte ich – ununterbrochen.

Eine so ausgefallene Interpretation braucht Zeit, um entwickelt zu werden, und die nahm er sich. Er hatte unendliche Geduld, die er übrigens beruflich fast immer hatte.

Das Ganze ging schon so los, daß er mich bat, einmal meinen Pullover hochzuziehen. Er müsse meinen Bauchnabel sehen, um beurteilen zu können, ob ich das Kostüm, das er sich für mich ausgedacht hatte, überhaupt tragen könne. Bevor ich, erstaunt über diese Bitte, tun konnte, was er wollte, lüftete er selbst ganz vorsichtig das, was ich gerade

Als Salome, Stuttgart 1962

anhatte. Jeder, der mich kennt, weiß, daß ich keine Marylin Monroe-Kurven aufzuweisen habe. Daher sagte ich ganz kühn: ›Sie können ruhig weiter hochziehen, da kommt nichts mehr!‹ Mit dieser Bemerkung hatte ich ihn erst einmal aus dem Konzept gebracht.

Wir waren beide gehemmt während dieser Proben, trotz meiner forschen Sprüche, die ja nur meine Unsicherheit überspielen sollten. Es waren noch ungefähr drei Wochen bis zu dem beschriebenen Abend im Auto, aber innerlich hatte er die Kreuzung längst überquert, von mir ganz zu schweigen.

Es war eine seltsame, wunderbare Spannung zwischen uns. Gertrud war anfangs noch in Stuttgart, aber nur selten auf den Proben. Bei den ersten Tanzproben war sie dabei, aber dann ließ Wieland – auf eigene Rechnung – Renate Ebermann aus München kommen, die mit Gertrud und ihm in Bayreuth diesen Tanz vorbereitet hatte. Es gab offenbar schon große Differenzen, er wollte sie nicht dabei haben. Vielleicht hatte das aber auch künstlerische Gründe, ich weiß es nicht. Die Ebermann tanzte mir alles auf der Probebühne vor, selbst Wieland wurde weggeschickt, erst mußte ich mir den Bewegungsablauf allein erarbeiten.

Nicht nur der Tanz war choreographiert, die ganze Salome war es. Ich mußte katzenhafte, plötzliche Bewegungen machen, abgehackt, eckig, schnell, dann wieder schleichend, lauernd. Und ich sang in den unmöglichsten Positionen. Langsam fing ich an, Freude daran zu haben. Der Schlußgesang war ein akrobatischer Tanz um den Kopf des Jochanaan. Den letzten Teil sang ich auf dem Rücken liegend, mein Kopf fiel über die Stufe des Bühnenbildes nach unten. Daß man bei derart ausgefallenen Verrenkungen eigentlich nicht mehr singen kann, ignorierten wir. Wenn man etwas will, gibt es keine Grenzen. Wieland wollte es, also konnte ich es auch. Meine Kollegin Res Fischer sagte ihm nach der Premiere: ›Das macht die nur, weil sie Sie liebt‹. Damit hatte sie sicher recht. Von niemandem außer Wieland hätte ich mir das abfordern lassen.

Die Salome ist eine merkwürdige Figur. Sie hat keine Geschichte, keine Biographie. Ihre Biographie ist ihre Mutter, und die hat schon keine. In diesem Stück geht es nur um Machtpositionen, um Charaktereigenschaften. Das Bewußte der Herodias wird durch das Unbewußte der Salome verwirklicht. Es geht nicht um Sex, sondern um Urtriebe und um anerzogene Triebe. Man kann Salome mit einen jungen Panther vergleichen. Was weiß ein junger Panther? Es ist spannend, ihn zu beobachten, wie er läuft, wie er geht, wann er springt. So war die Rolle von Wieland gedacht. Salome hat etwas Animalisches. Sie denkt nicht, sie folgt nur ihrem Instinkt.

Es geht auch nicht darum, ob Jochanaan äußerlich attraktiv ist oder nicht. Er ist ein Mythos, für Salome u n d für Herodias. Er hat die Faszination des Unerreichbaren. Er kann so häßlich sein, wie er will, Salome findet ihn schön. Wielands Jochanaan war nicht schön, weiß Gott nicht. Er war weiß und mehlig. Kein Mensch kann gut aussehen, wenn er monatelang bei Wasser und Brot in einer Zisterne gelegen hat.

Die Rolle der Herodias ist mir erst wirklich klar geworden, als ich später bei ihr ›gelandet‹ war. Sie spielt ebenso mit Menschenleben wie Salome, aber mit Raffinesse und Freude. Sie ist nicht ordinär, wie man sie oft sieht, sie ist gefährlich, und wird es noch mehr durch das Vergnügen, das sie am Spiel mit der Macht hat.

Die Kritiker in Stuttgart konnten sich nicht einig werden, ob sie mich mit Maria Jeritza, der legendären Salome der Uraufführungszeit, vergleichen sollten, oder ob es eine Freveltat Wielands sei, mich mit einer so schweren Partie zu ruinieren. Von meinem selbstmörderischen Ehrgeiz wurde wieder einmal gesprochen und erneut mein frühes Ende prophezeit. Aber an dem großen Erfolg der Aufführung und unserer Interpretation kamen selbst diese Kritiker nicht vorbei.

Ein Beispiel: *Spannend ist es immer, wenn Wieland Wagner inszeniert, für Überraschung ist gesorgt. Diese* SALOME*-Aufführung wurde eine der besten Wieland Wagner-Inszenierungen, die ich kenne. Die Salome der Anja Silja ist ganz Wieland Wagners Geschöpf. Der Triumph, den sie feierte, war auch sein Triumph. Diese Salome ist keine reife Kammersängerin, die Verruchtheit mimt. Sie ist überhaupt nicht verrucht. Wieland Wagner hat einen entrümpelten Spielraum geschaffen. Thron, Baldachin und Palast waren samt der stummen Festgesellschaft kassiert, die Tragödie konzentrierte sich auf den inneren Kreis der fünf Hauptpersonen …*

Drei Tage vor der SALOME-Premiere, am 21. Februar 1962, schrieb Wieland aus Stuttgart an Sawallisch: *Sie erzählten Herrn Hellwig* (Wielands persönlicher Referent in Bayreuth) *von einer sehr schlechten Senta Anja*

Siljas in Hamburg und sie wünschten Fräulein Silja – Bayreuth könne sich das nicht leisten – nicht als Elsa ... Ich darf rekapitulieren. Wir hatten beide im letzten Sommer den Eindruck, daß der Holländer *kaum mehr gesteigert werden könne ... Da der* Lohengrin *für mich, was Dirigenten und Solisten betrifft, nach wie vor ein ungelöstes künstlerisches Problem darstellt, habe ich Sie gebeten, Thomas, Silja, Dalis und Vinay zu akzeptieren ... Sicher kann ich heute Fräulein Silja dazu bewegen, von sich aus von dem Vertrag zurückzutreten. Ich wäre dazu sogar bereit gewesen, wenn nicht der Berliner* Lohengrin *dazwischen gekommen wäre. Jetzt entstünde bei einer Besetzungsänderung lediglich der Eindruck, daß der Berliner Theaterpöbel oder die Berliner Morgenpost über die Bayreuther Besetzungen entscheiden. Selbst wenn ich Fräulein Silja für eine schlechte Elsa hielte, würde ich sie – und Sie täten an meiner Stelle genau dasselbe – nach den Berliner Ereignissen die Elsa singen lassen ... Was bleibt mir also anderes übrig, als Ihnen zu sagen, daß Sie in Ihren Entscheidungen mir gegenüber frei sind. Eine Rückgabe des* Lohengrin *wäre ohne jede negativen Rückwirkungen auf unsere Freundschaft oder unsere Zusammenarbeit.*

Ich weiß nicht, wer Ihr Hamburger Gewährsmann ist. Ich habe vorgestern hier die Senta gehört und möchte genau das Gegenteil behaupten. Die Senta war in dieser Aufführung am Sonnabend genauso gut wie in Bayreuth, wenn nicht besser.

Von diesem Brief habe ich bis heute nichts gewußt. Wieland schickte mir zu einer weiteren Vorstellung der Senta in Hamburg den Gruß: *Achtung, Sakrawallisch* (sein Spitzname, nicht nur bei Wieland) *sitzt in der 23. Reihe halb links und hört alles. Gruß Siljafanclub!*

Sawallisch dirigierte den Lohengrin in Bayreuth – mit mir!

❧

Die Tristan-Zeit in Brüssel war wunderbar. Alles was uns in Berlin so große Probleme gemacht hatte, vertiefte hier unsere Gefühle. Isolde gilt als die Liebende schlechthin. Jung, ungestüm, stolz, groß in ihrem Haß wie in ihrer Liebe. Wieland träumte, wie Richard Wagner, von einer optischen Idealbesetzung. Ich habe damals sicher von allen Rollen nur eine Dimension sehen können. Vielleicht ist das auch ihr Geheimnis. Sie sind eindimensional gedacht. Tristan und Isolde sind nicht erwachsen.

Was sie tun, tun sie, ohne lange darüber nachzudenken. Beide lieben, beide wissen nicht, wie sie es zeigen sollen und retten sich in ›Haßgefühle‹, in ›Pflichtgefühle‹. Die Vorgeschichte kennt kaum einer, der in die Oper geht, der Text ist verklausuliert und schwer verständlich in Wort und Sinn. Man muß deshalb die Vorgeschichte mitspielen. Man muß zeigen, daß Tristan den Verlobten Isoldes erschlagen, ihr seinen abgeschlagenen Kopf nach Irland geschickt hat. Diese ›menschenfreundliche‹ Geste muß man im ersten Akt erklären. Tristan ist beim Kampf mit Morold verwundet worden, Isolde hatte das Schwert ihres Verlobten vergiftet, nur sie kann die Wunde heilen. Sie pflegt Tristan, als er verkleidet nach Irland kommt, erkennt aber bald in ihm den Mörder ihres Verlobten, denn in Morolds Kopf fand sie einen Splitter, der genau in eine Scharte von Tristans Schwert paßt. Ein Blick in Tristans Augen läßt ihren Haß in Liebe umschlagen. Sie läßt das Schwert sinken, mit dem sie ihn töten will, und Tristan kann geheilt entkommen. Jetzt kehrt er zurück, als Brautwerber für König Marke.

Es geht nicht darum, daß zwei Menschen einen Trank trinken, es ist egal, was in diesem Becher ist. Isolde handelt bewußt. Sie will Tristan zwingen, sich ebenfalls zu entscheiden, wie fast immer bei Wagner für den Tod.

In Brüssel ging Wieland ein noch größeres Risiko mit mir ein als in Bayreuth. Die Isolde hat mit Sicherheit vor mir noch keine Sängerin in so frühem Alter gesungen. Derselbe französische Kritiker, der mich zur deutschen Callas gemacht hat, schreibt über diesen Abend:

Man wartete mit gespannter Neugier auf die 21jährige Isolde … Ich habe TRISTAN *über hundertmal gesehen und an die zwanzig Isolden gehört. Es ist das erste Mal, daß eine Sängerin die blonde irische Prinzessin wirklich verkörpert, für die die Liebe eine so absolute Gabe ist, daß sie nur zur Vernichtung führen kann. Verschwenderisch im ersten, ausgezeichnet im zweiten, gelingt es ihr nicht, den Eindruck der Entsagung, der übermenschlichen Ekstase des Liebestods zu geben. Aber man kann ihr Vertrauen schenken, und von nun an ihren Namen unter die größten Interpreten der Rolle zählen …*
Wielands Notiz auf der Kritik, die er mir damals schickte: ›Das kommt noch …, die Entsagung!‹. Er liebte es, Kritiken mit Randbemerkungen zu versehen.

Die Entsagung sollte für jeden Künstler früher oder später kommen. Es ist falsch, wenn diese Rollen von überreifen Sängern gesungen werden. Sie reflektieren ihre ganze Lebenserfahrung in die Partie und genau die hat da nichts zu suchen (wenn man als Sänger überhaupt irgend etwas reflektiert, muß ich allerdings dazu sagen).

Es geht einfach nicht an, daß eine Sängerin der Salome zum Beispiel zwischen 50 und 60 ist. So kindlich grausam und unbefangen, wie es diese Rolle verlangt, kann ein Mensch dieses Alters einfach nicht mehr sein. Da kann man nur verkitschtes Kindtum darstellen. Wenn man ein bißchen über Musik und Theater nachdenkt und wenn man das realisieren will, was sich der Komponist gedacht hat, gibt es keine andere Lösung, als den Mut zu einem Fachwechsel zu haben. Man muß sich verändern, niemandem fällt das leicht. Man kann nicht darauf beharren, Sopran zu sein, und zu bleiben, was man immer war. Man muß sich – oft schweren Herzens – für die angeblich unsympathischen Rollen entscheiden. Mir persönlich haben sie immer gefallen, aber viele Kolleginnen wollen einfach nicht unsympathisch erscheinen. Sie waren ihr Leben lang lieblich und zart und wollen es bleiben. Das ist schade. Da entsteht eine Stagnation, sowohl in der Person als auch im Beruf. Bei den Rollen, die ich jetzt singe, kann ich mein Wissen und mein Erleben einbringen, und das finde ich attraktiver, als noch immer Jungmädchenträume zu verkörpern, die ich nicht mehr träumen darf und kann.

Privat hatte sich alles geändert. Es gab mich in Wielands Leben. Wir reisten viel in den uns verbleibenden vier Jahren. Ich lernte weiterhin neue Partien, wiederholte die schon gelernten. Auf die Isolde folgten Brünnhilde, Elektra, Fidelio, dazwischen immer wieder Salomes, Sentas, Elisabeths, Evchen. Später Desdemona, WOZZECK-Marie, Lulu. Ich lernte und sang, sang und lernte. Fast ausschließlich in seinen Inszenierungen. Ich war zwar in unseren ersten zwei Jahren noch in Frankfurt engagiert, danach wieder in Stuttgart, aber alle auswärtigen Wieland Wagner-Produktionen hatten vertraglich Vorrang vor den ›Heimspielen‹. Wenn ich heute versuche, mich zu erinnern, ob ich überhaupt etwas an diesen Häusern gesungen habe, fällt mir so gut wie gar nichts ein, nur die Ariadne in Frankfurt. Das kann doch eigentlich nicht sein?

Wieland war kein Mann für Affären, auch wenn er hin und wieder welche hatte, genauso wenig, wie ich eine Frau dafür war. Wir hatten auf unserer ersten gemeinsamen Reise nach Brüssel getrennte Zimmer und große Hemmungen im Umgang miteinander und mit der Überwindung dieser zusätzlichen Schwelle, die wir uns geschaffen hatten. Ich aus Scheu vor seiner Übermacht, er aus der generellen Angst vor Bindungen, vielleicht auch wegen des großen Altersunterschieds. Er wußte nicht, wie er damit umgehen sollte. Eine typische Äußerung aus etwa dieser Zeit beschreibt seinen Zustand:

Ich habe noch nie – Ehrenwort – an eine Hochdramatische einen privaten Brief geschrieben und weiß deshalb nicht, wie man das macht und ob ich das kann – auf alle Fälle kannst du das viel besser. Ich habe zwar Füße, aber immer noch keinen Boden darunter. Das muß einem in so hohem Alter passieren, aber bei Deich- und Mauerbrüchen, Naturereignissen aller Art – muß man mit dem schlimmsten rechnen.

Diesen Brief sollte ich vernichten. Wie froh bin ich heute, daß ich es nicht getan habe.

Jeder Tag brachte uns neue Überraschungen, jede Probe weitere Nähe. Brüssel war und blieb eine Schicksalsstadt für mich. Hier wohnte André Cluytens, hier dirigierte Christoph viele Vorstellungen mit mir, hier leitete Gérard Mortier viele Jahre später das Opernhaus und bot mir die Küsterin in der JENUFA an, mit der ich meine ›dritte Karriere‹ begann. Und hier inszenierte ich meine erste Oper, den LOHENGRIN.

Trotz oder wegen dieser Deich- und Mauerbrüche versuchte Wieland, nachdem er das RHEINGOLD in Köln beendet hatte, zu dessen Inszenierung er gleich nach dem Brüsseler TRISTAN fuhr, schon nach zwei Monaten (von mir fast unbemerkt) die erste Trennung. Ich mußte nach Kopenhagen, um FIDELIO zu singen. Eine dänische Produktion, mit dänischen Sängern, auf Dänisch. Ich sang als einzige Deutsch, was in den Dialogen oft sehr merkwürdig klang, und mußte aufpassen wie ein Schießhund, wann und ob ich dran war. Ähnlich erging es mir mit Wielands HOLLÄNDER, den er 1961 (ohne mich) in Kopenhagen inszeniert hatte. Darin gibt es zwar keine gesprochenen Dialoge, aber durch die Übersetzung verändert sich manchmal der Rhythmus, und das kann sehr irritierend sein.

Irgendwann in dieser Zeit waren wir zusammen in Stockholm, wo ich für Elisabeth Grümmer im TANNHÄUSER einsprang. Ich weiß nicht, wieso er überhaupt da war. Die Zeitungen sagen, er kam aus Kopenhagen, also muß er mich dort besucht haben. In einem seiner Briefe steht, er hätte *Angst vor drei- zwei- einem Tag Dauerabschied und Hemmungen vor Kopenhagen, vor der Öffentlichkeit, dem Gerede. Wir müssen, wollen wir weiter zusammenarbeiten, uns unsichtbar machen ob du das nun verstehen willst oder nicht* (dafür waren wir wirklich ein besonders prädestiniertes Paar!). *Aus Gründen, die du nicht verstehen kannst, weil sie wahrscheinlich männlich, also falsch sind …*

Wieso kam er trotzdem nach Kopenhagen und fuhr mit mir nach Stockholm? Um eine Trennung zu beginnen oder zu beenden?

Privat wollte er, anders als auf der Bühne, den Weg des geringsten Widerstandes gehen. Das war aber auf Dauer nicht möglich, obwohl ich fast alles mitmachte, was er sich vorstellte. Was blieb mir übrig? Ich liebte ihn. Seine Abhängigkeit von mir, wenn es sie denn gab (und wie ich seine Briefe heute lese, muß es sie gegeben haben), war mir nie bewußt. Ich hingegen war ungeheuer abhängig von ihm, liebte es, abhängig zu sein, gelenkt zu werden. Ich war es ja nicht anders gewohnt.

Er hat sich in einer Form für mich eingesetzt, die wohl einmalig in der Operngeschichte ist. Es gab reiche Männer, die für die Geliebte Opernhäuser mieteten, sogar kauften, Könige, die ihre Favoritin am Theater hatten, Regisseure und Dirigenten, die auf bestimmten Besetzungen bestanden. Aber eine Sängerin gegen alle Widerstände, gegen alle Anfeindungen bis zu seinem Tod unbeirrt in allem einzusetzen, woran er glaubte – und das nicht nur an seinem eigenen Haus, sondern international, das hat es wohl bis dahin nicht gegeben. Er ging sogar so weit, auf große Namen in Bayreuth verzichten zu wollen und tatsächlich zu verzichten, weil sie seine Fixierung auf mich nicht mitmachen wollten. Von privaten Fehden mit jedem, der sich gegen mich stellte, ganz zu schweigen. Mir erzählte er nie etwas von diesen unerfreulichen Querelen.

Er blieb lange hin und her gerissen in seinen Gefühlen, wagte nicht, was er wollte, versuchte noch einmal, was er aber nicht mehr konnte. Er fuhr im Mai nach Sylt zu Gertrud. Ich erinnere mich an einen Abschied, irgendwo an einer Raststätte bei Hannover (warum ausgerechnet da?). Er

Als Elisabeth in Tannhäuser, Bayreuth 1962

nahm mich liebevoll in die Arme und versprach, mich so bald wie möglich anzurufen. Dann verschwand er. Es könnte sein, daß er in diesem Moment noch nicht vorhatte, was er dann versuchte. Er verstummte für drei Wochen. Auf einmal war er wieder da, die Rückkehr zu Gertrud war gescheitert.

Die Sommer ›vereinten‹ Gertrud, Wieland und mich in den folgenden Jahren in Bayreuth. Wieland hoffte auf Kooperation.

Es gab Verzweiflung auf allen Seiten. Ich erinnere mich an wenig. Vielleicht weil es außer der Arbeit und den vielen Verzweiflungen wenig zu erinnern gibt? Es gab für mich das fast tägliche Minigolfspielen irgendwo hinter dem Festspielhaus mit meinen Kolleginnen. Einmal kam Wieland sogar mit, zusammen mit Karl und Karlheinz Böhm. Es wurde zu einer Art Staatsbesuch für den Minigolfplatz, und Wieland holte so weit mit dem Schläger aus, daß der Ball fast in Wahnfried gelandet wäre. Es gab gelegentliches Baden an einem der Fichtelgebirgsseen, Besuche in der ›Eule‹, dem Künstlerlokal in Bayreuth, mit und ohne Wieland, das Kulmbacher Bierfest und hin und wieder Ausflüge mit ihm in die Fränkische Schweiz. Er zeigte mir Oberwarmensteinach, den Ort, in dem Winifred nach dem Krieg gewohnt hat, bevor sie wieder nach Bayreuth zurückkehrte. Schöne, vage Erinnerungen, aber sie haben nichts mit dem ›Eigentlichen‹ zu tun. Er arbeitete fast die ganze Zeit. Sein Pensum war enorm. Planungen, Pressekonferenzen, Empfänge. Und immer wieder Proben, Proben, Proben. Für uns alle.

❧

Die Elisabeth ist vielleicht die Partie von Wagner, die ich am meisten liebe, wie überhaupt den ganzen TANNHÄUSER. Es ist eindeutig sein zwiespältigstes Werk, wie Wagner selbst gesagt hat. Elisabeth ist alles in einem: Opfer und Jungfrau, Erlöserin und Verführerin, wissend und unschuldig. Sie ist hauptsächlich Liebende, schon Frau, obwohl noch unberührt. Die letzte Szene des zweiten Akts zeigt ihre Entschlossenheit, alles zu tun, um Tannhäuser zu retten. Sie fragt nicht, sie betet nicht, sie opfert sich nicht: Sie handelt. Das ist die Form der Liebe, die mir am meisten entspricht.

Ein Satz, den Wieland über die Figur des Tannhäuser schrieb, traf wohl auch auf ihn zu: *Tannhäuser ist ein Dichter, er lebt in der Wahrheit seiner Phantasie, und was er erblickt, wird ihm zur Wahrheit, weil er seine dichterische Phantasie, der seelischen Einstellung gemäß, verarbeitet.*

Im dritten Akt seiner Inszenierung gab es den damals aufsehenerregenden Rückwärtsgang der Elisabeth. Wieland ist dafür sehr angegriffen worden. Kein Mensch gehe minutenlang rückwärts. Aber das war es ja eben. Nach ihrem Gebet ist Elisabeth nicht mehr wirklich vorhanden, nicht mehr von dieser Welt. Deshalb ist es kein Gehen mehr, es ist ein Schweben, ein sich in sich selbst Zurückziehen, ein Auflösen, was er zeigen wollte. Wenn sie sich von dem Kreuz erhebt, das vorn rechts auf der Bühne stand, ist sie schon in einer anderen Welt, in der, die sie für Tannhäuser erfleht hat. Es war ein schwerer Gang, diagonal über die ganze Bühne, unendlich langsam, noch in den Wolframgesang hinein. Ich durfte mich nicht umsehen – natürlich nicht. Ohne das zu können, mußte ich an der richtigen Stelle landen. Wieland stand oft selbst in der Kulisse, um mich in ›Empfang‹ zu nehmen. Er stand sehr häufig in der Kulisse, quasi neben dem Bühnenrand, und lächelte mir zu. Ich liebte das und es beflügelte mich sehr, spornte mich an. Wenige Regisseure oder Intendanten haben das seitdem getan. Es hätte wohl auch nicht dieselbe Wirkung gehabt.

Nicht Isolde liebt am meisten von allen Wagnerfiguren, es ist Elisabeth. Und es ist nicht Tristan, sondern Tannhäuser, der diese Liebe mehr als alle anderen ›Helden‹ versteht – und auch wieder nicht versteht. Auf Wieland und mich übertragen, könnte man es vielleicht so beschreiben: Ich war ein ›fast‹ normales junges Mädchen, als wir uns lieben lernten, auch mit dem Wortschatz meines Alters. Ich hatte keine Scheu zu sagen, was ich dachte, und vielleicht war das der Grund, warum er mich oft in fast ausweglosen Momenten des täglichen Lebens um Hilfe bat. Er vertraute meinem Instinkt, er gab mir die Freiheit, die ich brauchte, ohne mich je wirklich frei zu lassen. Ohne sich wirklich von mir zu lösen. Selbst in den größten Krisenzeiten hat er nie erwogen, sich k ü n s t l e r i s c h von mir zu trennen. Und damit war eine Trennung auch privat so gut wie unmöglich. Ich hatte eine Macht in Händen, die mir erst heute bewußt wird. Es wäre ihm nicht möglich gewesen, mich zu verlassen und

Wieland Wagner, Bayreuth 1965

er hatte es nie ernstlich vor. Es war für ihn wesentlich, daß man bedingungslos an ihn glaubte, in einem Beruf, der für alle, auch für uns Sänger, aus so viel Selbstzweifeln besteht, soviel innerer Unsicherheit. Er sehnte sich, auch für sich selbst, nach der Liebesfähigkeit der Wagnerschen Heldinnen. Wielands Tod scheint aus dieser Sicht für uns beide die einzig mögliche Form der Erhaltung unserer Liebe gewesen zu sein. Wie seine Frage zeigt: Hast du so viel Liebe, Kraft und Verstand? Ich habe sie jetzt schon fast ein Leben lang.

Wielands Jähzorn und seine Wutausbrüche waren in Bayreuth gefürchtet. Ich würde derartige Behauptungen schlichtweg als unwahr, als unglaubwürdig bezeichnen, da ich sie nie erlebt habe, wäre mir nicht eine außergewöhnliche Geschichte mit ihm passiert. Ich hatte in Berlin ein für damalige Verhältnisse teures Cocktailkleid gesehen, das ich unbedingt haben wollte. Ich zögerte, es zu kaufen, erzählte Wieland davon, fand es aber viel zu teuer und versuchte, nicht mehr daran zu denken. Trotzdem konnte ich es nicht vergessen, ich hätte es so gut in Bayreuth gebrauchen können! Nach einer Abendprobe machten wir wieder einmal in Wielands Cabriolet eine Spazierfahrt durch die wunderschöne Umgebung von Bayreuth. Es war eine sternklare Nacht, daran erinnere ich mich noch genau. Plötzlich hielt er an und holte das Geld für dieses Kleid aus seiner Hosentasche (er trug immer alles lose mit sich herum, da er keine Brieftasche besaß). Ich wollte es nicht annehmen, schon gar nicht als Geschenk. Wütend startete er erneut den Wagen und warf, bevor ich mich versah, das ganze Geld aus dem offenen Auto. Ich war sprach- und fassungslos. Aufgebracht schrie ich ihn nach dem ersten Schreck an, er solle sofort anhalten und stieg aus. Das Geld in der Dunkelheit zu finden, war hoffnungslos. Wir waren mal wieder irgendwo/nirgendwo, wie immer, wenn wir solche Ausflüge machten. Mir blieb nichts anderes übrig, als wieder einzusteigen. Schweigend fuhr er mich nach Hause. Er hatte mir eine Freude machen wollen, und das war das Ergebnis!

Ich konnte in dieser Nacht kaum schlafen. Das Geld ging mir nicht aus dem Kopf. Frühmorgens gegen sechs, es hatte in der Nacht geregnet, machte ich mich wie Hänsel und Gretel auf den Weg, um die Stelle wiederzufinden. Ich fand sie tatsächlich – und das Geld! Wirklich alles! Durch den Regen klebten die Scheine im Kornfeld. Eine Viertelstunde später wäre es zu spät gewesen. Ein Bauer war gerade dabei, das Feld zu mähen. Ich fuhr sofort zum Festspielhaus (Wieland war schon im Büro, obwohl es erst acht Uhr morgens war) und legte ihm triumphierend das nasse Geld auf den Schreibtisch. Am selben Tag schickte er einen Brief an eine Freundin in Berlin: *Herzliche Bitte: wären Sie so freundlich, beiliegendes Geld für Anja Silja an Staebe-Seeger zu überweisen – (ich kann es von hier nicht!). Schönen Dank! Ihr Wieland Wagner.*

Das Kleid habe ich noch.

Nach Proben oder Aufführungen, an denen ich nicht beteiligt war, kam er oft nach Mistelbach, wo ich seit dem Tod meiner Großeltern im Sommer wohnte. Er erzählte mir, was am Tage passiert war, wie wer was gesungen hatte. Wie spät es auch war, immer fuhr er wieder zurück nach Wahnfried. Nie blieb er über Nacht. Ich war oft verzweifelt, glaubte nicht an seine Liebe. Er konnte und wollte sich in Bayreuth keinen Eklat leisten. Unsere Treffen waren so geheim, daß ich oft selbst kaum etwas davon wußte! Damals konnte und wollte ich seine konsequente Haltung nicht verstehen. Ich war eifersüchtig, auch auf seinen Beruf, und machte ihm Szenen, wie sie wohl jede Frau in einer solchen Situation eines Tages gemacht hätte.

Natürlich kam er nicht nur, um mir von den Ereignissen des Tages zu berichten. Unsere sexuelle Beziehung war ein selbstverständlicher und wichtiger Teil unseres Lebens. Aber – und darum erwähne ich es überhaupt – sie war nicht das Dominierende. Es wäre völlig falsch zu glauben, daß es nur das war, was uns zusammengeführt hat. Es war ein Bestandteil, oft erfüllend und schön, aber auch getrübt durch die vielen Dauerabschiede. Gertrud hat ihn nach eigenen Aussagen einmal gefragt, ob es denn ein so beglückendes sexuelles Erlebnis mit mir sei. Er soll geantwortet haben: ›Ach, hast du eine Ahnung!‹ Sie hat diese Antwort negativ gewertet, ich werte sie so, wie ich es hier zu erklären versuche.

Einmal, als er wieder spät abends übermüdet bei mir ankam, um gleich zurückzufahren, fuhr ich, nur mit einem Mantel bekleidet, den ich mir übergeworfen hatte, verzweifelt hinter ihm her und immer wieder von hinten gegen die Stoßstange seines Wagens. Er reagierte überhaupt nicht, was mich noch wütender machte. Er fuhr im gleichen Tempo weiter, als wäre nichts geschehen. Was hätten wir gemacht, wenn uns ein Polizist angehalten hätte? Ich gebe zu, es war eine kindische Reaktion.

Noch einmal gab es eine ähnliche Situation, in der ich vor Wut fast in die Scheibe des Hotels Reichsadler gefahren wäre. Wieder reagierte er mit stoischer Ruhe. Das waren wohl die Momente, die er meinte, als er in einem Brief von Quälen, Vertrauen und Zweifeln sprach. Es waren in meiner damaligen Situation keine Launen, es waren Verzweiflungstaten. Ich war viel zu jung und unerfahren, um zu wissen, wie ich mich anders hätte wehren können (viel anders, ich muß es zugeben, habe ich allerdings auch später in meinem Leben nicht reagiert). Vielleicht war das in unserem Fall sogar mein Glück. Er konnte mich mit diesen Eskapaden einfach nicht ernst nehmen, nahm sie als das, was sie waren. Schließlich gewöhnte ich mich an meine Rolle da draußen in Mistelbach.

Einmal schrieb er mir: *Du hast keinen Grund an allem zu zweifeln, was zwischen uns besteht. Sei Anja, wie ich dich kenne.* Wie oft war ich wohl, wie ich nicht sein sollte, wie oft war er, wie er nicht sein wollte! Seine Konflikte blieben bestehen. Er wagte nicht, eine Entscheidung zu treffen. Schon gar nicht in Bayreuth. Noch waren wir nicht so weit. Den schweigenden Wieland, wie ihn seine Tochter Nike beschreibt, kannte ich ebenfalls. Er verstummte einfach und brachte einen damit zur Weißglut. Man mußte es akzeptieren.

Er fühlte sich schuldig, blieb schuldig, aber er wollte nichts dagegen tun: *Ich hätte rechtzeitig – also bei Kempinsky!!! wissen müssen, daß du eine Frau bist, für die es nichts gibt als eine Total-Bindung. Eine Bindung, wie ich sie bisher zu keiner Frau eingegangen bin. Ich weiß auch nicht, ob ich das kann – selbst, wenn ich ganz frei wäre. Meine Bindung an Gertrud ist aber nach wie vor da – sie war nur nie so, wie sie, von der Frau aus gesehen, sein müßte. Das ist mein Fehler. Ich kann nicht mit, aber auch nicht ohne sie leben …*

Das war ein Satz, der zu seinem Wesen paßte, und zu Gewohnheitsehen. Er suchte die Treue und konnte sie nicht leben, hielt sie aber, so lange er es vertreten konnte, und oft darüber hinaus. Auch zu seinen Sängern und zu seinem Stab. Dieses oft hartnäckige, eigensinnige Festhalten am Gewohnten gehörte zu seiner Natur. Sie war kein Fehler. Sie wäre mit dem richtigen Partner eine Tugend gewesen.

Nach den Sommerferien 1962 folgte für ihn ein weiterer TANNHÄUSER in Stuttgart. Ich sang in dieser Produktion nicht, da man in Frankfurt fand, daß ich endlich einmal dort etwas singen müßte. Die Titelrolle in einer Neuinszenierung von ARIADNE AUF NAXOS. Aber wir waren ja nicht weit auseinander. Ich konnte ihn besuchen, wenn ich keine Proben hatte. Ich hatte in dieser Zeit SALOME-Vorstellungen in Stuttgart, das erleichterte unsere Treffen. Eine wurde zu einem der größten Alpträume meiner Karriere.

Ich hatte am Vormittag die Generalprobe von ARIADNE gesungen, am Abend sollte mal eben noch eine SALOME in Stuttgart sein. An sich schon kriminell, manchmal gibt es solche Umstände, die es eigentlich nicht geben dürfte. Auch heute passiert so etwas gelegentlich. Ich war in Frankfurt bestens bei Stimme, aber schon im Auto, auf dem Weg nach Stuttgart, fing ich an, mir über ihren Zustand nicht mehr so sicher zu

In Bayreuth, 1962

sein. Ferdinand Leitner war, wie eigentlich immer, der Dirigent des Abends. Er machte eine kurze Verständigungsprobe, in der er eine Geschichte aus Monte Carlo erzählte, wo es ihm gelungen sei, mit der Sängerin der Salome praktisch immer auseinander zu sein (musikalisch gesprochen). Er meinte am Schluß seiner Geschichte, ihn könne nach diesem Abend nichts mehr erschüttern …

Schon fünf Minuten nach meinem Auftritt wußte ich, daß diese SALOME nicht, zumindest nicht mit mir, zu Ende gehen würde. Was empfindet man da? Panik war das erste. Dann versuchte ich, praktisch zu denken: Bis zur Hälfte muß ich kommen, damit der Abend nicht wiederholt werden muß und niemand seine Gage verliert. Ich hoffte sehnsüchtig auf den Tanz. Vielleicht ging es danach ja etwas besser. Zehn Minuten ohne Singen. Aber ich wurde durch die Anstrengung des Tanzes fühlbar heiserer. Nicht einmal räuspern konnte ich mich mehr. Ich hatte nur noch den Wunsch, von der Bühne zu kommen. Also tat ich das einzige, was mir möglich erschien. Ich sprang zu Jochanaan in die Zisterne! Ein Einfall, auf den weder Richard Strauss noch Oscar Wilde gekommen sind. Jochanaan war längst nicht mehr da, sondern in seiner Garderobe oder in der Kantine. Statt dessen kam der Inspizient aufgeregt durch den unterirdischen Gang geschossen, um mir zu sagen, daß ich da unten nichts zu suchen hätte und doch bitte wieder auf die Bühne gehen solle. Nun, daß ich da nicht hingehörte, war mir mehr als klar, aber stimmlich führte kein Weg mehr nach oben. Ich werde nie das entsetzte Gesicht Ferdinand Leitners vergessen, als er von seinen Noten aufsah und mich nicht mehr auf der Bühne fand. Ich konnte das auf einem Monitor beobachten, der für die Einsätze des Jochanaan aus der Zisterne dort installiert war.

Grace Hoffman, meine Herodias, wollte mir helfen und versuchte, meine Partie weiterzusingen. Sinnigerweise war es die Stelle: ›Es ist kein Laut zu vernehmen, ich höre nichts!‹ Sie beugte sich in die Zisterne und fragte: ›Wie geht es weiter?‹ Ich flüsterte mit letzter Kraft nach oben: ›Hör auf, ich komme nicht mehr hoch‹. Merkwürdig, was in so einer Situation in den Köpfen der Kollegen vor sich geht. Jeder hatte gehört, wie es um mich stand, und doch hofften alle, daß es irgendwie weitergehen würde. Es ging nicht weiter, der Vorhang mußte fallen. Jess Thomas, der den Narraboth sang, beschrieb in seinen Memoiren diesen Abend und behauptete, *sie wäre sicher auch 30 Meter tief gesprungen, so verzweifelt ist sie gewesen*. Vielleicht ist das doch um ein paar Meter zu viel gesagt, aber verzweifelt war ich, soweit hatte er recht.

Kaum war der Vorhang gefallen, war die Bühne überfüllt mit Menschen. Jeder fragte nach dem, was so offensichtlich war. Ferdinand Leitner kam dazu und sagte ganz ruhig, seine Geschichte aus Monte Carlo damit abschließend: ›So etwas habe ich allerdings noch nicht erlebt!‹ Jemand wurde vor den Vorhang geschickt, um dem Publikum zu erklären, daß ich mich bei dem Sprung in die Zisterne verletzt hätte und daher nicht weiter singen könne. Durch diese Ansage entstand bei vielen Zuschauern der Eindruck, der Zisternensprung gehöre zur Inszenierung. Wieland mußte das nun auch noch als idiotischen Regieeinfall auf sich nehmen.

Unsere nächste Aufgabe war die SALOME in Berlin. Ein paar Tage vor der Premiere muß ich woanders gesungen haben. Jedenfalls war Wieland in Berlin und ich auf dem Weg dorthin, auf der Autobahn. Kurz hinter Hof, schon in der DDR, scherte dicht vor mir ein Lastwagen aus und fuhr auf meine Spur. Es war Winter, die Straßen schlecht gestreut. Ich verlor beim plötzlichen Bremsen die Kontrolle über das Auto und rutschte, nachdem sich der Wagen mehrfach gedreht hatte, rückwärts eine steile Böschung hinunter, brach durch Zäune und kam auf einem Feld zum Stehen. Passiert ist mir erstaunlicherweise nichts, aber an meinem Wagen, einem Mercedes Cabriolet 1960, an dem ich sehr hing, war die Achse gebrochen (ich ließ ihn später, für viel Geld, reparieren).

Kurz vorher, am Grenzübergang hatte ich ein Gespräch mit einem jungen Mann – von Autofahrer zu Autofahrer -, der meinte, daß ich mit so einem Wagen wahrscheinlich sehr viel schneller in Berlin sei als er. Ein Satz, der nur dazu diente, den Kontakt herzustellen, denn man durfte ja nicht schneller als 100 Kilometer durch den Osten fahren. Dieser Mann wurde meine Rettung. Er sah meinen Wagen unten auf dem Feld, hielt an und blieb bei mir, bis die Polizei kam. Es kam nicht nur ein Polizei auto, es kamen nach und nach drei. Und alle Polizisten fragten mich nacheinander dieselbe idiotische Frage: ›Warum sind Sie da runter gefahren?‹ Wir wurden zusammen aufs nächstbeste Revier gebracht (mitgehangen, mitgefangen, der junge Mann mußte ebenfalls mit). Sie hielten uns geschlagene acht Stunden, getrennt voneinander, fest und stellten mir, unter dem Bild von Ulbricht, die unsinnigsten Fragen. Die Vielzahl der Familiennamen brachte sie total aus der Fassung. Der Name des Vaters, der Mutter und der Großeltern, alles wurde abgefragt, und jeder lautete anders! Dazu mein Künstlername (die Frage ›ist Singen ein Beruf?‹ war in dieser Umgebung eine schwer zu beantwortende; ich meinte, ›wie man's nimmt‹, das gefiel ihnen nicht besonders). Als ich endlich gehen durfte, war ich betroffen, den jungen Mann wieder vor mir zu sehen. Er nahm mich mit nach Berlin. Wir hatten inzwischen dichtesten Nebel, konnten die Hand vor Augen nicht sehen und die Straße nur, wenn wir links und rechts aus dem Fenster hingen und so versuchten, den Mittelstreifen oder überhaupt irgend etwas zu erkennen. Es war eine Wahnsinnsfahrt, in der Eiseskälte mit offenen Fenstern. Spät nachts kamen wir endlich in Berlin an. Mein Begleiter wollte noch mit mir ausgehen! Er brachte mich dann aber doch zu der Adresse, an der, wie ich annahm, Wieland auf mich wartete. Ich hatte ihn ja aus der DDR nicht verständigen können. Alles, was er wußte, war, daß ich um soundsoviel Uhr abgefahren war von da, wo ich herkam. Inzwischen hatte er Himmel und Hölle in Bewegung gesetzt, um festzustellen, was mit mir passiert war. Seine Nachforschungen haben ihn wohl nicht weit gebracht; als ich ankam, war der Antialkoholiker Wieland tief in eine Whiskyflasche gefallen.

Die Generalprobe der SALOME war ebenfalls ungewollt aufregend. Die Hintergrundwände des Bühnenbildes aus Styropor waren nicht feuerabweisend genug präpariert, deshalb genehmigte die Feuerwehr die öffentliche Generalprobe nicht. Alle Besucher wurden nach Hause geschickt. Ausgerechnet bei einer Wieland Wagner-Inszenierung, ausgerechnet mit Anja Silja … Es wurde ein Riesentumult und ein großer Skandal. Niemand wollte glauben, daß der angegebene Grund der wahre sei. Da mußte etwas anderes dahinterstecken. Die Leute weigerten sich zu gehen und mußten fast mit Gewalt aus dem Zuschauerraum entfernt werden. Erst nach eineinhalb Stunden konnten wir mit der Probe beginnen. Auch mein junger Mann, den ich zur Generalprobe eingeladen hatte, durfte nicht bleiben.

Die Aufführung wurde kontrovers aufgenommen, Wieland etwas angebuht, ich diesmal erstaunlicherweise nicht. Die Kritik bescheinigte mir eine ›Berufung als Tragödin der Musikbühne‹.

Zur Inszenierung hieß es: *Wieland Wagner hat nach der AIDA, nach LOHENGRIN und nun der SALOME Bewunderer und Gegner gleichermaßen mobilisiert. Der Enkel verleugnet nicht sein Wagnersches Erbe. Niemals geht es ihm um naives Opernspiel – selbst dann nicht, wenn es so raffiniert angelegt ist wie hier …*‹

Ein anderer Kritiker dagegen meinte: *Nichtachtung der Partitur ist der unstreitig oberste Grundsatz des Inszenators von Bayreuth!*

Wieland blieb in Berlin (ich auch, da ich weitere Vorstellungen der SALOME hatte). Am 22. Dezember war die Wiederaufnahme seiner MEISTERSINGER, ohne mich, nur neun Tage nach der SALOME. Wie das möglich gewesen ist, ist mir schleierhaft. Hatte er beides nebeneinander probiert? Das kann eigentlich nicht sein. Es war wohl hauptsächlich Peter Lehmanns Werk! Wie auch immer, in einer der Endproben war Josef Greindl, der den Sachs sang, krank und Wieland ›spielte‹ für ihn die Schusterstube. Ich erinnere mich nur an diese lange Szene. Ich bin fast in den Boden gesunken vor Scham. Er war ein sehr schlechter Schauspieler, besser gesagt, überhaupt keiner, so gut er auch erklären und beobachten konnte. Aber es hat ihm Freude gemacht, und das war in diesem Fall das wichtigste.

Ein weiteres ›erfreuliches‹ Weihnachtsfest stand bevor. Ich kann nicht viel mehr darüber sagen als – es ging vorüber. Wieland war mit der Familie in Seefeld. Ich verbrachte es allein mit meinem Bruder und Peter Lehmann in München. Peter besorgte den Weihnachtsbaum. Falls er ihn pro Nadel bezahlt hat, muß er spottbillig gewesen sein.

Schon am 8. Januar hatten wir TRISTAN-Premiere in Genf, wie ich heute zu meinem Erstaunen lese! Das ist beinahe unmöglich, würde ich sagen, und grenzt an Akkordarbeit. Kein Wunder, daß ich mich an so wenig erinnere! Dafür erinnere ich mich an den sensationellen dritten Rang des damals neuen Genfer Opernhauses. Er ist steil wie ein Amphitheater, es wird einem schwindelig, wenn man oben sitzt, die Akustik ist dafür atemberaubend. Man konnte auf der Bühne flüstern und verstand jedes Wort. Ich sah mir den größten Teil des dritten Akts von dort an. Wielands gemalter schwarzweißer Bühnenboden, der die Zerrissenheit Tristans symbolisierte, wirkte aus der Vogelperspektive noch einsamer, noch verzweiflungsvoller.

Noch eine Reprise unserer SALOME folgte in Brüssel, nur zwei Wochen nach dem Genfer TRISTAN. Es kann nur so gewesen sein, daß Wieland vorausfuhr und erst alles ohne mich probierte, während ich in Genf weitere TRISTAN-Vorstellungen sang. Zur Premiere in Brüssel war ich – wen wundert das noch – krank. Erst die zweite Vorstellung konnte ich singen. Für solche immer wieder vorkommenden Fälle hatte Wieland vorsorglich eine aktuelle Liste von Sängerinnen bei sich, die für mich einspringen konnten. Meist kamen Liane Synek aus Wiesbaden oder Maria Kouba aus Frankfurt. Beide sehr gut und vor allen Dingen sehr zuverlässig. Sie müssen viel an mir verdient haben in diesen Jahren!

Die Presse interpretierte meine Absagen als Starallüren oder als Druckmittel auf Wieland. Was meinten sie wohl damit? Worauf hätte ich Druck ausüben sollen?

Die Anforderungen an meine Stimme und Kraft waren groß. Oft zu groß. Daß ich das ausgehalten habe, noch dazu unter häufig katastrophalen privaten Voraussetzungen, ist ein Wunder und nur meiner fundierten Gesangsausbildung zu verdanken. Was wäre nach Wielands Tod aus mir geworden, wenn diese Riesenpartien meine Stimme wirklich ruiniert hätten? Ich habe ihm vertraut und an ihn geglaubt, wie er an mich glaubte, obwohl er mir in einem Brief einmal schrieb: *Ich bin mir deshalb in Stunden des Zweifels nicht klar, ob ich dir so vertrauen darf, wie ich das immer getan habe und immer tun werde.*

Was erwartete er von mir? Daß ich mit kühlem Kopf alles im Griff hatte, was offensichtlich kein anderer in unserer Runde schaffte? Und doch habe ich so viel ›geschafft‹ in diesen Jahren. Wenn ich Angst hatte vor den endlosen, schweren Partien, und die hatte ich hin und wieder, obwohl sie mir seit meiner Kindheit vertraut waren, er nahm sie mir. Ich habe sie für ihn gesungen, wie er es sich vorstellte: jung, unbekümmert. Manchmal zu unbekümmert. Das wußte er, das wußte ich. Als ich 1962 für die Frankfurter Oper die Titelpartie in ARIADNE AUF NAXOS einstudierte, ermahnte er mich: *Mit deiner Ariadnelernerei machst du mir Kummer. Deine Nerven möchte ich haben. Wie soll man so gut sein, wie man könnte und müßte? Mit dem Evchen wird's nun wohl genauso – oh Anja!* Zu meiner Entlastung muß ich sagen, es waren zu viele Rollen, ein bißchen Privatleben wollte ich nebenbei auch noch haben. Immerhin hat mich meine Nervenstärke vermutlich vor vielem bewahrt.

Nicht Reife war es, die er mich darstellen ließ, sondern Unbedingtheit. Nur die Jugend liebt so kompromißlos, nur sie würde so fraglos in den Tod gehen. Isolde, Senta, Elisabeth, Elsa und auch Evchen sind junge Mädchen, die zum ersten Mal lieben. Die bereit sind für ihre Liebe bedenkenlos ins ›Nichts‹ zu stürzen. Nur sie können den ›Liebestod‹ sterben. Ich war bereit, für Wieland diesen Liebes- und Stimmtod zu sterben. Mein Ehrgeiz bestand einzig und allein darin, für ihn so gut wie möglich zu sein, als wahrhaftige, glaubwürdige Figur. Das war und ist bis heute, was mich einzig am Theater interessiert. Singen war mir selbstverständlich, war ein Spiel für mich, so wie ich es als Kind gelernt hatte. Ich wollte natürlich gut sein, wenn ich auf der Bühne stand. Vielleicht sogar besser als alle anderen. Aber ich mußte da nicht stehen. Ich habe mich nie um ein Engagement bemüht oder Beziehungen gepflegt, wie man so schön sagt. Mein Großvater lenkte meine Geschicke bis Bayreuth, danach war es Wieland. Sie machten mich zu dem, was ich heute bin.

❧

Zwar war das Jahr 1962 ungeheuer hektisch und vollgepackt mit Vorstellungen und Proben. Aber privat war alles noch ziemlich ruhig. Man sprach noch nicht allzuviel über unsere Beziehung. In den ersten Monaten des neuen Jahres geschah dafür alles auf einmal. Im März 1963 sollte in Neapel WALKÜRE sein. Wieland hatte mir, nachdem er wohl den Februar in Bayreuth verbracht hatte, um an den MEISTERSINGERN zu arbeiten, am Telefon angedeutet, daß wir in Neapel nicht allein sein würden. Dann kam ein Brief:

Du hast das längst gespürt, ich habe deine röntgenstrahlenähnlichen Instinktwellen aus dem Hörer rasen hören. Ich muß – wenn ich auch nicht weiß, wie es gehen soll, wirklich nicht weiß – die Konsequenzen eines Entschlusses tragen, den ich freiwillig gefaßt habe – oder fassen mußte, da du das Leben mit mir in dieser Form länger nicht hattest ertragen können, ohne an diesem Dauergezerre kaputt zu gehen – und Gertrud auch nicht …

Ich kann nicht nach einem dreißigjährigen gemeinsamen Leben eine Frau töten, die mich so lange ausgehalten hat, ich kann ein – erhofftes – Glück nicht auf Unglück und Egoismus aufbauen, zumal ich weiß, daß du das Glück, das du dir mit mir erhoffst, meinetwegen nicht finden würdest. Nicht Erklärbares erklären zu wollen ist nicht möglich, trotzdem muß ich den Versuch machen, weil – verlange bitte nicht wieder ›Beweise‹ – ich dich eben lieb habe und weil ich das nicht gedurft hätte. Ich weiß, alles, was ich sage, ist billig, mies, typisch männlich. Klischee, vielleicht hast du recht, wer weiß das jetzt. Ich habe bei dir in diesem Traumjahr immer wieder positive und negative Reaktionen erlebt, ›erfreut‹ und erlitten, die mir unerwartet waren. Ich bin seit unserem Abschied ohne Gefühl – und keine Freude für die Umwelt – aber das bin ich vielleicht nie. Daher habe ich Sehnsucht nach dir und höre dich sagen, hättest du ja nicht nötig. In einer Stunde sprechen wir uns: ich habe heute Angst davor. Denn du fragst mit Recht: was ist jetzt eigentlich mit uns – und ich weiß es nicht.

Dieser Brief war wohl so etwas wie ein Abschiedsbrief. Aber er sagte doch so viel mehr. Ich sagte Neapel ab: *Nein, ich verlange keine Beweise mehr von Dir. Du hast Dich entschieden und mir bleibt nichts, als zu versuchen, Dich zu verstehen. Ich mache Dir keine Vorwürfe, dazu wäre ich auch gar nicht mehr fähig … Ich hatte geglaubt, Dich zu kennen, aber ich habe mich wohl getäuscht … Ich danke Dir für das schönste Jahr meines Lebens und hoffe, daß Du trotz allem glücklich warst.*

Es war wirklich ein Traumjahr gewesen, beruflich und privat. Vermutlich überlas ich damals die vielen unsichtbaren Fragezeichen in seinem Brief. Es war das altbekannte Spiel. Auf der einen Seite Pflichtgefühl, Kinder, Gewohnheit, Beruf (der jedoch nun eng mit mir verbunden war), daneben unsere Gefühle, die immer wieder alle Konflikte vergessen ließen.

Ich weiß nicht, wie es möglich war, daß ich doch in Neapel sang, daß wir doch allein waren. Gertrud war, denke ich, auf Capri, denn wir konnten nicht zusammen dorthin fahren, und das wäre der einzig plausible Grund. Er fuhr allein auf die Insel, ich war ohne ihn auf Ischia. Ich erinnere mich, Lovro von Matačic, der unsere WALKÜRE dirigierte, dort getroffen zu haben. Das muß schon nach den Proben gewesen sein, zwischen den Vorstellungen. Meine Mutter und mein Stiefvater waren mit mir da. Das bedeutete sicher mehr, als nur der Besuch bei der Tochter. Sie sollten sich um mich kümmern, nachdem Wieland zurück in die Ungewißheit gefahren war. Wieder mal nach Sylt, und die telefonische Verbindung von Insel zu Insel klappte nicht. Aber daß wir überhaupt telefonieren wollten, bedeutet, daß er allein gewesen sein muß. Ich wartete den ganzen Tag darauf, daß einer unserer Anrufe durchkam. Ich hätte genauso gut nicht nach Ischia fahren können. Gesehen habe ich nichts von dieser Insel.

Wir wohnten in Neapel direkt am Meer, in einem der schönen alten Hotels, ich glaube es war das Excelsior. Ich erinnere mich daran, weil zu dieser Zeit Orson Welles dort wohnte und aus dem Lift stieg, vor dem

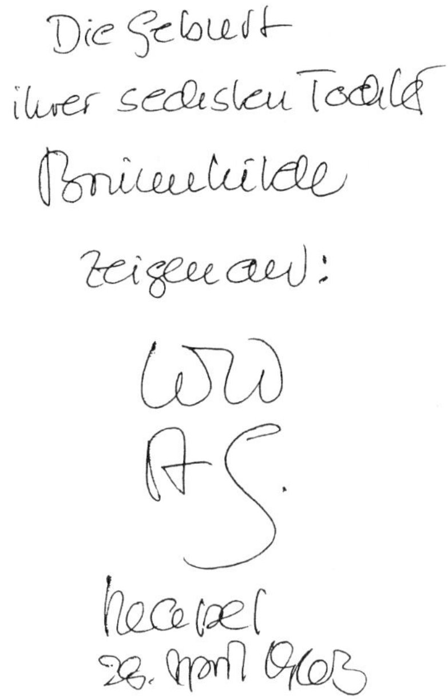
Die Geburt
ihrer sechsten Tochter
Brünnhilde
zeigen an:
WW
AS.
Neapel
23. April 1963

wir warteten. Wieland stand wie ein Schuljunge mit offenem Mund da, erstarrt über diese Leibesfülle, die tatsächlich den ganzen Fahrstuhl einnahm. Ich mußte ihn geradezu von der Tür wegziehen.

Daneben erinnere ich mich an ein Restaurant, in dem ein Papagei noch alle Schimpfworte krächzte, die – Jahre vorher – Knappertsbusch ihm beigebracht hatte. Jeder, der das Lokal betrat, wurde erst einmal mit einem herzlichen ›Arschloch‹ begrüßt.

Zur Premiere schrieb mir Wieland: *Die Geburt ihrer sechsten Tochter Brünnhilde zeigen an: W. W. und A. S., Neapel, 23. April 1963.*

Fast augenblicklich nach Neapel noch einmal WALKÜRE, diesmal in Köln, als Weiterführung eines RING-Zyklus, der mit RHEINGOLD schon im Mai des Vorjahres begonnen hatte. Sawallisch, inzwischen in Köln Generalmusikdirektor, dirigierte.

Im Sommer 1962 hatte Wieland ihm die für das folgende Jahr geplante neue MEISTERSINGER-Produktion angeboten. Ich sollte das

Evchen singen. Sawallisch traute mir auch diese Rolle nicht zu, und da Wieland auf der Besetzung mit mir bestand, schrieb Sawallisch (der den Brief in seinen Erinnerungen später veröffentlicht hat) ihm Ende September:

... Der Tatsache, daß Sie trotz meiner vielstündigen Reden bei Ihnen in Bayreuth ohne ein weiteres Wort Ihrerseits mir wieder Fräulein Silja als Vertreterin einer der liebenswertesten und weiblichsten Figuren, die Ihr Herr Großvater auf die Bühne gestellt hat, anbieten, und ich möchte schon sagen: zumuten, entnehme ich, daß Sie – und das selbstverständlich von Ihnen aus gesehen mit Recht – auf meine ehrliche und aufrichtige Mitarbeit nicht den Wert legen, den ich mir einmal in kühnen Träumen erhofft hatte ...

Bei aller Sachlichkeit und bei allem Verständnis für die Idee Ihrerseits, in Fräulein Silja endlich die ideale Vertreterin für alle Partien des Wagner-Fachs gefunden zu haben, aber die Frau, die gleichzeitig in der Lage ist, über die Senta, die Brünnhilde, die Isolde und meinetwegen Elisabeth hinaus auch noch die Elsa und die Eva zu singen, diese Frau gibt es nicht... Sie dürfen nicht alle Gedanken hinsichtlich der musikalisch-stimmlichen Ausführung und Ausfüllung einer Partie fallenlassen und nur auf Ihnen äußerlich ideal erscheinende Figuren zugehen ...

So sehr ich es bedauere ..., ich möchte Sie doch herzlich bitten, von einer Mitarbeit meinerseits für 1963 abzusehen ...

Ich nehme an, diese massive Ablehnung hatte nicht nur künstlerische Gründe, ich glaube, Sawallisch und seine Frau waren mit Gertrud befreundet. Die Meldungen über seine Absage in der Presse veranlaßten mich zu einem Brief an den damaligen Intendanten der Kölner Oper, Oscar-Fritz Schuh:

Sie haben Herrn Wagner mit Ihrem Argument, daß der Kölner RING nichts mit den MEISTERSINGER-Differenzen zwischen Herrn Sawallisch und Herrn Wagner zu tun haben, überzeugt. Herr Sawallisch hat aber für mich und mein Eva-Debut in diesem Sommer ein solches moralisches Handicap geschaffen, wie es wohl noch nie für eine junge Sängerin, bevor sie eine Partie gesungen hat, geschaffen worden ist.

Ich wenigstens glaube, daß ein berühmter Dirigent in Bayreuth absagen könnte, ohne eine Sängerin als Anlaß oder als Vorwand deswegen in der Zeitung anzugreifen. Noch nie sind einem Sänger Zensuren über einzelne Partien in der Presse erteilt worden, die ihn vor der Öffentlichkeit für die eine oder andere Partie deklassieren, nur um eine Absage zu begründen … Herr Sawallisch soll ›meinetwegen nicht mehr seine Nerven strapazieren müssen‹. Ich möchte und kann es aber auch nicht mehr. Da Herr Sawallisch in Köln dirigiert und Herr Wagner sich, wie er mir sagte, Ihnen zuliebe nicht entschließen konnte, den Ring abzusagen, ist Köln am meisten genützt, wenn ich hiermit meine endgültige Absage zum Ausdruck bringe … (wer hat mir den Brief wohl diktiert?).

Wieder ist es mir unklar, wieso ich doch sang, wieso Sawallisch doch dirigierte, wieso …?!

Ich verstehe seine Bayreuth-Absage bis heute nicht. Merkwürdigerweise traute er mir die Brünnhilde zu, aber nicht das Evchen, die einzige Partie bei Wagner, die einem in den Sinn kommen kann, wenn man an eine so junge Sängerin, wie ich es war, denkt. Ich bemerkte jedoch in Köln keinerlei Ressentiments gegen mich. Er war sich vermutlich noch nicht über die Folgen seiner Absage für Bayreuth bewußt. Sie war das Ende seiner gemeinsamen Arbeit mit Wieland, was mir nach wie vor leid tut, verdanke ich ihm doch so unendlich viel.

Vor der Hauptprobe der Walküre war ich beim Friseur, wollte deshalb anschließend den Brünnhilden-Helm nicht aufsetzen, er hätte meine frisch gefönte Frisur wieder zerstört. Wieland ließ sich breitschlagen. Ausgerechnet an diesem Tag wurde fotografiert und ausgerechnet diese Fotos wurden überall veröffentlicht und sind bis heute immer wieder zu sehen, wenn Bilder über diesen Kölner Ring gezeigt werden. Sie verfälschen Wielands Inszenierung und sein Bild der Brünnhilde. Er hat sich sehr darüber geärgert. So können kleine Ursachen große Wirkungen haben.

Die Premiere war, was mich betrifft, sehr umstritten, um nicht zu sagen erfolglos. Ein Kritiker war besonders bösartig und schrieb, daß Astrid Varnay als Brünnhilde immer und in jeder Aufführung die Bühne beherrsche, das sei mir in keiner Sekunde gelungen …

Für meinen ›Schlachtruf‹ wurde ich allgemein gelobt, aber danach fehle es mir an Höhe, Tiefe, Volumen und an was weiß ich noch. *Die von Wieland Wagner entschieden – und hoffentlich nicht zu früh – geförderte Anja Silja verkörperte das einmalig zu nennende Phänomen einer 22jährigen Brünnhilde …* war der positivste Satz.

Gertrud erschien überraschend auf einer der letzten Proben. Ich war nicht auf der Bühne, sondern ebenfalls im Zuschauerraum. Erst um diese Zeit handelte sie zum ersten Mal …

Das Verhältnis Wotan-Brünnhilde ist ein sehr kompliziertes. Ihre gegenseitige Zuneigung ist nicht nur die Liebe zwischen Vater und Tochter. Alles, was Wotan je gewollt, je erhofft hat, sieht er in Brünnhilde verkörpert. Und für sie gibt es nur einen Weg, einen Gedanken: das auszuführen, was er sich ersehnt. Sie erfüllt außerdem seinen – geheimen – Wunsch, die Rettung Siegmunds. Sie handelt, als er durch die Forderung Frickas nicht mehr dazu fähig ist. Was Wieland in diesem Verhältnis zeigen wollte, waren nicht Beziehungen zwischen Göttern. Er wollte die Gefühle der Tochter zu ihrem Vater zeigen, die weit über verwandtschaftliche hinaus gehen. Die Größe dieser Gefühle darf man nicht durch zu viel Aktion verkleinern, aber genauso wenig unterspielen oder mit großen Wagnergesten töten. Er inszenierte mit der gegenseitigen Enttäuschung und Erwartung, der inneren Zerrissenheit dieses Paares auch Autobiographisches.

Richard Wagner wollte eine Isolde, ›die mit dem Schwerte spielt‹. Er wollte eine Senta, ›die nicht weiß, was sie singt‹, eine Brünnhilde, die ›staunend im Rate nicht dich versteht‹, die ›liebte, was du geliebt‹. Es ist das Außergewöhnliche bei Wagner, daß die übergroßen Emotionen in seiner Musik den Sängern äußerlich nicht viel Gefühl erlauben. Seine Figuren sind zwar ständigen Gefühlen ausgesetzt, aber sie wehren sich dauernd dagegen. Jede einzelne ist im Kampf mit sich selbst. Nur Siegfried nicht.

Nach der Kölner WALKÜRE schrieb Wieland: *Gertrud hat gestern gesagt, zwischen uns – ihr und mir – schwebe das Wort ›Betrug‹ in seiner ganzen Bedeutung und vergifte unsere Beziehung. Betrug muß für Frauen unerträglich sein, siehe Isolde und Brünnhilde* (nur für Frauen?, frage ich dazwischen). *Seit dem Berliner LOHENGRIN habe ich es weit gebracht … wenn ich an die Garderobe und an unser Mittagessen im Operncafe denke, wo wir uns so ratlos gegenüber saßen* (nach Gertruds plötzlichem Erscheinen bei der Probe in Köln). Er stand mit dem Rücken zur Wand. Das war der Moment, in dem alles eskalierte.

Die Beziehung Wielands zu Gertrud war schon weit vor meinem Erscheinen gestört. Spätestens seit 1954 gab es Schwierigkeiten zwischen ihnen. Gertruds Verhalten war nur sekundär von meiner Existenz beeinflußt. Wieland hatte sich verändert, seit er mich kannte. Natürlich wird sie das bemerkt haben. Ich war nur das I-Tüpfelchen in einer schon mächtig zerrütteten Ehe, war nur der Auslöser des endgültigen Scheiterns. Er fühlte sich schuldig, bevor es mich gab, und jetzt erst recht. Gertrud hatte in mir für den Rest ihres Lebens die Schuldige gefunden, die sie für das Scheitern ihrer Ehe und aller sich daraus ergebenden Konsequenzen verantwortlich machen konnte. Sie hatte wahrscheinlich sogar recht damit. Ohne mein Auftauchen wäre das ständige Hin und Her zwischen ihnen wohl immer so weiter gegangen.

Darf ich dich eigentlich weiter an mich binden? So, wie ich es jetzt tue – schreiben, telefonieren, Blumen schicken (er schickte mir einen Strauß zur zweiten Vorstellung der WALKÜRE nach Köln) – *wäre es besser, leichter wenn ich es nicht täte? Was soll ich denn tun? ... ich muß mein selbst übernommenes Gesetz erfüllen, ich kann mich nicht drücken. Es liegt nun an dir, ob Haß, Verzweiflung, Rache, kurz alles Widerliche übrig bleibt von dem, was kein Zufall war!*

Da in dem Brief auch der Satz steht: *Deine Brünnhilde ist sehr gut, viel besser als in Neapel,* ist der Zeitpunkt, zu dem er diesen Brief geschrieben hat, ganz eindeutig.

Es ist unendlich schade und traurig, daß die persönlichen Katastrophen oft derart überwogen, daß ich mich kaum an die Proben und Aufführungen erinnere. Ich weiß weder genug vom TRISTAN in Brüssel, der immerhin der Geburtshelfer seiner Bayreuther TRISTAN-Inszenierung war, in dem er mit mir alles vorwegnahm und ausprobierte, was später dort zur Legende wurde, noch von der WALKÜREN- und SIEGFRIED-Brünnhilde, die wir – ebenfalls für Bayreuth – in Köln erarbeiteten.

Ich hatte in den anderthalb Jahren, die wir zusammen waren, fast das ganze Wagner-Repertoire gelernt und gesungen. Dazu Salome und Ariadne, die Konstanze in Mozarts ENTFÜHRUNG AUS DEM SERAIL und den Fidelio. Wie soll ich mich da noch an Einzelheiten erinnern?

Er wußte nur zu genau, daß er eigentlich Unmögliches von mir forderte. Er schrieb mir am Anfang des Bayreuth-Sommers 1963: *Es wird viel, sehr viel von dir abhängen. Hilf mir bitte. Mute dir nicht zu viel zu. Nach den Aufregungen der letzten 12 Monate brauchst du Ruhe, möglichst viel Ruhe. Eine schwere Partie nach der anderen, von den privaten Katastrophen und Erschütterungen gar nicht zu reden. Wenn ich jemals an dir gezweifelt habe – seit Köln weiß ich, daß du stark bist (wenn du willst).*

Ja, ich war stark, mußte es sein, neben ihm. Die von ihm hier angesprochenen zwölf Monate hatten mir weitaus mehr abverlangt, als man gewöhnlich in einem ganzen Leben auszuhalten hat. Keine Emotion wurde ausgelassen. In ununterbrochener Folge bestand unser Leben aus Abschied, Zusammensein, Abschied, Tränen, Trennung, Inszenierungen, neuen Rollen, Abschied, Bayreuth, immer wieder Bayreuth, weiteren Trennungen, neuen Rollen, Ferien und letztlich unendlich schönen Momenten, privat und beruflich.

Es war der Sommer der MEISTERSINGER. Wahrscheinlich die umstrittenste und am meisten befehdete Inszenierung, die Bayreuth je erlebt hat.

Sie war in erster Linie auf der Bühne turbulent gedacht, wurde es zusätzlich in der Aufnahme durch das Publikum. Führten schon 1956 Wielands MEISTERSINGER zu großem Unverständnis, so überbot der Sturm der Entrüstung sieben Jahre danach alles bisher Dagewesene. Niemals vorher habe ich in einem Theater ein solches Pfeif- und Buhkonzert erlebt. Ich schätze, 80 Prozent des Publikums waren daran beteiligt. Wieland trat für den Applaus allein vor den Vorhang und blieb dort stehen, minutenlang. Ich werde dieses Bild von Einsamkeit inmitten einer tobenden Menge niemals vergessen. Er konnte es sich leisten, blieb souverän, aber auch er steckte das nicht so einfach weg.

Er hatte sich, im Gegensatz zu seiner romantisierten und gleichzeitig abstrahierten Inszenierung des Jahres 1956 diesmal eine Shakespearebühne ausgedacht, voller fast Breughelhafter Figuren, extrem farbenprächtig. Die Bühne quoll über von Menschen, Chor, Statisterie und Tanzgruppen. Ich erinnere mich aus der Probenzeit hauptsächlich an Chaos. Wie er das gebändigt hat, grenzt für mich bis heute an ein Wunder. Allein die Prügelszene war eine choreographische Meisterleistung. Er brauchte unerhört gute Nerven. Die waren aber nach den WALKÜREN von Neapel und Köln aufs äußerste strapaziert. Es gab nicht nur Koordinationsprobleme auf der Bühne, sondern, wie nun schon fast

Mit Wieland Wagner während einer MEISTERSINGER-Probe, Bayreuth 1963

gewohnt, in erhöhtem Maße auch privat. Gertrud hatte, freiwillig oder nicht, ihre choreographische Mitarbeit aufgegeben. Ich konnte mich auf fast nichts mehr konzentrieren, konnte meine Partie nicht, was Wieland mit Recht wütend machte. *Ausgerechnet Du bist nicht studiert und blamierst mich hier, wie soll ich das nun vor Deinen Kollegen vertreten?*

Jede andere wäre vermutlich sofort rausgeschmissen worden, wäre die ›Festspielleiche‹ geworden (das angeblich jedes Jahr fällige Opfer), aber er wußte, daß er sich auf mich verlassen konnte, daß ich schnell lernte. Leider immer in letzter Minute und unter Druck. Eine Unsitte, die ich mit vielen meiner Kollegen teile und für die ich berühmt und berüchtigt war. Dieses Mal hatte ich die ›letzte Minute‹ noch später angesetzt als sonst, die Gründe waren offensichtlich. Bei den Proben sang ich mal nur die Noten ohne den Text, der mir nicht einfiel, mal sprach ich nur den Text, ohne die Noten, die mir ebenfalls entfallen waren. Es war zum Verzweifeln. Er hatte es in einem Brief an mich schon vorausgesehen. ›Festspielleiche‹ wurde man nie ohne Grund, diesmal hätte ich es verdient. Es blieb mir erspart.

Dem an Stelle von Sawallisch engagierten amerikanischen Dirigenten Thomas Schippers gelang es einfach nicht, den Schlußchor zusammen zu bekommen, der mit den Worten ›Wach auf‹ beginnt. Schließlich trat Wilhelm Pitz, der berühmte langjährige Chordirektor von Bayreuth, an die Rampe und sagte: ›You know, Mr. Schippers, I give 'Wach' and you give 'auf'!‹ Die Wirkung dieses Vorschlags bei Chor und Orchester war ungeheuer, und nachdem sich alle wieder beruhigt hatten, wurde es so gemacht. Es funktionierte!

Der Sommer 1963 war extrem heiß. Schippers dirigierte unter dem Orchesterdeckel die Proben und, soweit ich mich erinnere, nicht nur die, ›oben ohne‹, zog sich nur zum Verbeugen Hemd und Frackoberteil an. Das führte zu erheblichen Irritationen beim Orchester. So etwas war noch keinem Dirigenten in den Sinn gekommen. Ein unvorstellbarer Gedanke bei Knappertsbusch, Böhm oder Sawallisch. Schippers war jung, sehr gut aussehend und bodygestylt. Er fand diese Entblößung ganz normal.

Auch ich litt unter der extremen Hitze. Auf der ›Festwiese‹ fiel ich deshalb während einer Probe einmal von der sogenannten ›Torte‹, dem Thron, auf dem ich als Eva die ganze Zeit sitzen mußte, erwartungsvoll Stolzings Lied und, noch länger, Sachsens Ansprache lauschend. Der Überfülle auf der Bühne, der Hitze und wohl auch der angespannten Situation war ich am Ende nicht mehr gewachsen. Ich kippte um. Gottlob war es nur eine Probe. Wieland kam vom Regiepult auf die Bühne gelaufen, die Tänzer unterhalb von mir stützten mich, ich bekam ein Glas Wasser. Dann wurde eine kleine Pause gemacht, und es ging weiter.

Die Schilderung dieser Szene nach Gertrud: *Bei der Premiere kam es zum Eklat. Als sich der Vorhang hob und der Regisseur mit seinen Sängern den Applaus entgegennehmen wollte, entlud sich die Enttäuschung des Publikums in einem regelrechten Wutschrei. Wieland Wagner wurde ausgepfiffen. Daraufhin fiel seine Primadonna dekorativ in Ohnmacht, natürlich zur Seite des Regisseurs hin. So stand Wieland da, öffentlich Anja Silja in den Armen haltend. Es war peinlich. Es war komisch. Und es war traurig.*

Ich weiß nicht, wie weit man in der freien ›literarischen‹ Verarbeitung von Geschichten und Anekdoten gehen darf. Hier ging man, um

Nach einer MEISTERSINGER-Aufführung, Bayreuth 1963 (mit Otto Wiener, Wieland Wagner, Carlos Alexander, Jess Thomas, Ruth Hesse, Erwin Wohlfahrt)

bei Hans Sachs in den MEISTERSINGERN zu bleiben, ›zu weit‹. Die Geschmacklosigkeit, die mir zugetraut wird, begeht die Autorin selbst. Gertrud Wagners ›Biographie‹ scheint es vor allem darum zu gehen, Wieland zum Spielball zwischen der ernsthaften, künstlerischen und geistigen Beziehung zu Gertrud Wagner zu machen, die ihn in allem den Weg weist und ebnet, ihn überhaupt erst als Künstler möglich macht und der unseriösen, völlig unnötigen, ihn fehlleitenden ›Affäre‹ zu einer eigentlich für fast alle Rollen ungeeigneten Sängerin, die ehrgeizig nur an ihre eigenen Interessen denkt.

Nach der Premiere meinte Wieland in einer öffentlichen Diskussion, er sei gespannt, wann diese Inszenierung, die momentan so heftig bekämpft werde, wieder denkmalsreif sein würde. Es dauerte ein Jahr (genau so erging es – Jahre später – dem ›Jahrhundert‹-RING von Patrice Chereau zum Jubiläum der Festspiele)! Trotz aller Angriffe gab es nicht nur Unverständnis:

Wagner auf einer Shakespearebühne – das ist ohne Zweifel ein genialer Einfall des Enkels. Er hat ein bestürzendes ›Gegenkonzept‹ zu seiner vor sieben

Jahren entstandenen ersten MEISTERSINGER-*Aufführung geschaffen. Anja Siljas Eva, die jüngste Eva, die wohl je auf einer Wagnerbühne stand, hatte auch im Timbre jenen spröden Liebreiz, der zu seinem Inszenierungsstil paßte ... sie hat eine Reife und Beseelung erreicht, die man früher ihrer Stimme nicht zugetraut hat ...*

Wieland war glücklich, wenn ich Erfolg hatte. Kritiken waren ihm sehr wichtig, er las sie alle, jedes noch so unwichtige Blatt. Ich konnte es oft nicht fassen. Es gehöre zu seinem Beruf als Festspielleiter, meinte er. Man könne aus allem lernen. Einmal schrieb er mir: *In der Zeitung ... bin ich am Boden zerstört, zur Sau gemacht, wieder einmal die einzige Niete einer hervorragenden Aufführung. Da du gelobt bist, trifft mich das aber ganz wenig. Im Gegenteil – ich freue mich, daß deine Leistung so anerkannt wird und verzichte gerne darauf, zu den Auserwählten zu gehören.*

Das war seine sarkastische und ironische Art, damit umzugehen. Er war als Regisseur immer umstritten (ein Schicksal, das ich als Sängerin mit ihm teilte), und tat alles, um es zu bleiben. Er wußte, daß seine Gedanken, seine szenischen Realisationen in dieser stagnierenden Opernwelt zu neu waren, um nicht als Provokation empfunden zu werden. Das Publikum war vor seinen Inszenierungen, jedenfalls auf der Opernbühne, nie mit der Offenlegung der menschlichen Seele, der Untiefen in uns konfrontiert worden. Er war seiner Zeit einen großen Schritt voraus.

❧

Während einer meiner TRISTAN-Vorstellungen in Brüssel saß er zeitgleich in seinem Büro in Bayreuth und schrieb an mich: *Ich sitze und warte, bis dein 2. Akt vorbei ist und ich dich anrufen kann. Wie du wohl heute bist? Bisher warst du im 1. unvergleichlich und im zweiten ein bißchen weniger, das ändert sich aber noch im Lauf deines Isoldenlebens ... Etwas Ernstes schreibe ich dir heute nicht.*

1. Wieland Wagner tut das falsche
2. Anja Silja tut ” ”
3. Gertrud Wagner tut ” ”
Frage: Wer tut das am wenigsten falsche?

Vor der Tristan-Premiere, Neapel 1963 (mit dem Agenten Martin Taubmann, Wieland Wagner, Wolfgang Windgassen, Biserka Cvejic)

Jetzt stehst du links vorne und starrst als Ehebrecherin geradeaus in das Nichts (um so dem Marke die Schau zu stehlen!) Ich spüre dich richtig: du machst das sehr gut. Denn du verstehst garnicht, was der Marke will und überlegst dir, wie du den Tristan doch noch kriegst...

So, jetzt ist es 10 Minuten nach 10 und ich werde jetzt den Kampf mit dem Telefon, den Telefondamen, den Brüsseler Portiers aufnehmen ... Hoffentlich sagst du mir traditionsgemäß: ›Ich war sehr gut‹.

Das Telefonat dauerte zum Entsetzen von Peter Lehmann, der die Aufführung betreute, bis kurz vor ›meinen‹ Liebestod, zu dem er mich fast gewaltsam auf die Bühne holen mußte.

Das war im Frühsommer 1963, vor den Proben zum Kölner SIEGFRIED, bei denen der Eklat kam, der zum Wendepunkt in unserem priva-

Mit Wieland Wagner in der Garderobe, Köln 1963

ten Leben führte. Sawallisch dirigierte, Windgassen war, wie fast immer, mein Partner und George London wie schon in der Walküre mein Wotan (er gab übrigens mit Christoph von Dohnányi zu dieser Zeit am Westdeutschen Rundfunk ein Konzert).

Während der Schlußproben hatte die Frankfurter Oper, an der ich noch immer engagiert war, ein Gastspiel in London, bei dem ich zwei Fidelio-Vorstellungen zu singen hatte. Wieder einmal eine meiner Parforce-Touren: 7. Oktober London, Fidelio – 9. Oktober Köln, Hauptprobe Siegfried – 10. London, Fidelio – 11. Köln, Generalprobe Siegfried – zwei Tage später die Premiere (kein Vorbild für junge Sänger, bitte!). Zu meinem zweiten London-Flug nach der Hauptprobe brachte Wieland mich in seinem Wagen zum Flughafen. Ich ließ meinen vor unserem Hotel in Auel, einem kleinen Ort außerhalb von Köln. Auf der Rückfahrt rutschte Wieland, wie er mir abends am Telefon erzählte, mit dem Auto in einen Graben. Als ich am nächsten Tag aus London zurückkam, nahm ich ein Taxi zur Oper. Die Generalprobe hatte schon angefangen, mein Auftritt war erst im dritten Akt. Vor dem Theater stand unbegreiflicherweise mein Wagen, neben dem Wielands. Ich ahnte, was passiert war. Wieland erklärte es mir in einem Brief, den ich auf meinem Garderobentisch fand:

Ich dachte mir nach meinem Festfahren, zu Fuß marschierend – was das wohl bedeuten soll – jetzt weiß ich es – Gertrud Wagner stand gestern abend vor der Tür in Auel – mehr weiß ich noch nicht, auch nicht, wie es jetzt weiter geht – sei tapfer: ich habe wirklich nicht gewußt, daß sie kommen würde. Wie ich später feststellen durfte, war ich im Hotel aus unserem gemeinsamen Zimmer ausquartiert und ins Nachbarzimmer (!) verlegt worden.

Für alle an der Produktion Beteiligten war es eine äußerst prekäre Situation. Jeder wußte inzwischen Bescheid, niemand wagte etwas zu sagen, noch dazu zwei Tage vor der Premiere. Ich sang die Generalprobe und ich sang, noch erstaunlicher, auch die Premiere. Ich wohnte immer noch im selben Hotel, im Nachbarzimmer, da ich nicht zusätzlich noch die Kraft hatte, das Hotel zu wechseln. Ich war bestürzt über Wielands Verhalten und wie gelähmt. Alles, was ich denken konnte, war: Ich muß ihnen zeigen, daß ich es schaffen kann! Ich sang eine der schwersten Partien der Opernliteratur, für ihn und auf seinen Wunsch, war 23 Jahre und mußte mit dieser Situation allein fertig werden.

Ich schaffte es. Die Nacht vor und den Tag der Premiere verbrachte ich unter Tränen mit einem Inhalierapparat, der meine Stimme erhalten sollte. Über die Qualität der Aufführung kann ich von mir aus nichts sagen.

Die Kritiker waren sich – wie immer – nicht einig. Einer schrieb: *Unsere Befürchtungen für die um ihre Entwicklung betrogene, uneinheitliche und überforderte Bravourstimme von Anja Silja gehen nun allmählich in Resignation über.* Eine englische Zeitung, die nicht so besorgt um mein Wohl war, beschrieb den Abend hingegen als *high voltage performance of Anja Silja.*

Am Tag nach der Premiere traf ich mich mit Gertrud in den Opernterrassen. Wieland hatte mich mit dem Satz, ›die Gertrud möchte dich sprechen‹, in dieses Café geschickt. Dasselbe hatte er ihr gesagt, denn unser Gespräch fing mit dem von uns fast gleichzeitig gesprochenen

Satz, ›Sie wollten mich sprechen?‹, an. Wir mußten, trotz allem, lachen. So etwas konnte sich nur ein Mann einfallen lassen. Da saßen wir nun! Während unseres Gesprächs lief Wieland vor dem Lokal auf und ab, hoffend – ja, auf was eigentlich? Daß eine von uns sagen würde, ich verzichte, Sie lieben ihn offensichtlich mehr? Daß wir die Situation jetzt unter uns klären würden? Er war total überfordert, wußte nicht mehr ein noch aus, wie auch ich nicht. Wie keiner von uns dreien. Es war furchtbar und ging natürlich aus wie das Hornberger Schießen. Es war kein Ruhmesblatt für ihn, und es ist mir bis heute ein Rätsel, was er sich dabei gedacht und warum er uns das zugemutet hat.

Noch einmal traf ich Gertrud. Diesmal draußen, in der Nähe unseres Hotels. Wir sind sehr friedlich und verständnisvoll miteinander umgegangen, liefen über Wiesen und Felder, und sie meinte, mit Recht, Wieland sei doch ihr Mann, ich solle mir einen netten Arzt suchen, die interessierten sich oft für Musik. Es müsse doch nicht Wieland sein! Ich konnte nur antworten, doch, es muß Wieland sein! Was soll man in so einer Situation sagen? Sie hatte recht, aber auch wieder nicht. Wielands und mein Leben war nicht nur das eines Liebespaars. Wir brauchten uns. Und er untermauerte das mit ständig neuen Rollen und Verträgen.

Zur zweiten SIEGFRIED-Vorstellung hatte sich noch nichts verändert. Warum er in Köln blieb, kann ich nur vermuten. Wahrscheinlich für die Vorbereitungen der GÖTTERDÄMMERUNG, die er gleich anschließend inszenieren sollte, diesmal mit Astrid Varnay als Brünnhilde. Diese Brünnhilde habe ich nie gesungen, damals nicht und später schon gar nicht. Wieland beorderte eine Freundin von mir nach Köln, ebenfalls in dieses Hotel. Sie sollte mich wohl beruhigen, da ich mich geweigert hatte, die zweite Vorstellung unter den noch immer gleichen Bedingungen zu singen (ich sang sie schließlich). Er schickte mir ins Theater einen Brief mit der Schilderung eines Besuchs bei Sawallischs, ›Gespräche über Kater, Rußland, Hausbau und Essen‹, wie er sich ausdrückte und weiter: *Was soll ich hier, zeig daß du ein Widder bist, halte die wenigen Tage durch – ich denke viel an dich, staune und schizophreniere. Ich weiß im Moment gar nichts mehr.*

Ich wußte auch gar nichts mehr! Nur eines wußte ich – damals wie heute: Was immer er Gertrud gesagt und geschrieben haben mag in diesen Jahren, er handelte ganz anders.

Einen Monat später TANNHÄUSER in Kopenhagen. Die Götterdämmerung in Köln war beendet. Ich sollte in Dänemark die Venus und Elisabeth an einem Abend singen. Gertrud war während der Proben nicht da, jedenfalls am Anfang nicht. Wieland ging mit mir zu einer Einladung unseres Dirigenten, und wir begegneten dem damals schon legendären Tenor Lauritz Melchior in unserem Hotel. Ein älterer, sehr imposant aussehender Herr, der einem auffiel, ohne daß man wußte, wer er war. Mit Bestimmtheit weiß ich, daß wir da noch allein waren. Ich denke, auch während des größten Teils der Probenzeit. Als Gertrud kam, wohnten wir erneut im selben Hotel!

Zur Premiere wurde ich mal wieder krank. Der Doktor kam am Morgen in mein Zimmer. Wieland saß an meinem Bett und hielt sich raus, als der Arzt meinte, ich solle einfach bis zum Abend schweigen, dann könnte ich sicher singen. Nun, dem war nicht so, wie ich von Anfang an vermutet hatte. Der Abend kam, und ich war noch genauso heiser wie am Morgen. Der Skandal war da. Die Vorstellung in Anwesenheit des Königs, der ein großer Musikfan war, sogar selbst häufig dirigierte, fing mit beträchtlicher Verspätung an, da die Ersatz-Sängerinnen für meine beiden Rollen erst herangeschafft werden mußten. Die Schuldige war wieder schnell gefunden. Die immer für Skandale sorgende Anja Silja! Die Bildzeitungsüberschrift ›Anja ließ den König warten‹ war schon am nächsten Tag zur Stelle.

Die Rückfahrt, mit Bahn und Schiff, traten wir ebenfalls zu dritt an. Erst saßen wir in benachbarten Abteilen im Zug, beim Essen auf der Fähre in entgegengesetzten Ecken des Restaurants. Wenn ich heute daran zurückdenke, finde ich es fast komisch. Trotzdem erscheint es mir mehr als unverständlich, so kurz nach dem Desaster von Köln. Aus dieser Zeit gibt es keine erklärenden Briefe, keine plötzlichen Umzugsaktionen, also war wohl alles so geplant. Die Rückreise sicher nicht.

Er wußte nicht mehr weiter, suchte den bequemsten Ausweg, sagte und schrieb (mir wie ihr, vermute ich) Sätze wie: *Nehmt mich so wie ich bin oder laßt mich, hört auf, mich, euch, uns zu quälen.* Er glaubte tatsächlich, er könne diese Doppelbindung leben.

Wir waren beide nicht mehr bereit, auf seine Vorstellungen einzugehen: *Gertrud wie ich reagieren nicht darauf, weil wir wissen, daß das gar nicht Du bist. Du wirst hin und hergerissen zwischen uns und Deinem Ver-*

antwortungsgefühl. Ich glaube, Du weißt im Moment garnicht, wie Deine echten Gefühle zu uns sind. Jedes Wort, was Gertrud über mich sagt, bringt mich Dir wieder näher und umgekehrt. Ich weiß es, und trotzdem tut man es … Gertrud und ich haben doch immer wieder versucht, Dich zu verstehen … Von einem normalem Menschen – ich schreibe extra nicht Frau – kann man nicht verlangen, eine anormale Sache länger als eine gewisse Zeit mitzumachen. Wir haben uns doch sehr viel mehr Dir angepaßt, als Du Dich uns …

Du weißt ja selber, daß sich nie etwas von Deiner Seite ändern würde, wenn wir alles mitmachen, leider, leider … Was soll nun aus uns werden, aus unserer Arbeit, aus unserer Liebe? Ich habe immer geglaubt, wir gehören zusammen …

Du sagst, Deine Ehe war, bzw. ist gut, zumindest bis ich kam. Gut, sie war gut, aber sie hat Dich nicht ausgefüllt... Weil Du nicht fähig bist, genug zu lieben? Nein, das glaube ich nicht. Du hast mir bewiesen, daß Du lieben kannst, und ich möchte Dir noch einmal sagen, ich bin überzeugt, daß Du mir treu sein könntest, wären wir uns unter anderen Umständen begegnet.

Wielands Besuch bei Gertruds Psychiater hätte nach Kopenhagen sicher jedem von uns dreien gut getan. Er versuchte sogar das noch, wohl auf Gertruds Vorschlag, um dann aber festzustellen, daß die Psychiatercouch doch nicht der rechte Platz für ihn sei. Er wußte offensichtlich wirklich nicht mehr ein noch aus. Angeblich aus Angst vor mir! Daß dieses Verhalten ein typisches Übergangsstadium vieler Ehen ist, die nicht mehr funktionieren oder nie funktioniert haben und doch noch nicht als beendet angesehen werden, kam niemandem in den Sinn. Wieland deshalb zum Frauenhelden zu machen, ist wohl die falscheste aller Analysen.

❧

Das Jahr 1964 ist in der ersten Hälfte für mich sehr schwer zu rekonstruieren. Wir verbrachten einen sehr schönen Urlaub im französischen Courchevel, damals noch ein kleiner, fast unbekannter Skiort. Ich war keine gute Skifahrerin, aber irgendwie kam ich überall runter. Eines konnte ich eindeutig besser als er: Schlepplift fahren. Ständig flog er aus der Spur (war er nur Sessellifte gewohnt?). Das Ding mußte alle Augenblicke anhalten. Es war wirklich sehr komisch. Nur nicht für ihn, und nicht für die, die seinetwegen auf der Strecke blieben. Eines Tages fuhren wir, wieder mal nach mehreren vergeblichen Anläufen, den Gipfel zu erklimmen, eine Abfahrt hinunter, ich vorne weg, damit er mich sehen und mir eventuell helfen konnte. Aber er kam nicht, war und blieb verschwunden. Ich wartete und wartete, stapfte sehr beunruhigt den ganzen Berg in der berühmten V-Position wieder hoch. Oben angekommen sah ich ihn, die Skier geschultert, im hohen Schnee immer wieder bis zu den Knien versinkend. Als ich nach meiner mühsamen Klettertour bei ihm ankam, meinte er, das wäre jetzt endgültig seine letzte Fahrt gewesen. Was ihn so plötzlich dazu bewogen hat, mitten am Hang die Ski abzuschnallen, habe ich nicht gefragt, man kann es sich denken. Er war kein Mann, der über längere Zeit etwas tat, was er nicht konnte. Von da an ging er spazieren, und ich nahm einige Stunden bei einem Skilehrer.

Nach den Ferien in Courchevel sang ich in Toulouse die MEISTERSINGER in irgendeiner Inszenierung. Sicher auch ein Grund, warum Wieland diesen Wintersportort in Frankreich gewählt hatte. Ich vermute, daß er im Anschluß an diesen Urlaub nach Bayreuth fuhr, um am RING zu arbeiten. Irgendwann (wahrscheinlich auf der Rückfahrt von Courchevel) waren wir in Sète, einem Ort zwischen Toulouse und Marseille, wo ich 50 Austern hintereinander aß (wieder eine meiner Maßlosigkeiten, dieses Mal hätte ich sie gar nicht mehr nötig gehabt).

Er hat es geschafft, Arbeit und Leben immer irgendwie zu verbinden. Es gab Urlaube, es gab Ausflüge. Einmal besuchten wir zusammen die Schlösser Ludwigs II., Linderhof und Neuschwanstein. Er tat es mir zuliebe und hörte sich, als Tourist, mit einem milden Lächeln brav die ganze Geschichte von Wagner und dem König an. Ich stand, obwohl ich mir diesen Besuch gewünscht hatte, auf heißen Kohlen. Zu allem Überfluß erkannte ihn der Fremdenführer in Linderhof. Aber selbst das ließ er brav über sich ergehen. Er war wirklich sehr geduldig, und ich empfand das als einen echten Liebesbeweis.

Er schien unbelastet auf diesen Reisen, diesen Ausflügen, soweit er das je sein konnte. Alles war neu. Nicht nur unsere Liebe und unsere Arbeit. Auch dieses Lebensgefühl. Alltag kann ich es nicht nennen, den hat es für uns nie gegeben. Vielleicht kann Liebe tatsächlich nur so überleben, vielleicht tötet der Alltag große Gefühle? Aber ist der Tod die einzige Lösung für dieses Dilemma? Ich erinnere mich an unsere ersten

Telefonate. Sie dauerten nie länger als drei Minuten. Er war nicht fähig, sich über anderes als Berufsfragen am Telefon zu unterhalten. Zu allem sagte er immer nur ›ja‹ und ›nein‹, was sehr unergiebig war. Am Ende seines Lebens hatten wir lange, sehr schöne Gespräche. Mit und ohne Telefon, über alles und nichts. Wir hatten es geschafft. Wir waren endlich gleichberechtigt.

Einen Urlaub verbrachten wir nach der Festspielzeit auf Sylt. Er hatte noch nicht das Haus in Keitum, wir wohnten in einem Ort, der, glaube ich, Braderup hieß. Ich könnte mir denken, daß das im Herbst 1962 war. Einmal mußte er über Nacht wegfahren, und ich bin allein fast gestorben vor Angst über all die ungewohnten Geräusche in dieser Einsamkeit am Wattenmeer. Wir gingen viel zusammen spazieren. Er war ein Freund der Freikörperkultur, was ich bis heute nicht begreifen kann und was – meiner Meinung nach – überhaupt nicht zu ihm paßte. Er war so zurückhaltend, so voller Scheu anderen Menschen gegenüber, wenn es nicht mit dem Beruf zusammenhing. Vielleicht war das ja seine Form von unsichtbar machen, wie er es sich in Kopenhagen für uns gewünscht hatte. Er machte sich oft lustig über die Vorstellung, er könne womöglich auf seinen einsamen Wanderungen durch die Dünen einem ebenfalls nackten Intendanten begegnen. Das wäre ihm gar nicht recht gewesen. Ich haßte diese Art der ›Freiheit‹, aber was sollte ich machen, er liebte es. Ich lief, spießig und prüde, wie ich nun mal bin, immer in einem langen Pullover neben ihm her. Zum Schwimmen war es, als wir dort waren, sowieso zu kalt.

In Lugano waren wir und in Sorrent. Dort wohnten wir einige Tage, als ich in Neapel die Isolde sang. Hoch über dem Meer, in einem Hotel, das auch ›Excelsior‹ hieß. Gute Hotels waren ihm sehr wichtig, nicht so sehr die teuren Restaurants, am liebsten aß er Leberkäse oder Weißwürste. Vielleicht habe ich das von ihm übernommen, denn das esse ich bis heute ebenfalls am liebsten. Für die eleganten Restaurants ist mir gewöhnlich mein Geld zu schade. Ich habe nie die hohe Kunst der Gourmetküche schätzen gelernt, geschweige denn das Trinken von Wein. Man soll angeblich viel verpassen. Wer weiß, vielleicht lerne ich es ja noch! Wieland trank fast ausschließlich Mineralwasser. Und türkischen Mocca.

Mit Karl Böhm

Das Hotel in Sorrent war genau so, wie man sich Italien vorstellt. Mit Zitronenbäumen, Strand, Terrassen und einer wundervollen Aussicht. Er wollte mir offensichtlich etwas bieten, neben der anstrengenden Partie. Nur in unseren ersten zwei Jahren wohnten wir ›standesgemäß‹, danach mieteten wir Appartements, oder die Theater mieteten sie für uns, wie das bis heute, zumindest für Sänger, üblich ist.

Im Sommer 1964 wiederholten wir in Bayreuth die MEISTERSINGER. Diesmal mit Karl Böhm am Pult. Ich sang außerdem die Venus im TANNHÄUSER und – wie in jedem Jahr – ein Blumenmädchen im PARSIFAL. Die Proben waren viel entspannter als im Jahr zuvor. Böhm am Pult war ein Fels, die Inszenierung war, wie prophezeit, nicht mehr umstritten, und ich konnte inzwischen meine Partie. Ansonsten hatte ich in Sándor Kónya einen neuen Partner, dadurch war fast alles ›wie neu‹ (es war leider das letzte Jahr dieser MEISTERSINGER, im folgenden Jahr konnten sie wegen des neuen RINGS nicht übernommen werden).

Wieland, der sich nie in die Menge mischte, überraschte uns am letzten Tag der Saison. Im zweiten Akt lief in der Prügelszene ein Chorsänger solistisch unverdrossen statt rechts links herum. Gegen den ganzen Strom des Chores an, was uns alle unendlich irritierte. Wir kriegten ihn nicht dazu, sich einzureihen. In jeder Runde schlug er noch dazu Ruth Hesse, der Magdalena, auf ihr Hinterteil. Sie sagte nach jeder neuen Attacke verzweifelt, ›wer ist bloß dieser Idiot?‹. Es war Wieland, der, Linkshänder und ohne Brille, überhaupt nicht merkte, daß er falsch lief, oder es nicht mehr ändern konnte. Er war sozusagen von Anfang an auf der falschen Seite der Autobahn. Aber er war begeistert und zahlte am Schluß der Aufführung einen Kasten Bier wegen ungebührlichen Verhaltens auf der Bühne und ›nächtlicher Ruhestörung in Nürenberg‹.

Seine Einstellung zu Gertrud und mir war noch immer die, alles vereinen zu können. Ich schrieb ihm, vermutlich kurz vor den Festspielen: *Du bist halt so, da kann man nichts machen. Du willst weiterhin versuchen, es allen recht zu machen, obwohl Du ja nur zu gut weißt, daß das völlig unmöglich ist ... Du sagst Dir einfach, es muß gehen, und wer das nicht einsieht, der liebt mich nicht genug. Das ist vielleicht auch ein Standpunkt ... Entschuldige, daß ich nicht so denken kann wie Du, ich hätte es leichter im Leben.*

Bis zu den Festspielproben ging dieses Gezerre wohl weiter. Gertrud choreographierte im letzten MEISTERSINGER-Jahr wieder (nach Béjart 1960) das Bacchanal im TANNHÄUSER, und deshalb mußte alles getan werden, um unsere Anwesenheiten zeitlich auseinander zu halten. Der Probenplan wurde darauf abgestimmt. Ich kam nur ins Haus, wenn ich tatsächlich Probe hatte. Hauptsächlich zu den MEISTERSINGERN. Die Blumenmädchen sangen schon seit ein oder zwei Jahren hinter einem durchsichtigen Schleier, Tänzerinnen bewegten sich davor zu unseren Worten. Die Venus mußte irgendwie bewältigt werden und war vielleicht deshalb doppelt besetzt worden. Im ersten Akt waren die Tänzer gleichzeitig mit mir auf der Bühne, und damit auch Gertrud bei der Probe. Im dritten Akt wurde ich für meine Sätze ins Orchester ›verbannt‹, was nicht unüblich ist.

Es waren, nehme ich an, diese fast schon grotesken ›Koordinationsprobleme‹, die mich in Verzweiflung ausbrechen ließen und bei ihm zur Resignation führten:

Ich sitze im Büro – Du spielst Minigolf, ich möchte dir schreiben – mit dir sprechen – aber ich weiß seit gestern abend nicht mehr, was – seit dem Nachmittag in Köln war es meine – ich vermeide zu sagen ›unsere‹ schwärzeste Stunde.

Wie soll das aber weitergehen, wenn entweder ich oder du oder wir beide nicht zu einer der drei möglichen Lösungen bereit sein wollen: Hier sind sie, grafisch und hart:

A	*Scheidung*	*B*	*Koexistenz gegenseitige Hilfe*	*C*	*Trennung*

Ich habe bis gestern auf B gehofft. Aber diese Hoffnung hast Du gestern beinahe zu Tode geredet und – geschaut!!!

Ich kann dir morgen mittag sagen, ob wir abends – morgen abend – oder übermorgen abend länger und allein sein können. Vor halben Stunden ist mir bange – ich war zu optimistisch.

Ach – Anja – ich denke viel, sehr viel an Dich, mehr als du denkst jedenfalls.

Trotz allem wurde es kein Katastrophensommer. Wir bemühten uns um Haltung. Jeder von uns wußte inzwischen, zumindest in etwa, wo er in diesem Beziehungschaos stand.

❧

Zu Karl Böhm hatte ich ein gutes Verhältnis. Viele fürchteten ihn. Er konnte bei der Arbeit unangenehm sein, sehr nörgelig, das störte mich nicht. Privat konnte er sehr amüsant sein. So kannte ich ihn hauptsächlich. Meine Beziehung zu ihm war naturlich durch Wieland beeinflußt (eine Sonderposition), außerdem war ich mit seinem Sohn Karlheinz befreundet, das hat sicher den persönlichen Kontakt erleichtert. Aber auch ohne solche Privilegien habe ich nie Angst vor sogenannten Respektspersonen gehabt. Es gibt keine Menschen erster und zweiter Klasse. Erst recht keine Götter. Nur Persönlichkeiten, und die habe ich immer anerkannt und bewundert. Wenn mich einer abgelehnt hätte, hätte er mich eben abgelehnt. Das wäre nur ein Zeichen gewesen, daß wir nicht zusammen passen. Beruflich habe ich mir nie etwas gefallen lassen, egal, wer vor mir stand. Ich weiß, wie erstaunt Böhm einmal war, als er mir sagte, er würde die Soundsostelle in vier und nicht in zwei dirigieren. Ich meinte, daß mir das vollkommen egal sei, ich wüßte sowieso nicht, was das bedeuten soll, ›Hauptsache, Sie geben mir den Einsatz, den ich brauche‹. Er konnte es nicht fassen, sagte zu dem Pianisten: ›Haben's g'hört, was die wieder g'sagt hat, das glaubt ja ka Mensch!‹, oder so etwas ähnliches. Ich verstehe bis heute nicht, was dieses in zwei oder sonstwas schlagen wirklich heißen soll, und warum es so wichtig ist, das zu wissen. Ich habe doch Ohren. Wahrscheinlich bin ich nur besonders dämlich oder ganz einfach unmusikalisch.

Es gab Knappertsbusch in Bayreuth in all den Jahren, die ich dort war. Ich habe regelmäßig ein Blumenmädchen gesungen, aber nie ein Wort mit ihm gewechselt. Er war ebenfalls gegen meine Beziehung zu Wieland. Auch ihm gegenüber hat Wieland sich rückhaltlos zu mir bekannt. Er hat ihm anheimgestellt, Bayreuth zu verlassen, wenn er unsere Beziehung nicht tolerieren könne.

Birgit Nilsson sagt in ihren Erinnerungen, zu ihrer Zeit hätten nur die Besten in Bayreuth gesungen. Ob sie mich wohl dazu zählte? Ich war tatsächlich umringt von großen Namen und besonderen Sängerpersönlichkeiten, wie Astrid Varnay und Martha Mödl. Astrids Erwachen als SIEGFRIED-Brünnhilde wird mir mein Leben lang unvergeßlich bleiben, so beeindruckt war ich von ihrer Darstellung. Sie war immer mein großes Vorbild, Martha möge mir verzeihen. Schon seit meiner Zeit in Braunschweig, wo ich sie zum ersten Mal als Ortrud hörte (in dieser Aufführung sang Birgit Nilsson die Elsa), und später in Stuttgart.

Martha Mödl habe ich in Bayreuth leider kaum noch in ihren großen Rollen erlebt, was ich sehr bedaure. Aber dafür häufig in Stuttgart in Orffs ANTIGONAE, Fortners BLUTHOCHZEIT, ELEKTRA (ich glaube, sie sang die Elektra damals zum ersten Mal) und später in unseren gemeinsamen Aufführungen von MAHAGONNY, SALOME und KABALE UND LIEBE. Besonders in der ANTIGONAE und der BLUTHOCHZEIT habe ich sie noch sehr deutlich und ergreifend in Erinnerung.

Hans Hotter sang ebenfalls zu meiner Zeit nur noch selten in Bayreuth, aber er war mein Holländer und Wotan in der WALKÜRE an den verschiedensten Opernhäusern. Über seinen Wotan ist, glaube ich, alles, was man an Superlativen sagen kann, gesagt worden. Er war Wotan.

Wolfgang Windgassen war mein häufigster und mein liebster Partner. Er war unglaublich ruhig und zuverlässig. Manchmal etwas zu ruhig und zu zuverlässig! Bei ihm hatte man immer das Gefühl, daß man die eigene Partie gar nicht richtig studieren mußte, so sicher führte er einen um jede Klippe. Und dabei sang er noch – so ganz nebenbei – seine eigene Rolle.

Josef Greindl war mein geliebtes ›Väterchen‹. Mein erster Daland. Er sang mit mir den Landgrafen und den Hans Sachs. Alle in Bayreuth, aber nicht nur da. Rollen in einem ähnlichen Verwandtschaftsverhältnis, dem des Vaters, des väterlichen Freundes, des Onkels, deshalb nannte ich ihn Väterchen. Greindl war ein sehr scheuer Mensch. Man sah ihn nie auf Partys. Ich traf ihn einmal in einem Flughafenbus. Einer der Orte, an denen die Menschen immer verbissen schweigen und wegschauen, wenn man sie anlächelt. Ausgerechnet da schrie ich bei seinem unerwarteten Anblick begeistert ›Väterchen‹ durch den ganzen Bus. Es war wie in einem alten Hollywoodfilm. Plötzlich waren alle Augen auf ihn gerichtet, was ihm sehr peinlich war. Aber dann mußte auch er lachen.

Es gab Jean Madeira, die amerikanische Sängerin, die Söckchen zum Cocktailkleid trug. Das hat mich unerhört beeindruckt. Thomas Stewart, ein anderer meiner Lieblingssänger, war neben seiner großen Ausstrahlung auf der Bühne zugleich ein besonders warmherziger Mensch, Theo Adam wahrscheinlich der musikalischste Sänger, den ich kennengelernt habe, mit einer unglaublich sicheren und kultivierten Gesangstechnik. Ihm konnte nie etwas ›passieren‹. Wir sangen sehr oft und gerne zusammen. George London war ein Kollege, den ich sehr liebte, mit einer Stimme, wie ich sie nie wieder gehört habe und nie wieder hören werde. Er war nicht nur für mich der beste Amfortas aller Zeiten.

Birgit Nilsson kannte ich während meiner Bayreuther Zeit nicht sehr gut. Wir wohnten zwar auf demselben Grundstück in Mistelbach, nur einen Steinwurf voneinander entfernt. Aber sie grüßte mich nie, wenn wir uns begegneten. Ich versuchte es immer wieder, aber schließlich gab ich auf. Bei einer Einladung in Wahnfried stießen wir, Rücken an Rücken, aneinander, und ich nahm die Gelegenheit wahr, sie zu fragen, was ihr seltsames Benehmen bedeuten solle. Sie sah mich ganz erstaunt an und antwortete in typisch schwedischer Nilsson-Manier: ›Wir wurden uns doch nicht vorgestellt!‹ Obwohl das auch dort nicht in der korrekten Form geschah, wurde von da an unser Verhältnis zueinander sehr freundschaftlich.

Als Eva mit Josef Greindl (Hans Sachs), Bayreuth 1963

Gustav Neidlinger gab es. Er war für viele Jahre der Alberich und Klingsor in Bayreuth. Ein Kollege, der in allem ›drin‹ war, wie man sagt. Auf fast allen Gastspielen war er dabei, obwohl er das Reisen haßte und meistens noch nachts nach den Vorstellungen, von wo auch immer, nach Hause fuhr, ›um im eigenen Bett zu schlafen‹. Er war ein enger Freund Windgassens. Als ›Wolfi‹ gestorben war, fuhren wir gemeinsam nach Stuttgart zur Trauerfeier. Auf der Fahrt dorthin streikte Neidlingers Auto. Er hielt am Seitenstreifen, öffnete die Haube des Wagens und sagte, wie der fliegende Holländer persönlich vor dem dampfenden Motor stehend: ›Ein Scheißjahr. Erst der Hund, dann der Wolfi und jetzt noch der Wagen!‹ Das war und blieb der Satz des Jahres. Unser beider Nerven waren so strapaziert, daß wir uns nur noch in Lachen retten konnten, sogar noch über die Trauerfeier hinaus, die wir nur mit Mühe überstanden.

Und da war Leonie Rysanek. Zu ihr habe ich eine ganz besondere Beziehung. Fast alles in meinem beruflichen und privaten Leben verdanke ich ihr. Nicht durch ihre Vermittlung, sondern durch ihre Absagen. Zweimal waren sie schicksalsbestimmend. Wie wäre mein Leben wohl ohne ihre Krankheiten oder Gagenforderungen verlaufen? Ihrer Karriere haben sie nicht geschadet, meine haben sie in die höchsten Höhen katapultiert. Leider lebt sie nicht mehr, ich kann mich nicht noch einmal bei ihr bedanken.

Sicherlich war keine meiner weiblichen Bayreuther Kolleginnen glücklich über meine plötzliche und bald so dominante Existenz. Das kann ich ihnen nicht einmal verübeln. Manche hätte außerdem gern auch privat an meiner Stelle gestanden. Ich brach in die Sopranszene ein wie ein Wesen von einem anderen Stern und wurde damit zur Gefahr. Man mußte sich erst an mich gewöhnen. Wir haben uns alle aneinander gewöhnt. Ich war eine von denen, ›die dazu gehörten‹.

❧

Aus den Ferien 1964, die Wieland mit Gertrud auf Sylt verbrachte, schrieb er mir: *Du warst lange – für deinen Charakter sogar ganz erstaunlich lange – guter Stimmung und positiv am Telefon – deine guten Vorsätze haben lange gehalten und ich war glücklich darüber: du hast mir es, um dich zu zitieren, vom 1. September bis zum 17. ›leicht gemacht‹, 17 lange Tage … Warum ich hier bin? Ich gebe gern zu, viel ist bei mir immer ein dunkler Zwang, oder – ein Teil ist nicht rational gesteuert oder erklärbar – ein Teil von dem, was ich tue oder glaube tun zu müssen … Dann hatte ich das Gefühl, ich mußte noch mit Gertrud zusammen sein – vor der langen Trennung und nach der für sie sehr negativen Festspielzeit. Warum ich den Wahnsinn gemacht habe und das Haus gekauft habe, für das ich nun jahrelang zu arbeiten habe? Bevor ich dich kennengelernt habe, habe ich jahrelang etwas für die Familie gesucht – jetzt wollte ich nicht einfach nichts mehr davon wissen. Auch Schuldgefühle, bestimmt. Ein Versuch zu entschädigen, banal ausgedrückt, obwohl ich weiß, daß das für eine Frau kein Äquivalent für einen Mann ist … Ich habe Angst hier wegzufahren. Ebenso freue ich mich wegzufahren. Verstehst du, daß ich mich nie gemocht habe? Ich glaube, nur zu gut … Ist diese Situation die konsequente Folge eines falschen Lebens? Seit gestern ist wieder alles so schwierig. Aber du hast recht …!*

Es folgt in diesem Brief ein Zeitplan, wie und wo wir uns treffen können, um nach Paris zu fahren. Trotz der Gewißheit, ihn in drei Wochen wiederzusehen, war ich verständlicherweise nicht glücklich über seinen Urlaub auf Sylt. Ich mußte ihm vertrauen, was sollte ich anderes tun (ich weiß nicht, ob ich es heute noch könnte). Er kämpfte mit seinen Schuldgefühlen. Er versuchte, mir alles verständlich zu machen, erkannte an, daß ich mir Mühe gab, ›Unverständliches‹ zu verstehen. Es war die Zeit der inneren Tumulte, die äußeren hatten wir hinter uns.

Im Herbst 1964 kam Paris. Wir wohnten am Rond Point, in einem sehr hübschen, altmodisch plüschigen, aber eleganten kleinen Hotel, das es heute leider nicht mehr gibt. Mit Blick auf eben diesen Platz, den Invalidendom und vieles mehr. Wir besuchten die damals einzig noch lebende Tante Wielands, wir besuchten Museen, aber hauptsächlich hatten wir wieder mal Proben. In Paris traf ich zum ersten Mal André Cluytens, und ich bewunderte schon damals seine große dirigentische Eleganz. Es war wunderbar, ihm zuzusehen. Er war liebenswürdig, vornehm und zurückhaltend. Nach den Proben saßen Wieland und ich manchmal mit ihm und seiner Frau zusammen in dem der Oper gegenüber liegenden Café de la Paix. Durch Wieland lernte ich ihn näher kennen.

Die Aufführung wurde eine Sensation. Paris stand Kopf. Ich wurde mit Lolita und Baby Doll verglichen. Caroll Baker, die Baby Doll im Film

Mit Wieland Wagner bei Proben zu SALOME, Paris 1964

von Elia Kazan, war zufällig zu dieser Zeit in Paris. Wir wurden zusammengebracht und an allen möglichen und unmöglichen Orten fotografiert. ›Striptease in der Oper‹, wie es immer wieder, nicht nur in Paris, über unsere SALOME hieß, hatte es bis dahin im ehrwürdigen Palais Garnier nicht gegeben. Jede Zeitung, jede Zeitschrift brachte mein Foto. Ich war – wie man so sagt – Stadtgespräch.

Nicht einmal einen Monat später eine andere Premiere und eine neue Rolle, und wieder Hin- und Hergefahre zwischen Proben und Aufführungen: ELEKTRA. ›Nun singt sie auch noch die Elektra‹, war die verzweifelte Reaktion eines Journalisten. Diese Inszenierung ist eine der wenigen, an die ich eine etwas genauere Erinnerung habe. Vielleicht hängt das mit meiner Partnerin Jean Madeira, der Klytemnästra, zusammen. Sie war eine große Persönlichkeit, sehr extravagant, eine schöne Frau, Amerikanerin indianischer Abstammung, mit einem unnachahmlichen Talent für Theatralik. Bei der öffentlichen Generalprobe für die Wiederaufnahme, die aus technischen Gründen als Sitzprobe, das heißt, ohne Kostüm auf Stühlen vor dem geschlossenen Vorhang, stattfinden mußte, kam Jean nicht, wie üblich, gleich am Anfang mit uns, sondern bewußt erst zu ihrem Auftritt durch den Schlitz im Vorhang. Sie trug dabei einen Schal, der mindestens so lang war wie die Schleppe eines Brautkleids, noch dazu knallrot. Den schlug sie uns allen, die wir da saßen, mit großer Geste (ohne Absicht) um die Ohren. Publikum und Orchester schrien auf vor Lachen. Die Probe mußte unterbrochen werden. Ich glaube, sie wurde daraufhin ganz abgesagt. Das war Jean Madeira. Noch eine bemerkenswerte Besonderheit hatte sie. Bei dem Vokal ›A‹ streckte sie beim Singen jedesmal die Zunge raus. Ein Umstand, der es mir unmöglich machte, sie anzusehen, noch dazu, wenn sie dabei direkt vor mir stand. Ich hätte sonst die ganze Szene verlacht. Sie mußte schließlich selber lachen, aber ändern konnte sie es nicht.

Der erste Auftritt der Elektra in Wielands Inszenierung war nicht wie sonst üblich schnell, furienhaft, verwahrlost, sondern sehr ruhig, ganz in sich gekehrt, konzentriert auf das eine Ziel gerichtet: die Vernichtung Klytemnästras. Mein Kostüm war deshalb kein Fetzen, sondern ein sehr schlichtes, ärmelloses schwarzes Lederkleid. Wielands Lieblingsmaterial der letzten Jahre, weil es sich sehr gut zur Bearbeitung eignet, sich bemalen, spritzen oder formen läßt. Elektra blieb erkennbare Königstochter, zwar der Welt abhanden gekommen durch ihre Besessenheit, die sich aber nicht durch Rumgerenne äußerte, sondern durch konzentrierten Fanatismus. Sie wurde bei Wieland zur dunklen Schwester der Salome. Alles war von extremer Einfachheit. Mit sparsamsten Mitteln erreichte er wieder einmal die größte Wirkung. Der Triumphtanz begann schon in der Äghisthszene und steigerte sich nach dessen Tod.

Ein Kritiker beschreibt seinen Eindruck dieser Elektra: *Im langen, dunklen Ledergewand wirkt die kindhaft schmale Sängerin eher wie ein trotziger, rebellierender Teenager aus gutem, aber korruptem Hause. Bis zum Mänadentanz des Finales bleibt diese Elektra frei von allem naturalistischen Kostüm und Schminkwerk. Die Verkörperung von Schönheit und elementarem Rachegeist, von tierhaft geschmeidiger Wildheit und kindlich rücksichtslosem Trotz.*

Über Jean Madeira: *Ihre Klytämnestra mutet wie eine Marlene Dietrich der Antike an. Wort und Gesangsmelodie verschmelzen zu untrennbarer Einheit. Nähme Wieland Wagner die Leistung Jean Madeiras als Maßstab, so hätte eine solche Aufführung alle Chancen, als eine der glänzendsten* ELEKTRA*-Inszenierungen unserer Jahrhunderthälfte in die Operngeschichte einzugehen.* Und über Wieland: *So sehr hat uns Wieland Wagner in der Vergangenheit mit eigenwilligen Regiekonzeptionen irritiert, daß man schon gar nicht mehr auf das Nächstliegende kommt: daß es ihm nämlich um das Werk selbst zu tun sein könnte… Gerade darin aber besteht die Sensation der Brüsseler* ELEKTRA, *daß sie das Drama selbst und nicht irgendeine willkürliche Regie-Idee in den Mittelpunkt rückt – was um so mehr heißen will, da Wieland für diese Inszenierung erstmalig Anja Silja zur Verfügung stand…*

Eine spätere Vorstellung sollte eine andere Sängerin übernehmen. Eine typische, mehr üppige Vertreterin dieses Fachs. Wieland weigerte sich, mit ihr zu probieren. Und die Kostümfrage beantwortete er mit einem ärgerlichen und nicht sehr galanten: ›Das ist mir egal. Schneidet ein Loch in ein Stück Stoff.‹

Ich habe diese Inszenierung kurz nach seinem Tod in Amsterdam gesungen, wohin sie von Brüssel ausgeliehen wurde. Die Vorstellungen waren dicht hintereinander. Da merkte ich zum ersten Mal in meinem Sängerleben, wie sehr das Singen vom Kopf gesteuert wird, wenn es darum geht, ob eine Partie als ›schwer‹ einzustufen ist oder nicht. Es ist oft nur die Angst vor ihr, die sie zu einem unlösbaren Problem für uns macht. Man traut sich nicht zu, sie zu bewältigen, weder stimmlich noch kräftemäßig. Damals war ich weit entfernt von jedem Angstgefühl, ich war – im Gegenteil – von einer unglaublichen Gleichgültigkeit. Alles, was ich beruflich in den Monaten nach seinem Tod tat, geschah wie unter Hypnose. Ich hatte keinerlei Gefühle, weder Angst noch Begeisterung. Ich hätte die Elektra jeden Tag singen können. Nie wieder habe ich mit demselben Enthusiasmus gesungen, wie mit ihm und für ihn … Und nur noch selten in meiner weiteren Karriere habe ich Vorstellungen aus Mangel an Kraft absagen müssen.

An eine Geschichte aus dieser Zeit erinnere ich mich, von der ich aber nicht weiß, wie sie zustande kam, da ich heute nicht mehr verstehen kann, warum Wieland überhaupt in Paris war. Egal, er war in Paris und ich in Brüssel für weitere ELEKTRA-Vorstellungen. Ich wollte unbedingt zu ihm, dazu mußte ich aber in Brüssel ›krank‹ werden. Niemand durfte wissen, daß ich wegfuhr. Die Vorstellung mußte ausfallen, da ich so spät abgesagt hatte, daß kein Ersatz für mich gefunden werden konnte. Warum ich nicht, wie jeder andere Sänger dieser Welt z w i s c h e n den Vorstellungen nach Paris fuhr, sondern einen so kriminellen Weg wählte, ist mir heute unbegreiflich. Ich hatte in Brüssel obendrein Wielands Wagen, was mir ebenfalls rätselhaft ist. Mit ihm und dem schlechtesten Gewissen der Welt fuhr ich los und kam gegen Abend in Paris an, parkte das Auto auf dem Platz vor unserem kleinen Hotel. Wir konnten ihn vom Zimmer aus sehen. Am anderen Morgen aber nicht mehr! Wo war er, abgeschleppt oder gestohlen? Die Situation war äußerst peinlich. Wir mußten unsere Agentur verständigen und um Hilfe bitten. Zum Glück war der Wagen ›nur‹ abgeschleppt worden. Dank Wielands und des Agenten Hilfe bin ich um eine Konventionalstrafe in Brüssel herumgekommen. Es war das erste und einzige Mal, daß ich so etwas gemacht habe, und es mußte prompt schief gehen!

Im Dezember inszenierte Wieland TRISTAN in Mailand mit Birgit Nilsson und Windgassen. Es war keine ›richtige‹ Inszenierung sondern ein ins Gedächtnis Rufen des schon oft Erprobten, was sich nicht selten als aufwendiger erwies als eine ganz neue Produktion. So viel war vergessen, verschlampt, ungenau geworden dadurch, daß die Sänger ihre Rollen zu häufig in Routineaufführungen dieser Welt gesungen hatten. Wieland war ein sehr intensiver Probierer. Eine Inszenierung, auch eine Neuinszenierung, dauerte nie länger als höchstens vier Wochen. In dieser kurzen Zeit erreichte er mehr, als die meisten Regisseure heutzutage in zwei Monaten.

In Mailand waren wir einfach nur zusammen und bummelten durch die Stadt, wenn er nicht probierte (das hielt sich vermutlich aber in Grenzen). Wir fuhren nach Lugano, um meine Eltern zu besuchen. Das war ihm nicht ganz geheuer, eben weil es meine Eltern waren und meine Mutter kaum älter als er.

Weihnachten kam und war, wie alle Jahre, dasselbe Trauerspiel. Jedem in solcher Situation nur zu bekannt. Trotzdem blieb es weiterhin mein Lieblingsfest. Irgendwie gelang es mir, Weihnachten immer schön zu finden, bilde ich mir heute ein.

❧

Was war und ist der Unterschied zwischen Wielands und anderer Regisseure Arbeit? Was sagte er, wie probte er? Diese mir oft gestellten Fragen sind nicht leicht zu beantworten. Eher schon: Was gab er uns? Er gab sich, seine Kompliziertheit, seine Lebensverneinung, seinen Umgang mit der Sexualität (ein großes Thema, groß für jeden Regisseur), seine Ironie, aber auch seinen Humor und seine Menschlichkeit. Sein Geheimnis war vielleicht die psychologische Versimpelung der kompliziertesten Zusammenhänge und Texte (bei vielen Regisseuren ist es eher umgekehrt). Er hat einem immer nur die eigene Rolle erklärt, die eigenen Gefühle klargemacht, nicht zusätzlich noch die der Partner, und seine Sänger nicht mit Einführungslektionen entmündigt. Wer sich bis zur ersten Probe nicht mit dem Stück und dem Hintergrund eines Stücks beschäftigt hat, wird es auch später nicht wirklich tun, ganz abgesehen davon, daß man fast nie etwas von dem versteht, was einem da erklärt wird.

Für Wieland war das einzig zeitgemäße Theater ein archetypisches, symmetrisches. Die Ideen, die er darin verwirklichte, waren für seine Zeit revolutionär und sind heute aus dem modernen Musiktheater nicht mehr wegzudenken. Er brauchte die Strenge der Form, die ›Leere‹ für seine Regie. Gerade bei Wagner gab es vor der Neu-Bayreuther Zeit durch den Stil der Dekorationen eine Einengung der optischen Phantasie des Regisseurs und eine Festlegung der Bewegungen, die die Sänger machen wollten und konnten. Das realistische Bühnenbild fesselt an eine bestimmte Stelle der Bühne. So waren und blieben die Aufführungen bis 1942, obwohl Richard Wagner selbst sich schon 100 Jahre früher die Realisierung seiner Stücke ganz anders vorgestellt hatte. Es ließ sich damals mit den dürftigen Mitteln des Lichts und der Technik nicht realisieren. Außerdem war man – und ist es zum Teil heute wieder – der Meinung, die Emotion drücke sich schon in seiner Musik aus, wozu soll

Wieland Wagner bei einer Probe, Bayreuth 1965

sich der Sänger auch noch optisch darum bemühen? Er wird ja von der Musik getragen.

Für Wieland war es wichtig, daß sich der Klang der Stimme mit dem Ausdruck des Wortes verband. Er suchte seine Sänger danach aus. Text und Musik waren eine Einheit für ihn, wie es Wagner in seinem ›Gesamtkunstwerk‹ gewollt hat. Das wird allzu oft vergessen. Die Textdeutlichkeit verhindert pures Schön-Singen, und das soll sie auch.

Die Stimmen früherer Sänger hatten einen persönlichen Klang, auch wenn es oft nicht so perfekt war, wie man es angeblich heute erwartet. Vor lauter Perfektion kann man heute eine Stimme von der anderen kaum mehr unterscheiden. Alles ist ohne Ecken und Kanten, ›schön‹, unpersönlich und austauschbar. Auge und Ohr sind an technische Perfektion gewöhnt, man vergißt darüber den Menschen und seine Gefühle. Dabei wird eine Theaterfigur doch durch das Wort erst glaubhaft. Die Dirigenten, die selten die jeweils nötige Sprache sprechen (wir singen ja inzwischen alles in der Originalsprache), unterstützen das leider oft noch, auch dadurch, daß sie sich nicht mehr die Zeit nehmen, die Rollen mit den Sängern auf Ausdruck zu erarbeiten. Wenn ich Schallplatten aus früherer Zeit höre, kommt es mir vor, als sprächen die Sänger ihre Partien, so selbstverständlich, leicht und situationsgerecht klingt alles, so deutlich versteht man die Worte.

Die Abstraktion, die für ihn ein Mittel war, um Größe, Festlichkeit, aber auch Einfachheit darzustellen, wird inzwischen oft ad absurdum geführt, wird steril und langweilig, weil ihr die große Linie fehlt, die unerläßlich ist für diese Form des Theaterspielens. Wieland hatte sie. Er kam auf Lösungen, die selbst den trainiertesten Theaterbesucher immer wieder überraschten, oft schockierten. Er setzte sich über Klischees und Traditionen hinweg, ließ sogar Takte der Musik aus, wenn sie ihn dramaturgisch störten. Heute werden Noten, die vom Komponisten selbst verworfen wurden, wieder aus dem Papierkorb hervorgeholt und verlängern unnötig und oft zum Nachteil des Stückes den Abend.

Bühnenbilder sind naturgemäß viel zeitanfälliger als die Personenführung, daher veränderte er sie ständig. Regie fängt mit dem Raum an. Nur in einem wirklich guten Bühnenraum kann eine Inszenierung überleben. Er kann ruhig ›leer‹ sein, dieser Raum, aber er muß die Phantasie anregen.

Wieland schuf Bilder, die etwas von den Schicksalen der Figuren erzählten. Sie sprachen von Einsamkeit, Weite, Überfüllung, Verzweiflung. Er war ein Meister der Lichtregie. Was würde er heute Neues erfinden, mit den Möglichkeiten der Technik und des Lichts? Er war ein Regisseur, der mit dem ›Nichts‹ arbeiten konnte. Das ist für mich die höchste Kunst. Die Sprache seiner Bühnenbilder, ob leer oder ›voll‹, übertrug sich fast unbewußt auf die Sänger. Sein berühmter Parsifal bestand fast nur aus Licht, der Tempel aus Lichtsäulen. Es gab einen Kreis in der Mitte der Bühne, an dem die Gralsritter, von allen Seiten

Mit Erika ›Ric‹ Wagner in Bayreuth 1965

kommend, knieten, sonst gab es nichts. Für jeden, der die Inszenierung damals gesehen hat, ein unvergeßlicher Eindruck.

Ich lernte von ihm, daß man den Partner perspektivisch ansingen und anspielen kann, selbst wenn zum Beispiel eine Säule den Blick auf ihn versperrt. Das bedeutet nicht, daß der Zuschauer es so empfindet, erklärte er mir. Man muß nicht um sie herumgehen oder die Position verändern, um einen Kontakt herzustellen. Das Vorhandensein dieser Säule, oder was auch immer im Weg ist, darf die Emotionen nicht unterbrechen. Man muß den Partner nicht immer ansehen, wenn man mit ihm spricht. Das tut man im Leben, besonders in schwierigen Momenten, auch nicht, und um die geht es meistens in Opern.

Er konnte einem, wie kein anderer Regisseur, beibringen, wie man mit dem Rücken zum Publikum stehen und immer noch präsent bleiben kann. Besonders in den Momenten, in denen man nicht singt. Darauf legte er ganz besonderen Wert. Er merkte sofort, wenn man nur für eine Sekunde ›abschaltete‹. Alle, die zu ›seinen‹ Sängern gehörten, haben ihn und das, was sie von ihm gelernt haben, mehr oder weniger intensiv in sich getragen. Wir konnten schlechte Abende haben, aber mittelmäßig konnte keiner von uns mehr sein. Er war kein Regisseur, der einem sagte, wo und wie man stehen und gehen soll, und doch gab es keine Zufallsbewegungen bei ihm. Die Positionen ergaben sich wie von selbst, obwohl er ständig unterbrach, ständig etwas Neues versuchte, jedem Wort auf den Grund ging.

Man lernte erkennen, wozu man fähig ist. Wieviel man von sich preiszugeben bereit ist. Er lehrte seine Sänger, die Sprache der Musik zu erkennen, deutete sie neu, erklärte sie. Das hat er wie kein anderer gekonnt. Er fragte plötzlich, was man gerade denkt (meistens hatte man gar nichts gedacht, das war ein Fehler).

Regie ist zu einem großen Teil Menschenkenntnis. Man kann nicht an der Natur eines Künstlers vorbei inszenieren. Man sollte es jedenfalls nicht, denn es gibt kein Konzept, das auf alle paßt. Allerdings gibt es auch Sänger – und leider wieder mehr denn je – auf die nichts paßt. Von denen rede ich hier nicht. Ebensowenig, wie von den Inszenierungen, in denen ununterbrochen etwas ›passiert‹, in denen man vor lauter Quirligkeit keine Sekunde zum Nachdenken kommt. Das sind die schlimmsten. Dem Regisseur wird hinterher große Phantasie bescheinigt, und die Sänger sind stolz darauf, was sie – neben dem Singen – noch alles geschafft haben. Diese Inszenierungen sind, für meinen Geschmack, zum Scheitern verurteilt, weil sie weder etwas von dem Stück noch von den Menschen erzählen, die darin vorkommen.

❧

Nicht nur künstlerisch wurde ich von Wieland gelenkt. Auch in die profanen Dinge meines täglichen Lebens griff er ein. Anfang 1965 zog Ric Wagner, die mir in Braunschweig die ›Überwachung‹ von Jean Cox ermöglicht hatte, zu mir nach München. In den letzten Dezembertagen 1964 schrieb er ihr:

Sie übersiedeln demnächst zu Anja. Es wäre dringend notwendig, daß endlich etwas Ordnung in Anjas häusliche Verhältnisse käme. Bitte tun Sie das, was bisher nicht getan wurde: Post erledigen – Eingehende Briefe bestätigen, weiterschicken, weitertelefonieren, beantworten
Rechungen zahlen – Quittungen sammeln + einlochen …

Telefonrechnungen zahlen, damit der Apparat nicht wie bisher immer gesperrt ist, wenn man ihn braucht

kurz: Anja eine Hilfe sein – die wenigen Tage, an denen sie da ist, ihr helfen und die Wohnung sauber halten -

Dies meint, mit schönen Grüßen
Ihr W. W.

Das neue Jahr begann mit einem TRISTAN. Diesmal, damit es nicht langweilig wurde, wieder einmal mit mir. Wieder in Italien. Zum ersten Mal Rom. Ich hatte so viel über diese Stadt gehört, daß ich ganz enttäuscht war, daß sie so klein ist und die berühmte Via Veneto so kurz. Ich weiß nicht, was ich mir vorgestellt hatte. Wir wohnten im Hotel Quirinale, einem Hotel, das mit der Oper durch einen unterirdischen Gang verbunden ist. Alle wohnten wir da. Die Sänger und der Dirigent. Wieder war es André Cluytens. Auch in Rom waren wir hin und wieder zusammen, nicht so oft wie in Paris, da Wieland nicht so lange da war. Ich sah in ihm nur das, was er damals war, den Dirigenten unserer Aufführung.

Wieland ging mit mir durch sämtliche (!) Ruinen der Stadt, für meine Bildung unerläßlich. Wir gingen über die Via Appia. Für sehr viel mehr war keine Zeit. OTHELLO stand bevor, und Wieland mußte zurück nach Bayreuth, um die Festspiele vorzubereiten. Ich blieb für weitere Vorstellungen in Rom. Hans Beirer war mein Tristan, Kerstin Meyer die Brangäne. Beirer sah man so gut wie nie. Er schonte ständig seine Stimme, war der Sänger mit den meisten Mittelchen zur Rettung seiner und auch unserer Stimmen in der Not. Er mixte irgend etwas zusammen, schwor darauf, aber verriet nie, woraus seine Mixturen bestanden. Wenn man daran glaubte, halfen sie tatsächlich.

Über meine Interpretation schrieb die römische Presse: *Anja Silja durchbricht als Isolde eine lange Theatertradition, sie hat wirklich keinen Liebestrank nötig, um Tristan zu bezaubern …, die Stimme dieser jungen Sängerin besitzt nichts von der Herbheit, die man oft bei nordischen Stimmen findet, sie sprudelt klar, weich, geschmeidig, blitzend im hohen Register, sanft und einschmeichelnd im piano …*

Zusammen mit Kerstin Meyer wurde ich in Rom vom schwedischen Botschafter eingeladen. Ich weiß nicht, ob Wieland dabei war, aber Kerstins Rauhaardackel war es. Ronson hieß er, das weiß ich noch, unnötigerweise. Damals trug man, wie die englische Königin noch heute, Handtaschen am Arm (schrecklich unpraktisch), und nie wußte man, wohin mit dem Ding. Also stellte man sie gewöhnlich auf dem Boden ab (sogar die Königin tut das manchmal bei Paraden) oder zwischen den Füßen. So auch diesmal. Ronson fand das über alle Maßen erfreulich, und am Ende des Abends waren die Taschen ein Fall für die Haftpflichtversicherung.

Während ich noch in Rom war, schrieb Wieland aus Bayreuth an meine Freundin in München:

Liebes Fräulein Wagner, Anja bittet Sie, Herrn Levinger nach dem Namen des Elektrikers zu fragen (besondere Kennzeichen: ein junger Mann), der in die Wohnung bestellt werden soll ...

Niederkunft Anja voraussichtlich Sonntag, 2 Uhr, Flughafen München. Herzlichen Gruß, Ihr W. W.

In diese ausgefüllten Tage des Januar 1965, in denen ich die Isolde sang, verlegt die Autorin des Gertrud Wagner-Buchs meinen Aufenthalt kurzerhand an einen anderen Ort. Diesmal entschied sie sich, der Bequemlichkeit halber nehme ich an, für Sylt, denn dort war Wieland ja so häufig. Warum nicht auch jetzt, warum nicht auch mal wieder mit mir? Bei näherem Studium dieses Buches stelle ich mehr und mehr fest, wie willkürlich die Zusammenhänge ›kombiniert‹ werden. Wieland hat es der Nachwelt nicht leicht gemacht, weil er seine Briefe nicht, wie es sich gehört, datierte, jedenfalls seine privaten Briefe nicht, und man nur an Hand des Inhalts Schlüsse auf den Zeitpunkt ziehen kann, zu dem der Brief geschrieben wurde – und das auch nicht immer. Keine leichte Aufgabe nach so langer Zeit, das habe ich auch bemerkt, da sich die Situationen häufig ähnelten. Zwei sehr wichtige Briefe waren zufällig datiert, das hilft mir heute, einige Unsinnigkeiten richtigzustellen. Für mich sind genaue Rückschlüsse auf die Zeit oft nur durch die wechselnden Kosenamen möglich, die ich ihm in den unterschiedlichen Stadien unseres Zusammenlebens gab. Einer, den er besonders passend für sich fand, entstand durch eine Erkältung, der er durch unmäßigen Gebrauch von Wick Vaporup Herr zu werden hoffte. Ich nannte ihn daraufhin ›Eukalypthusbär‹, und den Namen wollte er auch später beibehalten. Dazu schrieb er mir ein ›Gedicht‹, das sehr viel über ihn aussagt:

Der Eukalyptosbär

Lateinisch: Ursus Eukalyptus – lebt im rauhen Oberfranken, wandert aber auch bis Belgien, Dänemark und der Schweiz. Er besitzt eine dicke Fettschicht und verliert im Alter seine Haare. Er badet und schwimmt gerne und ist besonders dumm. Er ist ein fleißiges aber erfolgloses Haus- und Reisetier und nährt sich am liebsten von Muscheln und Würstchen. Seine Hauptmahlzeit ist das Frühstück, aber auch das Abendessen. Er lebt gerne einsam oder zu zweit und fällt besonders Dirigenten an. Bei liebevoller Behandlung brummt er, besonders, wenn man ihn streichelt. Er ist labil oder stur, sein Verhalten ist stets unverständlich. Deshalb geht man ihm gern aus dem Wege. Trotzdem kann man ihn durch gutes Zureden oder Parfüm aus seiner Höhle locken.

Er schenkte mir einen großen und einen kleinen Steiff-Teddybären dazu. Einen für die Wohnung, meinte er, und einen für die Garderobe im Theater. Lange Zeit saßen sie mit vielen Freunden im Stofftierzoo einer meiner Töchter, danach meines Enkels. Ich habe sie wieder nach Hause geholt.

❧

Im Februar war unser neues Team, wie man es fast nennen könnte – Wieland, André und ich – in Frankfurt für den OTHELLO. Ich wußte nicht, was mich szenisch erwartete, und freute mich sehr, einmal etwas anderes als Strauss oder Wagner singen zu können. Wieland hatte mir nichts gezeigt, nicht mit mir über sein Konzept gesprochen. Wozu auch? Er wußte genau, was er wollte, schuf sein OTHELLO-Bild nach dem Theaterstück, nach Shakespeare, nicht nach Verdi, übersetzte es auf die Sänger, mit denen er sein inneres Bild optisch verwirklichen wollte. Er wollte den Altersunterschied zwischen Othello und Desdemona zeigen, daß, wie er sagte, *Othello ein Mann ist, der sein Leben schon beinahe hinter sich hat und der nun das höchste Glück in dieser jungen Patriziertochter Desdemona findet.* Ob er Parallelen zu unserem Altersunterschied sah – möglich ist es. Othello ist zudem komplexbeladen wegen seiner Hautfarbe. *Das macht ihn so empfindlich, mißtrauisch und blind, unfähig, Jagos Intrige zu entlarven, die doch so offensichtlich und so banal ist.*

Alles das war Wieland wichtig. Nie hätte er einen Sänger besetzt, nur weil er schön sang, wie das heute wieder üblich ist (egal wie alt, wie dick oder dünn; Hauptsache, sie sind bekannt).

DER EUKALYPTUSBÄR

LATEINISCH: URSUS EUKA
LYPTUS – LEBT IM RAUEN
OBERFRANKEN, WANDERT
ABER AUCH BIS BELGIEN
DÄNEMARK UND DER
SCHWEIZ. ER BESITZT
EINE DICKE FETTSCHICHT
UND VERLIERT IM ALTER
SEINE HAARE. ER BA-
DET UND SCHWIMMT GER-
NE UND IST BESONDERS
DUMM. ER IST EIN FLEISSI-
GES ABER ERFOLGLOSES
HAUS= UND REISETIER UND
NÄHRT SICH AM LIEBSTEN VON
MUSCHELN UND WÜRSTCHEN.
SEINE HAUPTMAHLZEIT IST
DAS FRÜHSTÜCK, ABER AUCH
DAS ABENDESSEN. ER LEBT
GERNE EINSAM ODER ZU ZWEIT
UND FÄLLT BESONDERS DIRIGEN-
TEN AN. BEI LIEBEVOLLER BE-
HANDLUNG BRUMMT ER, BESON-
DERS, WENN MAN IHN STREICHELT.
ER IST LABIL ODER STUR, SEIN
VERHALTEN IST STETS UNVERSTÄND-
LICH. DESHALB GEHT MAN IHM
GERN AUS DEM WEGE. TROTZDEM
KANN MAN IHN DURCH GUTES
ZUREDEN ODER PARFUM AUS
SEINER HÖHLE LOCKEN.

Das große Liebesduett fand nicht unter einem romantischen Sternenhimmel statt, wie man das immer wieder sieht und sehen will, sondern im Bett. Das Bett ist der Schicksalsort dieses Paares. Treue, Liebe, Tod, alles wird darin symbolisiert und auf den Kern dieser Beziehung gebracht, auf die, wie Wieland in einem Interview in Frankfurt sagte, tödliche Katastrophe der Ichbezogenheit von Othello und Desdemona, die sie voneinander isoliert:

Sie sind nie aus einer gegenseitigen Fremdheit herausgetreten, sind vor der Hochzeitsnacht nie in ein ›echtes‹ Gespräch gekommen, das Tristangleiche Liebesduett im ersten Akt beweist, jeder liebt nur sein Idealbild, nicht den anderen Menschen … Der Mord ist mehr Ergebnis einer Vertrauenskrise als einer vom Dämon geschürten Eifersucht.

Aus den speziellen Charakteren Othellos und Desdemonas erwächst die Katastrophe. Bei Verdi ist Desdemona rein und unschuldig, bei Shakespeare ist ihre Vergangenheit viel weniger eindeutig. Für Wieland war OTHELLO eine Charaktertragödie, kein Ideendrama. Verdi habe im Gegensatz zu Shakespeare, den Gesetzen der Oper Rechnung tragend, alle Figuren vereinfacht. Sie seien bei ihm viel weniger vielschichtig. Es gab deshalb in Wielands Inszenierung keine hilflose Desdemona, keinen dämonischen Jago. Othello war kein Feldherr in eleganter Uniform, er befand sich im Kampf auf Leben und Tod mit seinen Gegnern.

Es war immer wieder frappierend festzustellen, wie genau er die Fähigkeiten seiner Sänger szenisch wie in der Kostüm- und Farbwahl zur Geltung bringen konnte.

Von der Regie her war es eine sehr erfolgreiche Aufführung. Wielands Abkehr von Bayreuth, hieß es. Die Kritik war sehr wohlwollend, wenngleich einige die Sensation vermißten, die Wieland in Berlin mit AIDA erzielt hatte. André Cluytens wurde hochgelobt für seine Transparenz, seine Parallelität mit der Szene und die in Musik umgesetzten Lichtstimmungen. Und mir wurde in fast allen Kritiken Anmut, Weichheit und stimmliche Wärme attestiert (wo hatte ich die nur auf einmal her?).

Seit den Herbsttagen im Jahr zuvor, die Wieland mit Gertrud auf Sylt verbracht hatte, war unsere Situation zwar nicht normal und problemlos (keine mit ihm hätte es je sein können), aber doch sehr viel klarer. Er

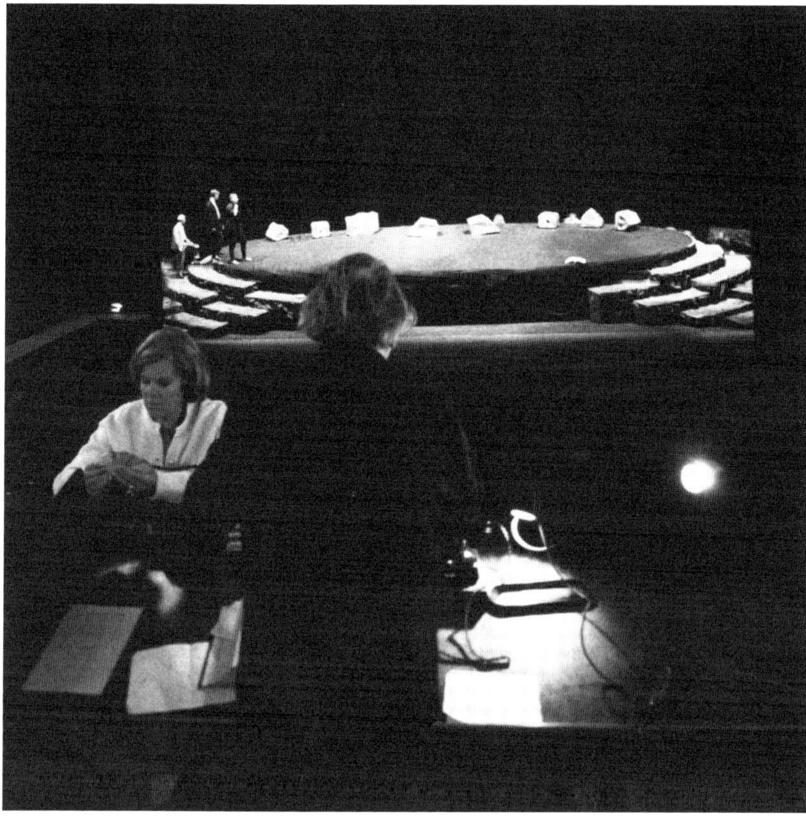

Mit Wieland Wagner bei einer Probe zu RHEINGOLD, Bayreuth 1965

hatte sich – so kann man es vielleicht nennen – entschlossen, sich zu entschließen. Er lebte ›getrennt‹. Nicht offiziell, aber praktisch war es so. Und doch wollte er nicht – zu keiner Zeit – die gemeinsame Arbeitsmöglichkeit mit Gertrud aufgeben. Diese Bande wollte er weder sich noch ihr zerstören. Er hoffte auf ein ›freundschaftliches‹ Verhältnis. Das funktionierte natürlich nicht. Es muß wohl – bis auf wenige Ausnahmen – eine männliche Eigenschaft, Hoffnung und Fähigkeit sein, das zu wollen. Das habe auch ich inzwischen leidvoll erfahren müssen. Männer wollen bewahren, sie wollen Frieden.

Der Bayreuther RING in Wielands Regie wurde 1965 in Gertruds Abwesenheit geprobt. Ein Mammutwerk, wie jeder weiß. Vier Stücke müssen hintereinander probiert werden, und das in einer verhältnismäßig knappen Zeit, wie es nur in Bayreuth möglich ist. Außerdem wurde an den anderen Werken gearbeitet. Im RING-Jahr waren es zusätzlich TANNHÄUSER, PARSIFAL wie jedes Jahr, und der HOLLÄNDER. Eine gigantische Leistung für e i n e n Regisseur. Wieland kam jeden Morgen mit dem gleichen Schwung, der gleichen Energie ins Festspielhaus. Jedenfalls schien es so. Bei der Arbeit war alles an ihm selbstverständlich, unglaublich souverän, es kam einem nicht in den Sinn, darüber nachzudenken, was für eine fast übermenschliche Leistung das war. Daneben gab es noch die üblichen Pressekonferenzen, wichtige Besuche, die zum Tee in den Pausen der Opern in sein Büro oder den davor liegenden kleinen Garten gebeten wurden. Das wurde ihm in diesem Jahr oft zu viel. Ohne die Vorarbeit und Hilfe seines Bruders, der ständig in Bayreuth blieb und dafür sorgte, daß, wenn Wieland mit Gastspielen durch Europa reiste, nicht alles zum Stillstand kam, wäre das kaum möglich gewesen.

Zur Festspieleröffnung erschien Gertrud überraschend, und Wieland zeigte sich mit ihr und Nike demonstrativ vor dem Festspielhaus, wie es wohl jeder Mann von Format getan hätte, der nicht in Feindschaft mit der Frau leben will, die so viele Jahre sein Leben geteilt hat. Ich war alles andere als begeistert von dieser Geste, konnte sie absolut nicht verstehen. Aber er ließ mir keine andere Wahl, ich mußte sie akzeptieren. Ich saß währenddessen in meiner Garderobe und wartete auf den Beginn der Vorstellung. Heute weiß ich, wie recht er hatte, und wie schwer auch ich es ihm oft gemacht habe. Er war in diesem Jahr sichtbar angespannt, sichtbar erschöpft von den anstrengenden Probenwochen.

Er hatte kaum Zeit, nach Mistelbach zu fahren. Wir sahen uns sowieso dauernd im Festspielhaus oder trafen uns in Wahnfried, zum Mittagessen oder zum Schwimmen im Pool, manchmal ging ich auch allein mit meinen Freundinnen dorthin. Allzu oft habe ich dieses ›Privileg‹ nicht in Anspruch genommen. Ich habe mich in diesem Haus nie wohl gefühlt. Es war nicht meine, nicht unsere Welt. Genau so wenig war es der kleine Bungalow draußen in Mistelbach, mit den zwei schlauchartig ineinander gehenden Räumen. Unser ›Zuhause‹ waren die Hotels oder Appartements Europas. Ein gemeinsames wollten wir uns erst schaffen. Bayreuth hätte es vermutlich nie werden können.

Die Pause, die er sich nach den Festspielen gönnte, war kurz. Schon im Oktober waren wir wieder in Brüssel. Die Bedingungen am Theater waren sehr gut, wir liebten die Stadt und unser Hotel.

Wieder gab es eine neue Aufgabe: FIDELIO. Ich hatte die Rolle schon in seiner Stuttgarter Inszenierung gesungen, die bei der Premiere im Jahre 1954 großes Aufsehen erregte, weil die Dialoge durch einen Sprecher ersetzt wurden, der an der Seite der Bühne stand. Den Fidelio sang damals Gré Brouwenstijn. In Brüssel durften wir wieder selber sprechen. Jedoch nur so viel, daß das Stück verständlich wurde. In der Kerkerszene, wenn Leonore als Mann verkleidet zur Rettung Florestans eilt und mit einer Pistole Pizarro in Schach hält, riß ich mir zu den Worten: ›Töt' erst sein Weib!‹ eine Mütze vom Kopf. Ein sehr umstrittener, aber effektvoller Regie-Einfall, der bei meinen langen roten Haaren damals provozierte und von mehreren Kritikern getadelt wurde, da man ja annehmen sollte, daß eine Frau, die sich in die Dienste eines Gefängnisdirektors begibt, um ihren Mann zu retten, alles tun würde, um unerkannt zu bleiben und sich als erstes ihre Haare abschneiden würde. Vielleicht war die Sache mit den Haaren im vorigen Jahrhundert nicht so entscheidend, auch Männer trugen sie lang. Wieland ging es wohl um den theatralischen Effekt, und sicher wieder um das ewig Weibliche, um die ›Erlöserin‹. Und die war für ihn nur durch sichtbare Weiblichkeit darzustellen.

Noch einmal, diesmal in Wien, SALOME. Die vorletzte gemeinsame. Er inszenierte, wie schon einmal 1962 in Stuttgart, im Doppelpack. SALOME und ELEKTRA hintereinander. Die ELEKTRA-Besetzung: Birgit Nilsson, Leonie Rysanek, Regina Resnik, Wolfgang Windgassen und Eberhard Wächter. ELEKTRA wurde musikalisch ein Triumph, die SALOME war selbst darin sehr umstritten. André Cluytens hätte die Premiere dirigieren sollen, hatte aber, als wir noch für OTHELLO in Frankfurt waren, abgesagt. Diese Absage des ›in Wien sehr beliebten Klangzauberers‹, wie ein Journalist schrieb, tat ihr übriges, den Abend angreifbar zu machen. Wieland hatte – als ein Alibi für sich selbst – merkbar das Bühnenbild verändert, szenisch aber sehr wenig. Ich fand, daß nicht jede Veränderung eine Verbesserung war und sagte das auch. Die Löcher in den Wänden sahen wie große runde Röhren aus und ich meinte, er könne uns alle zu unseren Auftritten durch sie hindurch schießen. Jedesmal, wenn ich bei einer Beleuchtungsprobe zusah, fragte er mich daraufhin: ›Wie findest du es, trotz dieses scheußlichen Bühnenbildes?‹ Ich liebte seine einerseits ironischen, andererseits empfindlichen Reaktionen besonders.

Er mußte ändern. Diese ständigen Wiederholungen konnten, bei seinem immer auf Erneuerung ausgerichteten Theatersinn, nur frustrierend sein. Er mußte Geld verdienen, und das tat er im Akkord. Die Gagen waren lächerlich gering im Vergleich zu dem, was heute bezahlt wird. Selbst wenn man die Geldentwertung berücksichtigt. Die Höchstgage überschritt für Sänger gewöhnlich nicht die 3.000 DM-Grenze, für Regisseure lag sie bei höchstens 20.000 DM. Heute wäre er bei dem, was er leistete, mit einem Schlag alle Schulden und Sorgen losgeworden. Er hat sich immer weit ›unter Wert‹ verkauft, wenn man bedenkt, daß er zusätzlich das Bühnenbild und die Kostüme entwarf! Ich hoffe, daß wenigstens die Spesen extra bezahlt wurden, denn sonst wäre er, nach Abzug von ›Kost und Logis‹, mit plus minus null aus allem herausgegangen. Von ›verprassen‹, wie uns nachgesagt wird, konnte wirklich nicht die Rede sein. Noch dazu bei dem Terminkalender, den wir hatten. Außer für das Cocktailkleid, das ich unter so spektakulären Umständen von ihm geschenkt bekam, und für einen sehr schönen, damals hochmodischen Ledermantel in Paris, sind wir nie dazu gekommen, Geld auszugeben. Kleid und Mantel habe ich noch, aber was in der damaligen Zeit modisch war, wird wohl nicht mehr genau so wiederkommen. Das ist schon fast alles, was ich an greifbaren Erinnerungen an ihn habe, und das ist verdammt wenig.

Wir mieteten ein Appartement in einem wunderschönen Art-Deco Haus mit großem Garten, etwas außerhalb der Stadt. Die Vermieterin war die Witwe eines Malers, eine ungewöhnliche Dame, Skandinavierin, sehr großzügig, sehr unkonventionell. Sie hatte wohl einmal sehr gut ausgesehen; noch immer darauf vertrauend, lief sie in schon fortgeschrittenem Alter nach wie vor halbnackt durch das Haus. Sie hatte einen Hang zur ›großen Welt‹, in ihrem Haus waren viele berühmte Künstler zu Gast. Ich traf Maria Schell, ihren Bruder Maximilian und Walter Slezak, den Sohn des berühmten Sängers. Alles hatte viel Atmosphäre und künstlerisches Flair. Ich wohnte nach Wielands Tod weiterhin bei ihr, wenn ich in Wien sang. André besuchte mich da, und Christoph wohnte mit mir dort. Besonders André liebte das Haus sehr. Heute steht ein Neubau an der Stelle. Auch Bauwerken gegenüber ist das Leben oft unbegreiflich!

Unsere verschiedenen SALOMES waren immer von Gerüchten, Vermutungen und Skandalen begleitet. Für die Wiener war es von großem Interesse, ob ich nackt auftreten würde, oder wenigstens ›oben ohne‹. Eigentlich hätte man wissen können, wie ich auftrat, es war ja schon Wielands x-te SALOME-Inszenierung. Aber man interessiert sich in Wien nicht für die übrige Welt. Nur was in ihrer Stadt passiert, hat für die Wiener Gültigkeit. Natürlich trat ich nicht nackt auf. Es gibt nichts unerotischeres auf Theaterbühnen als Nacktheit, merkwürdigerweise hat sich das bis in unser Jahrzehnt immer noch nicht herumgesprochen.

Wieland wurde für beide Strauss-Inszenierungen unglaublich angegriffen. ›Wieland Wagners Dornenweg in Wien‹ und ›Entgleisungen mit ELEKTRA und SALOME‹ waren die Überschriften. Ein Kritiker meinte ernsthaft, bestimmte Opern müsse man vor dem besessenen ›Stilregisseur‹ schützen. Stimmlich wurde ich weitgehend anerkannt, aber meine Charakterisierung der Rolle sei zu eingleisig, zu kühl, zu nordisch. In der ›Frankfurter Allgemeinen‹ wurde gesagt, warum: *Wo die Salome der Ljuba Welitsch, ja der Jeritza in verklärter Erinnerung blieb, mußte ein Konzept von so individueller und origineller Prägung herausfordernd wirken.*

Wieland selbst schrieb damals über die SALOME: *Es ist bezeichnend, daß die Vision des Mädchens mit dem abgeschlagenen Kopf des Propheten in Händen ihre endgültige dichterische und musikalische Ausprägung um die Jahrhundertwende gefunden hat. In einer Zeit unerträglicher pseudoromantischer Verharmlosung und Verkitschung der Liebe haben Dichter und Musiker einer bürgerlich-satten Gesellschaft erschreckende Bilder des elementar Weiblichen entgegengeworfen. Ibsen mit seiner Nora, Wagner mit der Kundry, Wedekind mit der Lulu und Wilde mit der Salome …*

Die Inszenierung der ELEKTRA wurde ebenso verrissen wie die SALOME. Auf dem musikalischen Sektor, mit den Sängern und mit Karl Böhm am Pult, war sie unangreifbar. Was würden wir heute dafür geben, szenisch so ›angreifbare‹ Abende erleben zu können!

Monate später hatte ich in Wien einen erstaunlichen Erfolg mit der Elektra. Ein Kritiker meinte: *Wo Wieland Wagner ist, kann Anja Silja nicht weit sein. Da mußte schon allerhand passieren, daß der Regisseur auf seinen gewohnten Star verzichtete. Mit jedem Ton, mit jeder Gebärde elektrisiert diese Elektra. Anja Silja hält mit großer Stimme bis zuletzt ›durch‹. Daß in der Ausführung des Wagnerschen Regiekonzepts durch die Silja kein Bruch entstehen würde, sondern eher eine Intensivierung, war zu erwarten …*

Während Wieland die ELEKTRA probierte, fuhr ich zu einem ›Seitensprung‹ mit einem anderen Regisseur nach Stuttgart. Otto Schenk inszenierte HOFFMANNS ERZÄHLUNGEN, ich sang, wie schon einmal in Frankfurt, die drei Frauen. Die Puppe Olympia machte mir am meisten Spaß. Nach all dem Wagner und Strauss hatte ich Sorge (und nicht nur ich), ob mir die Koloraturen noch so gelingen würden, wie sie sein sollen. Aber meine Stimme war und blieb bis heute immer sehr hell, ich behielt meine Fähigkeit, ›leicht‹ zu singen trotz der schweren Partien. Und doch war der höchste Ton der Olympia-Arie inzwischen auch für mich ein wirklich hoher Ton geworden. Glücklicherweise muß man ihn nur ›antippen‹, also nicht lang aushalten. Als ich diese Partie im darauf folgenden Jahr in Wien sang, war ich in der Generalprobe, bei der ich dieses hohe ›Es‹ zum ersten Mal nicht nur markierte, sondern aussang, selbst so überrascht, wie leicht er mir fiel, daß ich völlig aus der starren Puppenrolle fiel und mir vor Schreck mit der Hand auf den Mund schlug. Nicht dafür, aber für die Interpretation der Olympia, bekam ich ein Jahr nach der Premiere in Wien den Kritikerpreis.

Bei meiner Größe war ich nicht das zierliche, kleine Püppchen, wie man es meistens sieht. ›Meine‹ Puppe hatte etwas Gefährliches, Unheilvolles, Zerstörerisches. Eine Monsterpuppe, die Hoffmanns Liebeswahn noch sichtbarer macht. Erich Kunz, der unvergleichliche Papageno von Aix-en-Provence und an allen großen Opernhäusern dieser Welt, sang in Wien die Rollen der Faktoten. Er mußte die Puppe aufziehen, wenn ihre Automatik abgelaufen war. Und das tat er mit viel Inbrunst und – für die Zuschauer – großer Komik. Für mich war es unerträglich, da ich sehr kitzlig bin. Er ›schraubte‹ und drehte an mir herum, daß ich alle Selbstbeherrschung brauchte, um das zu überstehen. Ich durfte ja nicht die kleinste unkontrollierte Bewegung machen.

Giulietta ist eine heikle Rolle. Außer der Barcarole hat sie noch ein sehr schönes Duett zu singen, ansonsten ist sie unspielbar. Ich habe noch

Als Olympia in Hoffmanns Erzählungen, Wien 1966

nie eine überzeugende Giulietta gesehen. Wahrscheinlich ist dieser Akt nur stilisiert zu lösen. Jede Darstellung von ›Laszivität‹ wird sofort peinlich, ich weiß auch nicht warum.

Antonia ist eine wundervolle Partie. Ein Mädchen, zart und stark, liebend und verzichtend, besessen und ängstlich. Dazu diese wundervolle Musik. HOFFMANNS ERZÄHLUNGEN ist für mich eine der schönsten Opern überhaupt. Sie ist wirklich ›phantastisch‹, vielseitig, einfallsreich, von einer fast unzerstörbaren Poesie.

Otto Schenk ist nicht nur ein sehr guter, sondern zusätzlich ein sehr amüsanter, witziger Regisseur und ein exzellenter Vormacher auf Proben. Gefährlich gut, weil man verleitet wird, ihn nachzumachen, was auf Kosten der eigenen Identität geht, die zu erhalten sehr wichtig ist, will man glaubhaft bleiben.

Noch einmal Weihnachten. Diesmal waren Wieland und ich gleich zu Beginn des neuen Jahres in Seefeld verabredet. Das war etwas, worauf ich mich über die Feiertage hinwegtrösten konnte, worauf ich mich freuen konnte. Ich fuhr schon vorher mit einer Freundin dorthin und verlor am Berg beim Skifahren meinen Haus- und Autoschlüssel, den ich blödsinnigerweise mitgenommen hatte. Ich rief ganz verzweifelt Ric an, die sich an diesem Tag in Braunschweig, wo ihre Eltern nach wie vor wohnten, verlobte, was ich vergessen hatte. Wie sich bald herausstellte mit Recht, drei Monate später war sie schon wieder entlobt und das feierten wir mit Wieland in München. Aber an diesem Tag war sie noch entschlossen, den Schritt zu wagen und entrüstet über meine unsittliche Bitte, ihre eigene Verlobungsfeier zu verlassen, um jemanden in München anzurufen, der mir weiterhelfen könnte. Sie fand, ich solle mich selbst darum kümmern. Darauf war ich überhaupt nicht gekommen. Wofür hat man denn Freundinnen? Irgendwie kriegte ich Wagen- und Haustür ohne ihre Hilfe auf. Wummi (Wielands Sohn Wolf Siegfried) war in diesen Tagen ebenfalls in Seefeld. Wir fuhren zusammen Ski, während Wieland, der ja das Skifahren aufgegeben hatte, spazieren ging. Ich stolperte die Berge runter, meine ›Spezialität‹ waren Nebelfahrten. Je weniger ich sah, um so mutiger wurde ich, um so besser fuhr ich. Ob das eine gute Methode oder nur waghalsig ist, darüber läßt sich vermutlich nicht einmal streiten.

Unser letztes gemeinsames Jahr begann. Unfaßbar, daß ich das hier einfach so niederschreiben kann. Ich kann es auch nicht.

❧

Das Jahr 1966 ist das erste mit Wieland, an das ich mich deutlicher erinnere, wenn die Erinnerung auch nicht greifbar nah ist.

Es begann verheißungsvoll, für uns beide. Für mich wieder mit einer sogenannten Identifikationsrolle, wie es schon die Senta und die Salome geworden waren. Im Fall der Lulu ist das allerdings eine etwas fragwürdige Ehrung, wenn man die Rolle klischeehaft als männermordend ansehen will. Das ist sie nicht. Sie ist Täterin und Opfer zugleich, weil sie so ist, wie sie ist. Weil sie bleibt, was sie ist. Ähnlich wie Carmen oder Salome ist sie unfähig zu Kompromissen. Das ist ihr Verhängnis. Es gibt nur diese drei Figuren in der Opernliteratur, die vergleichbar elementar sind, die man sich nicht erspielen kann. Etwas in einem muß verwandt mit ihnen sein, ähnlich empfinden, sonst werden sie unglaubwürdig. Hier gilt im Unterschied zu anderen Rollen: Kunst kommt von können (sein) und nicht von wollen (machen)!

Die Proben zu LULU verliefen anders als alle bisherigen. Ich wagte zum ersten Mal, Wieland auf der Bühne zu widersprechen. Es wäre mir bis dahin nicht in den Sinn gekommen, etwas derartiges überhaupt zu versuchen. Ich hatte, ohne zu zögern, immer alles getan, was er gesagt hat. Er hat für mich bestimmt, was ich singen sollte und konnte. Ich nahm es hin, und es war immer richtig so. Aber ich kannte ihn inzwischen genau, jeder Gedanke war mir vertraut, ich hatte sehr viel dazu gelernt. Nicht nur beruflich, auch – und besonders – durch die privaten Schwierigkeiten. Ich konnte inzwischen damit umgehen – wahrscheinlich sollte ich besser sagen, er konnte es. Unsere Beziehung war endlich stabil. Warum erst so spät?

LULU ist kein Stück des Mythos, kein abstrahierendes Seelendrama. Hier geht es zwar genauso um Elementares, fast ausschließlich sogar, aber ebenso um praktische Dinge des Lebens. Man braucht Schnapsgläser, Pantoffeln, Pinsel und Farbe, Zeitungen, man muß einen Tisch decken. Das war neu für uns, da konnte ich mitreden. Es war der Beginn einer neuen Wieland Wagner/Anja Silja-Beziehung. Ich machte nicht

Als Lulu, Stuttgart 1966

nur, ich wußte plötzlich! Ich begann, nach jahrelanger Schulung, mich künstlerisch zu emanzipieren. Ich war nicht mehr nur Medium, sondern hatte eine eigene Meinung. Bis dahin war er die Überfigur, der allein Entscheidende in unserem Berufsleben gewesen. Vielleicht wollte er deshalb andere Aufgaben für mich, mit anderen Regisseuren. Ich hatte meinen Freischwimmer gemacht, aber ich wehrte mich, in das offene Meer zu gehen. Ich wollte keine Fremdinszenierungen, sie wären auch nicht nötig und möglich gewesen, wenn er alle seine Pläne hätte verwirklichen können.

Bei der LULU wurde Wielands Regiearbeit uneingeschränkt gelobt, was ihn eher mißtrauisch machte. Die Inszenierung wurde als seine ›lebendigste, unsensationellste, gerade darum aber werkgetreueste‹ angesehen. Wieland Wagner habe mit einem Raffinement sondergleichen die geniale Partitur zur Erscheinung gebracht. Bei dieser Inszenierung gebe es wohl nur ein ›Ja‹. Ich war die ›pure Natur‹, war ›die‹ Lulu, hatte ›sportliche Erotik‹ (!) und die ›Rolle meines Lebens‹ gefunden. War die ›Nachtwandlerin der Liebe‹, wie Karl Kraus sie nannte: *Lulu ist eine Heldin von überdimensionierter Kraft im Erleben und Erleiden, sie zerstört alles in ihrem Umkreis, sie ist ein Stück Natur, jenseits von Gut und Böse.*

Wieland führte in dieser Zeit – mal wieder nebenbei – Gespräche mit Antoine Goléa, dem französischen Kritiker, der vor Jahren in Aix über mich geschrieben hatte. Goléa arbeitete an einem Buch über Wieland. Es erschien erst nach Wielands Tod, und er sagt darin über uns:

Es konnte natürlich nicht meine Absicht sein, diese Gespräche mit Einzelheiten aus dem Privatleben Wieland Wagners zu würzen. Ich habe nicht einmal gewagt, Wieland zu fragen, inwiefern seine Beschäftigung mit bestimmten Frauengestalten, mit bestimmten Werken, deren Mittelpunkt diese Frauengestalten bildeten, auf seine Freundschaft mit Anja Silja zurückzuführen war. Aus dieser Freundschaft selbst machte Wieland keinen Hehl, wenn beide auch im äußeren Umgang ganz natürlich die gesellschaftlichen Formen wahrten. Mir erschien es klar, daß Wieland Wagners Inszenierungen der SALOME, der LULU, der ELEKTRA, des WOZZECK nicht ganz die gleichen gewesen wären, wenn Anja Silja nicht jeweils die Titelgestalt, im Fall des WOZZECK die Marie, gesungen und gespielt hätte. Im weitesten, höchsten und besten Sinne des Wortes ist Anja Silja eine moderne Künstlerin. Sie ist es in

Mit Wieland Wagner bei den Proben zu LULU, Stuttgart 1966

ihrer äußeren Erscheinung, die mit denen der anderen besten Sopranistinnen von heute nichts gemein hat, sie ist es vor allem in ihrer geistigen Einstellung zu den Werken …

Um es kurz zu fassen: Anja Silja ist eine Gestalterin des psychoanalytischen Zeitalters, so wie Wieland Wagner ein Regisseur dieses Zeitalters ist. Die Zusammenarbeit der beiden Künstler stand wohl in den Sternen geschrieben.

Stuttgart war zu dieser Zeit die künstlerische Hochburg der deutschen Opernhäuser. Walter Erich Schäfer, der Intendant, war ein Mann von großem Wissen, Verstand und Herz. Eine wirkliche Vaterfigur, geliebt und gefürchtet, wie das auch in einer Familie so ist. Er sah sehr schlecht. Und doch sah er alles. Ich erinnere mich noch an einen Moment auf dem langen Flur vor seinem Büro, als ich versuchte, aus irgendeinem Grund ungesehen an ihm vorbeizukommen. Er sah mich sofort, obwohl ich noch weit entfernt war. Man konnte ihm nicht entkommen. Als ich nach meinem Zisternensprung zum ersten Mal wieder die Salome sang, kam er extra auf die Bühne und bat mich, mir doch diesmal einen anderen Abgang einfallen zu lassen! Er war ein Intendant, wie es ihn wahrscheinlich vor ihm, aber mit Sicherheit nach ihm nie wieder gegeben hat und vermutlich nicht mehr geben wird, mit einem sehr trockenen, leisen und sehr schwäbischen Humor.

Auch John Cranko war zu dieser Zeit mit seiner wunderbaren Tanzkompagnie in Stuttgart. Ich war nie ein Ballettfan, seine Choreographien und seine Truppe waren aber so außergewöhnlich, daß es den größten Gegner dieser Kunstart überzeugt hätte. In Rio de Janeiro traf ich kürzlich nach vielen Jahren Marcia Haydée wieder. Sie erzählte mir, sie sei mit Cranko in meiner SALOME-Premiere gewesen (sie war gerade nach Stuttgart engagiert worden und noch nicht Primaballerina). Cranko habe ihr damals gesagt, man dürfe auf der Bühne nie das Publikum aus den Augen lassen, das könne sie von mir lernen. Ich war mir nie bewußt, daß ich das tue, und fand diese Feststellung sehr aufschlußreich.

Günther Rennert inszenierte in jeder Spielzeit in Stuttgart Schauspiel und Oper. Windgassen, Gustav Neidlinger, Josef Traxl, Fritz Wunderlich, Trude Eipperle, Lore Wissman waren Ensemblemitglieder. Es war etwas Besonderes, an diesem Haus engagiert zu sein.

Drei Wochen nach der LULU-Premiere war in Paris noch einmal ein TRISTAN in der ›klassischen Besetzung‹. Ich kann nicht lange mit Wieland dort gewesen sein, aber zur Premiere saßen wir in der Mittelloge der Grand Opéra. Ich zum ersten Mal, der Zuschauerraum ist gewöhnlich der letzte Ort, den man als Akteur kennenlernt. Wieland war sehr unglücklich über seine Protagonisten und meinte verzweifelt: ›Das sind nun die Sänger, mit denen ich so viele Jahre gearbeitet habe, man sieht nichts mehr davon‹. Es zeigte sich, wie fast immer bei Dauerwieder holungen besonderer Inszenierungen (auch bei meiner Salome), wie gefährlich sie sein können, vor allem, wenn man daneben noch in anderen Aufführungen desselben Stückes singt. Für das Publikum blieben Nilsson und Windgassen die Traumbesetzung, bis zum letzten Wieland-TRISTAN in Bayreuth 1970, und das waren sie ja wohl auch.

In Hamburg inszenierte er genau einen Monat nach der Premiere von LULU den HOLLÄNDER, nach langer Zeit wieder einmal. Er hatte sich erkältet und begann zu husten. Es war Februar/März. Wer hätte um diese Jahreszeit etwas anderes in diesem Husten vermutet, als eine Erkältung? Nur eine Erkältung!

Ich hatte während der Probenzeit eine Vorstellungsserie der ELEKTRA in Brüssel. Die Hamburger Zeitungen mokierten sich darüber, daß ich es nicht nötig hätte, mit den Kollegen zu probieren, und konstatierten ›Callas-Allüren‹ (übrigens ein unglaublich blödes und respektloses Schlagwort; die Callas war viel zu professionell, um aus einer bloßen Laune heraus Skandale zu machen; sie hatte sicher – zumindest meistens – gute Gründe für ihre angeblichen Launen, aber alles, was sie unerwartet für andere tat, wurde zu einem Skandal – so ging es mir auch!). Weil ich am Abend vor der Generalprobe die letzte Elektra gesungen hatte, wollte und konnte ich sie nicht aussingen, um die Premiere nicht zu gefährden. Das interessierte das aus Theaterangehörigen bestehende, nicht zahlende Publikum nicht. Sie buhten schon bei der Ankündigung, daß ich nicht alles mit voller Stimme singen würde.

Gleich nach diesem HOLLÄNDER ging es – wie inzwischen schon gewohnt – in die nächste Inszenierung. WOZZECK in Frankfurt. Wieder eine neue Rolle. Immerhin blieben wir vorher noch eine Woche in Hamburg, natürlich mit Vorstellungen. In Frankfurt erwartete uns die erste Zusammenarbeit mit Pierre Boulez, auf die er sehr gespannt war und mit dem er für die Zukunft so viele Pläne hatte. Im Sommer sollte Boulez nach der Absage von André Cluytens zum ersten Mal den PARSIFAL in Bayreuth dirigieren.

In der ersten Probenwoche verschlimmerte sich Wielands Erkältung. Er bekam hohes Fieber und mußte im Bett bleiben. Das kannte ich bei ihm überhaupt nicht, und es beunruhigte mich sehr. Wir hatten wieder eine Wohnung, keine sehr schöne diesmal. Vielleicht denke ich das auch nur, weil ich sie mit seiner Krankheit verbinde. Der Arzt kam und gab ihm die üblichen Grippemittel. Ich brachte ihm das wenige, was er essen wollte und ging zu den durch sein Fehlen ausführlicher verlaufenden musikalischen Proben, von denen ich ihm dann wenigstens erzählen konnte. Sonst blieben wir in der Wohnung. Er war viel zu erschöpft, um aus dem Haus zu gehen.

Schließlich raffte er sich auf, obwohl er noch nicht ganz gesund war. Man merkte bei den Proben kaum etwas von einer Schwäche. Vielleicht lief er nicht ganz so viel hin und her zwischen Zuschauerraum und Bühne, aber die Arbeit schien ihn zu beflügeln, obwohl er mehr und mehr in Zeitdruck kam. Es waren nur noch knapp drei Wochen Probenzeit. Den Premierentermin wollte er unbedingt einhalten. Es wurde eine außergewöhnliche Aufführung. Jeder strengte sich besonders an, um ihn zu erfreuen, alle waren konzentriert bei der Sache, um zu beweisen, daß es selbst in so kurzer Zeit möglich war, Besonderes zu erreichen.

Wieland hielt den WOZZECK für die bemerkenswertere Oper von Berg, daher ist ihm optisch auf Anhieb etwas Außergewöhnliches gelungen. Nachdem er beide Stücke hintereinander inszeniert hatte, sah er es etwas anders. LULU würde er jederzeit noch einmal inszenieren, sagte er, WOZZECK vermutlich nicht.

Maries Zimmer war kein Zimmer. Es gab keine Tür, die man – wie es im Textbuch steht – zuschlagen konnte und eigentlich müßte, da es die Komposition verlangt. Die Militärkapelle, die über die Bühne geht – oder gehen soll – hört abrupt auf, wenn diese Tür zufällt, aber Wieland sah in dieser plötzlichen Stille eher die äußere Wut Maries gegen ihre Nachbarin Margret verdeutlicht. Er ließ die Szene vor und hinter einer halbhohen Mauer spielen, die quer über die Bühne ging, mit einem

Eisenzaun darauf, durch deren Stäbe man hindurchsehen konnte. Am Schluß der Oper wurden diese Eisenstäbe zu einer Art überdimensionalem Laufstall, in dem das Wozzeckkind wie gefangen saß. Das beängstigende und ausweglose Schicksal dieses Kindes wurde dadurch sichtbar. Wieland verzichtete ebenso auf den – in fast jeder WOZZECK-Inszenierung, die ich gesehen und gesungen habe – überdominanten Mond. Er wollte Beklemmung, Gefährlichkeit zeigen, keine Landschaft. Die brauchte er nicht für die angstvolle und erstarrte Haltung von Wozzeck und Marie. Wieland entfernte die Figuren vom Realismus, hielt sie, wie fast immer in seinen Inszenierungen, in einem zeitlosen Raum, in einer zeitlosen Wahrheit.

Er wandte einmal mehr seinen bewährten HOLLÄNDER- und LOHENGRIN-Effekt an, bei dem alles Angesprochene, aber für ihn auf der Bühne nicht Notwendige oder nur schwer Realisierbare, sich im Zuschauerraum abspielte. In diesem Fall der Teich, in dem Marie und Wozzeck ertrinken, der Mond und die Militärkapelle. In den ›Wasserbildern‹ führte ein langer gerader Steg aus der Bühnenmitte direkt auf den Zuschauer zu. Das war sehr wirkungsvoll. Das Wozzeckkind saß, eigentlich schon viel zu groß, in einem hohen Kinderwagen, den ich ständig hinter mir her zog oder mit einem Fußtritt vor mir her schob. Der damalige Intendant Harry Buckwitz sagte noch viele Jahre später, daß das ein Bild gewesen sei, das er nie vergessen werde. Buckwitz war der dritte bedeutende Intendant in meinem Leben. Er hat das Frankfurter Theater, an das er mich 1958 engagierte, mit seiner Persönlichkeit geprägt, und es war kein Zufall, daß Wieland an diesem Theater zwei seiner ungewöhnlichsten Inszenierungen verwirklichen konnte. Ich habe leider nur einmal, bei dem FIDELIO, mit dem wir 1963 in London gastierten, mit Buckwitz zusammengearbeitet.

Die WOZZECK-Marie wurde für viele Jahre eine der wichtigsten Rollen meines Repertoires, obwohl ich eigentlich gar nicht dem landläufigen Bild einer Marie entsprach. Und das verdanke ich – einmal mehr – Wieland.

Statt der Drehbühne, die er ausgiebig im OTHELLO genutzt hatte, verwendete er den riesigen Rundhorizont. Der hob sich zwischen jedem der dreizehn Bilder mannshoch vom Boden, so daß alles, was von der und auf die Bühne mußte, schnell im Dunkeln verändert werden konnte.

Als Marie mit Gerd Nienstedt in Wozzeck, Frankfurt 1966

Dann senkte er sich wieder. Alles ging in Sekundenschnelle, wie es das Stück verlangt. In einer der letzten Szenen, im Schilf, passierte es prompt, daß einige Bühnenarbeiter nicht schnell genug abgingen und innerhalb dieses Rundhorizonts gefangen waren. Sie schmissen sich hinter das nächstbeste ›Schilf‹ und lagen nun, ebenso wie dieses, ›rum‹. Niemand im Zuschauerraum sah sie, aber für uns entbehrte es nicht der Komik, daß wir ausgerechnet in dem Bild größter Einsamkeit, dem Mord an Marie, von Mitwissern umgeben waren!

Wozzeck war Wielands letzte wirkliche Neuinszenierung, und sie war, wie auch schon Othello und Lulu, der Versuch, einen anderen Stil zu entwickeln. Mit diesen drei Opern hatte er begonnen, einen neuen Weg zu gehen.

In der Gedächtnisvorstellung, kurz nach seinem Tod, riß der Rundhorizont gleich im zweiten Bild. Die Vorstellung mußte unterbrochen werden, bis er repariert war. Wir sahen es als ein Zeichen Wielands. Er hätte das viele ›Brimborium‹ um seine Person nicht gemocht.

In den Frankfurter Opernheften schrieb Boulez, daß er *nie viele Worte mit Wieland Wagner zu wechseln brauchte. Wir haben uns immer sehr rasch verstanden, und Worte wären jedem von uns überflüssig vorgekommen. So verhält es sich mit bestimmten Persönlichkeiten, deren hervorstechende Eigenschaften eine Art von Magnetismus bilden …*

Die Zusammenarbeit mit Wieland Wagner, so kurz sie war, hat meine Aufmerksamkeit verstärkt auf eine Welt gelenkt, deren Bedeutung und Aktualität zu erkennen ich mich nicht von vornherein bereitfand: die Welt der Oper.

Auch für Pierre Boulez gilt, wie er selbst oft sagte, was für mich in so hohem Maße zutrifft: mit Wieland, hätte er länger gelebt, wäre sein Leben, seine Karriere, vermutlich ganz anders verlaufen.

❧

Ostern verbrachten wir in München, in meiner Wohnung in Nymphenburg. Wielands Erkältung schien endlich besiegt. Jean Madeira, die, während sie am Nationaltheater die Geschwitz in Rennerts Lulu sang, bei mir gewohnt hatte, bereitete zusammen mit Ric einen Lammbraten für uns. Ich konnte nicht kochen, wann hätte ich es lernen sollen? Ich

Der fliegende Holländer, mit Thomas Stewart, Bayreuth 1965

Der fliegende Holländer, 3. Akt, Bayreuth 1960

Tannhäuser, 2. Akt, Bayreuth 1962

Tannhäuser, Elisabeth, Bayreuth 1962

Tannhäuser, Venus, Bayreuth 1964

Die Meistersinger von Nürnberg, Schusterstube, Bayreuth 1963

Die Meistersinger von Nürnberg, Festwiese, Bayreuth 1963

Salome, Stuttgart 1962

habe es verschiedene Male versucht. Mein Lieblingsessen in Bayreuth waren gebratene Täubchen. Die wollte ich einmal für uns machen. Ausgerechnet. Ich hätte vielleicht mit Bratkartoffeln anfangen sollen! Nun, gebraten waren die Tauben am Schluß, aber das war auch alles, was man über sie sagen konnte. Dieser Punkt macht mich heute noch traurig. Ich hätte es so gern für ihn gelernt. Für einen Lammbraten taugten meine geringen Kochkünste wirklich nicht.

Eine Freundin aus längst vergangenen Kindertagen, Vera Tschechowa, die ich in München wiedergefunden hatte, kam ebenfalls zum Essen. Es war das erste Traditionsfest, das ich mit Wieland zusammen feiern konnte. Vielleicht wäre es in dem Jahr sogar Weihnachten möglich gewesen. Zum ersten Mal ein fast normales Leben. In diesen Ostertagen schwoll plötzlich sein linker Arm an. Der erste wirklich sichtbare Hinweis auf seine Krankheit. Die Schwellung verschwand von selbst, und er ging daher nicht, wie gewünscht, zum Arzt. Hätte es etwas verhindern können?

Die SALOME in Rom war seine letzte Inszenierung. Sie hätte nicht mehr sein müssen. Er war übrigens nicht der einzige, aber vielleicht der erste Regisseur, der mit demselben Stück durch die halbe Welt reiste. Ponnelle tat es oft, und in den letzten Jahren, ebenfalls mit SALOME und mit mir als Herodias, Luc Bondy.

Wieland war in Rom nicht glücklich mit dem Dirigenten, außerdem fühlte er sich gesundheitlich nicht gut. Ich führte sein Unwohlsein darauf zurück, daß er die ständigen Wiederholungen satt hatte, auf die er sich nur wegen des Zwangs, Geld verdienen zu müssen, einließ. Und noch eine weitere SALOME war in Genf geplant.

Vielleicht war es auch die Wärme, die ihm nicht bekam, ihn ermüdete. Ich erinnere mich an nichts ausgesprochen Negatives aus dieser Zeit, aber auch nicht an irgend etwas besonders Erfreuliches. Wie schön wäre es gewesen, wenn diese letzte Aufgabe noch einmal eine Herausforderung für ihn gewesen wäre. Er hatte noch so unendlich viel zu sagen!

Von Rom fuhr er nach Sylt, um seine Kinder zu treffen. Ich kam für wenige Tage nach. Er zeigte mir zum ersten Mal Keitum, sein Haus oder inzwischen, was weiß ich, nur noch das von Gertrud. Ein schönes, typisch ostfriesisches Haus, mit verschiedenen Appartements, die vermietet werden konnten und sollten. Und doch war es eine mir fremde, eine feindliche und vor allen Dingen eine künstliche Welt. Es war auch sein Haus, sicher, aber es war nicht sein Zuhause. Das spürte man.

Nikolaus Lehnhoff, Wielands langjähriger Assistent in Bayreuth und Berlin, kam in diesen Tagen nach Sylt. Er hat viele Wieland-Inszenierungen betreut. Jetzt wollte er sich verabschieden, da er in diesem Sommer als Regieassistent nach New York an die Met ging. Wieland erzählte ihm, die LULU sei einmütig von der Presse gelobt worden, also müsse er etwas falsch gemacht haben! Außerdem hätte eigentlich Anja die Inszenierung gemacht. Er habe lediglich ›A‹ und ›B‹ gesagt, alles andere sei von mir gekommen. So war es natürlich nicht, seine Bemerkung zeigt, wie wenig er bis dahin gewohnt war, daß ich mich in seine Arbeit einmischte.

In Bayreuth blieb alles, wie es immer gewesen war. Wieland in Wahnfried, ich in Mistelbach. Der einzige Unterschied war, daß ich nicht mehr klingeln mußte, um in Wahnfried eingelassen zu werden. Ich konnte einfach hineingehen. Um Wieland zu sehen, mit ihm zu essen, zu reden. Eine einzige Nacht schlief ich irgendwann in seinem spartanisch eingerichteten Zimmer, auf dem Weg von – nach. Es war ungemütlich, unnötig und falsch. Wir wußten es beide.

Er probierte RHEINGOLD und TANNHÄUSER, als er sich plötzlich und zum ersten Mal so schlecht fühlte, daß er die Probe abbrechen mußte. Allerdings gab es keinen Zusammenbruch, wie oft geschrieben wurde, sondern er hörte einfach auf zu probieren und fuhr nach Hause. Ich ging zu Freunden zum Schwimmen. Niemand geriet in Panik, niemand kann sich an etwas anderes erinnern als an Erstaunen. Er hatte noch nie eine Probe vorzeitig verlassen. Wenn er freiwillig auf eine verzichtete, bedeutete das etwas Außergewöhnliches, aber davon wollte er nichts wissen. Als er auch am nächsten Tag nicht erschien, waren alle sehr beunruhigt. Zwei Tage später ging er ins Kulmbacher Krankenhaus. Er sah in diesem ›Unwohlsein‹ hauptsächlich ein Zeichen, nun wirklich sein Leben zu ändern, Nägel mit Köpfen zu machen (ein Ausdruck, den ich damals zum ersten Mal hörte). Etwas, das er so lange vermieden hatte.

Während eines Besuchs bei ihm bekam ich einen Anruf aus Rom, ob ich Ausschnitte einer deutschen Version von TOSCA aufnehmen könnte, mit Lorin Maazel als Dirigenten. Ich hatte diese Partie bis dahin weder gesungen noch studiert, aber so oft auf der Bühne gehört, daß ich sie in- und auswendig konnte. Ich mußte nur wenige Tage abwesend sein, Wieland riet mir deshalb zu, er fühle sich schon fast wieder gesund. Niemand sagte mir etwas anderes. Niemand schien an eine ernste Erkrankung zu denken. Also fuhr ich. Birgit Nilsson und Franco Corelli sangen die italienische Gesamtaufnahme, Fischer-Dieskau in beiden Sprachen den Scarpia, mein deutsch singender Cavaradossi war James King.

Es hat mich sehr berührt, in Martha Mödls Buch zu lesen, daß sie, als ich aus Rom anrief, gerade bei Wieland im Krankenhaus war und, als er meine Stimme hörte, *ein Leuchten über sein Gesicht ging, als hätte er eine Wiederbelebungsspritze bekommen*. Es erscheint mir heute so sinnlos und unbegreiflich, daß ich ihn in Kulmbach allein gelassen habe. Aber er wollte es so, wollte, daß ich singe. Er konnte es nicht ertragen, krank zu sein, und noch weniger, daß man ihm dabei ›zusah‹.

Anfang Juli wurde Wieland in die Universitätsklinik München überwiesen. Sein Sohn Wummi fuhr ihn dorthin.

Nach Rom hätte ich nicht fahren müssen, aber Bayreuth abzusagen, um bei ihm in München sein zu können, hätte er nicht zugelassen. Ich sang sehr viel in diesem Sommer, in fast jeder Vorstellung war ich beschäftigt. Blumenmädchen im PARSIFAL, Freia in RHEINGOLD, Waldvogel im SIEGFRIED und dritte Norn in der GÖTTERDÄMMERUNG, dazu alternierend die Venus und Elisabeth im TANNHÄUSER. 21 Abende in einem Monat.

Ausgerechnet die Eröffnungsvorstellung der Festspiele – es wäre die Venus im TANNHÄUSER gewesen – mußte ich wegen einer Erkältung absagen. So kam es, daß die Zeitungen berichteten, daß Bayreuth in diesem Jahr ohne den Festspielleiter und die Sängerin Anja Silja eröffnet würde!

Die Proben und Vorstellungen hielten mich viel zu häufig fern von München. Trotzdem saß ich viele Stunden an seinem Bett, war auch bei ihm, als der Arzt ihm sagte, daß er nicht operiert werden müßte, daß alles sehr gut aussehe, daß sie nur noch dies und jenes beobachten wollten ... Ich fiel Professor Zenker vor Freude um den Hals, ohne irgendeinen Verdacht zu schöpfen. Ric, der ich diese Freudenbotschaft am Abend mitteilte und die alles mit sehr viel mehr Abstand sah, bekam über diese ›gute Nachricht‹ einen Todesschreck, wie sie mir später sagte. Von da an arbeitete er wieder mehr, versuchte, vom Krankenhaus aus die Festspiele zu leiten. Er habe die Boecksche Krankheit, so wurde es uns gesagt und – nebulös – daß es zwei Formen gebe, eine bösartige und eine gutartige.

Niemand wußte von der Schwere seiner Erkrankung, angeblich selbst die Ärzte nicht. Heute weiß ich, daß das nicht stimmt. Niemand wurde gewarnt. Warum es niemand wissen wollte und sollte, bleibt ein Rätsel. War es sein Wunsch? Das Scheitern einer Operation bei einem so prominenten Patienten hätte gegen den Arzt ausgelegt werden können. Wurde sie daher gar nicht erst versucht? Wäre sie in jedem Fall erfolglos gewesen? Vielleicht haben die Ärzte seine Krankheit zu spät erkannt, weil sie eine Kombination war aus zwei Umständen, die gewöhnlich nicht zusammen auftreten. So habe ich es verstanden. Trotzdem bleibt vieles undurchsichtig. Die Familie und später auch ich haben immer wieder versucht, eine genaue Analyse des Krankheitsverlaufs zu bekommen. Wie mir gesagt wurde, hat man auf die Fragen der Familie nicht geantwortet. Ich selbst habe über den Sohn des inzwischen verstorbenen Herzspezialisten Zenker noch einmal versucht, für dieses Buch eine Auskunft zu bekommen. Er hat ebenfalls nicht geantwortet. So wird wohl der genaue Verlauf dieser Krankheit für immer im Dunkel bleiben.

Der berühmte Wieland Wagner, über dessen Tod bis nach Neuseeland in den Medien berichtet wurde, lag allein, nur von seiner Sekretärin und Ric betreut, in einem Münchner Krankenhaus und versuchte, sich mit ununterbrochener Arbeit abzulenken. Einmal, während seines ersten Aufenthalts in der Münchner Klinik, weinte er, als ich ihn besuchte. Das einzige Mal daß ich ihn weinen sah. Er sagte, wie schrecklich es für ihn sei, mich zurücklassen zu müssen, allein und ungeschützt. Das war seine größte Sorge, neben der um seine Kinder. Er wußte in diesem Moment, wie es um ihn stand. Er glaubte den Ärzten nicht und wollte doch so gerne glauben.

Ich rief ihn jeden Tag an, wenn ich nicht in München bei ihm sein konnte. Abends, während und nach den Vorstellungen, aus seinem Büro im Festspielhaus, wie auch die für die Vorstellung zuständigen Regieassistenten es taten, um ihm zu erzählen, wie der Abend verlaufen war. Wolfgang Wagner sah das gar nicht gerne, weil dadurch kleinere Machtkämpfe zwischen den Assistenten ausgebrochen seien, jeder eine andere Version weitergab. Wolfgang ließ meine Telefonate ständig von der Zentrale unterbrechen, so daß Wieland wütend aus München zurückrufen mußte. Zusätzlich drehte Wolfgang mir noch das Licht in Wielands Büro ab. Aber auch er ahnte wohl nichts von der Schwere seiner Krankheit und fand diese allzu häufigen Privatgespräche aus dem Festspielhaus unnütz und teuer.

Als Wieland Mitte August morgens aus dem Krankenhaus entlassen werden sollte, mußte er so lange warten, bis ihn meine Freundin am Nachmittag abholen konnte, um seine Sachen ins Taxi zu tragen. Er hatte inzwischen sein halbes Büro im Krankenhaus. Er wartete geduldig. Niemand von der Familie war da, niemand sonst, um ihn abzuholen. Es ist mir bis heute unbegreiflich. Aber wahrscheinlich wollte er es gar nicht. Ich hatte an dem Tag Vorstellung in Bayreuth. Er fuhr erneut aus München nach Sylt. Seine Kinder waren dort, an dem Ort, der ihm all die Jahre so gut getan hatte, den er liebte, an den er immer zur Gesundung seines Seelenheils fuhr.

In Gertruds Buch wird nebulös ein Telefongespräch zitiert, das er von dort Ende August mit einem Herrn Rosenfeld in London geführt habe. Herr Rosenfeld habe Wieland zugeredet, nicht mehr so viel zu reisen, weniger Gastspiele zu geben. Wielands Antwort soll gelautet haben: *In dieser Beziehung können Sie ganz beruhigt sein. Ich habe vor allem beschlossen, überhaupt keine Gastspielreisen zu machen, und ich will auch die ›gewisse Sache‹, die Sie ja kennen, zu einem Ende bringen. Ich fahre jetzt auf Wunsch meiner Ärzte zu einer periodischen Untersuchung in die Münchner Klinik. Bei dieser Gelegenheit werde ich auch die Sache erledigen, was um so leichter sein wird, da ›die Silja‹ in Wien und nicht in München ist, und solche Dinge lassen sich schriftlich besser als mündlich erledigen. Ich hoffe, daß dann die Gertrud zu mir kommen wird und ich kann ihr dann wegen Bayreuth alles erklären, damit sie mir die Arbeit fast ganz abnehmen kann.*

Dieses ›Gesprächsprotokoll‹ hat nicht nur einen Fehler, wie die Autorin des Buches bemerkt, es hat viele Fehler. ›Die Silja‹ gab es nicht in Wielands Sprachgebrauch, und ›die gewisse Sache‹, die beendet werden soll, mit mir zu verbinden, ist unter den Umständen, die Wieland mit seinem Aufenthalt in meiner Wohnung schuf, mehr als unglaubwürdig. Ich war im August noch nicht in Wien, sondern in Bayreuth, bis zum Ende der Festspiele, anschließend in Stuttgart, von wo ich für ein Gastspiel von Wielands LULU-Produktion nach Edinburgh flog.

In diesem letzten Jahr war eine große Unruhe in ihm. Pläne, Pläne, Pläne, und eine Inszenierung nach der anderen. Er wollte Ordnung in sein Leben bringen und ließ sich doch keine Zeit dazu. Er wollte und sollte Schauspiel inszenieren. Das hätte auch für mich eine große Veränderung bedeutet. Neue Wege, neue Herausforderungen für uns beide. Er wäre nicht Wieland Wagner gewesen, hätte er nicht ständig nach neuen Wegen gesucht und sie auch gefunden: *Theater ist Wandel, ihm ausweichen zu wollen hieße, die Tugend der Treue zum Laster der Erstarrung machen*! Es gebe für das lebendige Theater nun einmal keinen anderen Stil als den jeweiligen Zeitstil.

Er wollte den DON GIOVANNI inszenieren, konnte sich aber nicht entscheiden, welche der beiden ›Donnas‹ ich singen sollte. Er schrieb im August aus dem Krankenhaus an einen seiner Bayreuther Korrepetitoren, daß er mit mir beide Damen am Klavier einmal durchgehen solle. Dazu kam es aber nicht durch mein ständiges Hin- und Herfahren zwischen München und Bayreuth. Er wollte PELLEAS UND MELISANDE mit Pierre Boulez in London machen, einen TANNHÄUSER-Film, die TRAVIATA, eine ELEKTRA in Ost-Berlin. Einen neuen RING in Paris, den LOHENGRIN an der Met in New York, im Frühjahr 1967 ein Gastspiel der Bayreuther Festspiele in Osaka (es sollte das erste Gesamtgastspiel eines ganzen Opernbetriebs in Japan sein). Keine Rede davon, seine Arbeitswut einzuschränken!

Das ominöse Telefongespräch muß in etwa zusammengefallen sein mit dem Brief, den Wieland am 28. August an Gertrud schrieb, noch aus Sylt, und v o r seiner erneuten Untersuchung in München (was einen großen Unterschied macht): *Wünschst du in einem von mir zu bestimmenden Rahmen mit Solisten zu arbeiten?* (gemeint sind damit die kleineren Rollen, die sie immer schon in ihrer Funktion als Assistentin betreut hatte). *Ich brauche aus Organisationsnotwendigkeiten Antwort bis zum 15. Sept.*

(Positive Zusammenarbeit ist dir meinerseits zugesichert). Nichts davon, daß sie ihm die Arbeit ›fast ganz abnehmen kann‹. Und nichts davon, daß er Bayreuth aufgeben wolle, obwohl er damit tatsächlich immer wieder drohte! Noch versuchte er eine freundschaftliche Arbeitsmöglichkeit für sich und Gertrud zu erhalten.

Er sprach in seinen letzten Lebenswochen mehrfach von einem Testament. Ich würde nicht mittellos dastehen, sagte er immer wieder. Ich wollte diese Reden nicht hören und ging nicht darauf ein. Es hat dieses Testament wohl nie gegeben. Er hinterließ als einziges eine Lebensversicherung für seine Familie und hatte offenbar sonst nichts zu vererben. Er hinterließ nur Schulden, alles Geld hat er in das Haus auf Sylt gesteckt. Zum Glück hatte ich selbst genug verdient, aber wie würde es weitergehen, fast all meine Verträge für die nächste Zeit waren an ihn gebunden. Ich weiß gar nicht, wo die anderen Engagements plötzlich herkamen. Ich gab mein Geld in den folgenden Jahren mit vollen Händen aus. Ich dachte nicht an ein ›Später‹. Ich wollte nie älter als 30 Jahre werden. Das ist mir gründlich mißlungen!

Ende August fuhr Wieland von Sylt zu einer erneuten Untersuchung nach München. Niemand erfuhr etwas über das Ergebnis. Heute bin ich sicher, daß man ihm nach dieser Untersuchung sagte, wie es um ihn stand. Seine strikte Ablehnung, darüber zu sprechen, kam aus diesem Wissen, aus dem Wunsch, nicht darüber nachdenken zu wollen und zu müssen. Gertrud wollte er nicht sehen, er wollte auch nicht, daß sie informiert wurde.

Er wußte in seinem letzten Jahr, daß er mich wirklich liebte, daß er mit mir leben wollte, sein Leben dafür verändern mußte. Wir waren der Pygmalion-Beziehung entwachsen. Aber hätte er es leben können? Ohne Bayreuth, das zu ihm gehörte wie ein Schuh zum anderen? Wollte er die Drohung, nicht dorthin zurückzukehren, wirklich wahr machen, oder war sie nur die verzweifelte Reaktion auf seine Unfähigkeit, etwas ändern zu können? Wo hätte er leben sollen? Wirklich in Tribschen in der Schweiz, dem Ort, in den schon Richard Wagner in die Emigration floh? Hätte er es nicht genauso als Exil empfunden? All diese Pläne, die er wirklich hatte, entstanden sie aus dem Gefühl des nahen Todes, oder wirklich aus dem Wunsch eines totalen Neuanfangs? Man kann nicht wirklich noch einmal von vorne anfangen, ein ganzes gelebtes Leben geht mit einem. Damals wußte ich das noch nicht. Ich hatte ja noch gar nicht richtig begonnen zu leben.

Er hatte längst erkannt, daß ich nichts gemein hatte mit den Rollen, die ich sang. Daß auf mich nicht zutraf, was er über Isolde sagte: *Niemand käme auf die Idee, daß Tristan und Isolde jemals heiraten könnten. Das wäre die reine Negation der Leidenschaft. Isolde ist nicht eine Frau, die man heiratet, sie ist auch nicht femme inspiratrice wie Evchen, sondern femme fatale. Als Ehefrau würde sie aufhören, das zu sein, was sie ist, ebenso wie Senta, Elsa, Elisabeth.* Aber ich war keine Wagnerfigur.

Er versprach mir, über eine Heirat nachzudenken, über Kinder. Er wollte mir damit sagen, daß er mich liebte.

Er fuhr nach der Untersuchung noch einmal für ein paar Tage nach Sylt. Gertrud verwehrte ihm einen längeren Aufenthalt, auf den er so gehofft hatte. Auch sie wußte nichts über seinen Zustand und sah es als ihr Recht an, ebenfalls auf Sylt Ferien zu machen. Ferien von den Ferien, sie war erst drei Wochen vorher von einer Griechenlandreise zurückgekommen. Daß sie ihm seine Bitte, bleiben zu können, nicht erfüllt hat, wird sie wohl ihr weiteres Leben belastet haben. Aber aus ihrer Sicht, nichts wissend, war ihre Reaktion vielleicht verständlich. Er fuhr schon nach etwas über einer Woche wieder ab, nicht klaglos, wie sie annahm, sondern mit den Worten: ›Jetzt bin ich es endgültig leid!‹ Er wollte schon während seines ersten Aufenthalts im Münchner Krankenhaus ihre Besuche nicht, wie er an seine Schwägerin schrieb, die Gertrud in Griechenland informiert und damit bewirkte hatte, daß sie überhaupt kam. Er öffnete nun keinen ihrer Briefe mehr, beantwortete keine indirekten Bitten und Fragen, be- und gestellt durch seine Kinder, bis zu seinem Tod. An seinem letzten Tag hat er, auf dringende Bitten der Ärzte – nicht aus eigenem Willen –, doch noch einmal mit Gertrud gesprochen.

Wir trafen uns nach dem Gastspiel in Edinburgh in Strande, einem kleinen Ort in der Nähe von Kiel. Das Haus, das uns in letzter Minute angeboten wurde, gehörte Freunden von ihm. Dort hatte er die Ruhe, die er brauchte, wenn auch nicht die Umgebung, die er sich ersehnte.

Und doch waren wir froh, daß wir dort sein konnten. Es gab keine Familie, keine Freunde, niemanden, außer uns beiden und Ric, die er eingeladen hatte als Dank dafür, daß sie ihn in München betreut hatte und weiter betreuen würde. Er war ruhig, wir waren glücklich, so empfand ich es jedenfalls, soweit man das in einem doch so reduzierten Zustand eben sein kann. Auch auf die Nachricht vom mysteriösen Tod Fritz Wunderlichs, der im Haus eines Freundes eine Treppe hinunter gestürzt war, reagierte er ohne Angst für sich selber. Andererseits hat ihn dieser plötzliche Tod doch sehr beschäftigt.

Er war sehr müde. Es war zwar nur die Ostsee, an der wir waren, aber die Luft tat ihm trotzdem gut. Wir gingen viel spazieren oder saßen im Strandkorb. Wir lachten, hielten uns fest und sprachen von der Zukunft. Das Wetter war nachsommerlich schön. Am Abend sahen wir manchmal im Fernsehen die Serie ›Raumschiff Orion‹, die damals ganz neu war, oder spielten ›Mensch ärgere dich nicht‹, woran ich mich jedoch nicht hielt. Ich verlor dauernd und bekam darüber so die Wut, daß ich das noch nicht beendete Spiel umwarf und mir damit den berechtigten Zorn meiner Mitspieler zuzog. Ric kündigte mir die Freundschaft und wollte abreisen. Bis zum Bahnhof hat sie ihren Abgang sogar geschafft. Von dort holte ich sie zurück. Wieland mußte schlichten. Er tat alles mit unendlicher Geduld. Er war anspruchslos, wie er es eigentlich immer war, ließ sich nicht anmerken, ob und wie sehr ihm das Haus auf Sylt fehlte, das er so plötzlich hatte verlassen müssen.

Er fing in Strande an, Blut zu spucken, schob es vor mir aufs Zähneputzen oder sonstwas. Das sei nicht weiter schlimm, die Ärzte hätten gesagt … Ich war nur allzu bereit, ihm zu glauben. Warum hatten sie ihn sonst aus der Klinik entlassen! Wie naiv kann man sein! Nach den langen Krankenhauswochen, nach den wirren, einsamen Tagen in Bayreuth – nach all dem Bangen und Hoffen sah ich nur Positives in seiner Entlassung. Niemand von uns assoziierte mit seinem müden Aussehen das nahe Ende. Angeblich nicht einmal die, die es hätten wissen müssen.

Daß er mich nach diesen gemeinsamen Tagen in Strande von sich fern hielt, war eine bewußte Handlung und hatte nichts mit Trennung zu tun. Ich wollte die Proben in Wien für Hoffmanns Erzählungen (wieder in der Regie von Otto Schenk), die sofort im Anschluß an unsere Ferien begannen, absagen, aber er bestand auf meiner Abreise. Er wußte,

Mit Wieland Wagner in Strande, September 1966
(letztes Foto von W. W.)

daß ein Erkennen seines Zustandes es mir unmöglich gemacht hätte, dort zu singen. Er hielt mich sogar von meiner eigenen Wohnung fern (in der er lebte). Wie er das gemacht hat, ist mir heute unbegreiflich. Er lebte genau bis zu dieser Premiere, auf die er, für mich, so viel Wert legte. Ich bin sicher, daß das kein Zufall war. Dieses Datum gab ihm die Kraft durchzuhalten.

›Das Christentum ist an allem schuld‹, soll er, während seines ersten Krankenhausaufenthalts in München zu Gertrud gesagt haben und auch, daß er glaube, jetzt ein guter Ehemann sein zu können, ihr, Gertrud, oder auch Anja. Er hatte immer darunter gelitten, es nicht zu sein. Wie sein Großvater Richard hat er sein Leben lang versucht, ›der Liebe wahres Wesen zu ergründen‹. Tannhäuser ist in seiner Ruhelosigkeit fast eine Schlüsselfigur, und in einem Aufsatz über sie scheint Wieland sich selbst zu beschreiben:

Die Tragödie Tannhäusers ist die des Mannes im christlichen Zeitalter überhaupt, der im Bewußtsein seiner inneren Gespaltenheit im Geist und Trieb den Weg zurück zur ursprünglichen göttlich-menschlichen Einheit sucht. Es ist sein ihm auferlegtes Kreuz, daß er irrtümlich glauben muß, sein Heil in der jeweiligen Verabsolutierung der Daseinspole Rausch und Askese finden zu können … Das wahre Wesen der Liebe ist verantwortungsvolle, gläubige und selbstlose Hingabe an das Du des Geliebten. Als das zu überwindende ›böse Prinzip‹ steht demnach im TANNHÄUSER *die typische Ichbefangenheit des Mannes der weiblichen Opferbereitschaft und fraglosen Hingabe gegenüber, und nicht etwa das Phänomen des Eros an sich. Es scheint bezeichnend, daß Tannhäusers Erlösung mit seinem Tod zusammenfällt, ja geradezu mit dem Tod an sich identifiziert wird.*

Wielands Krankheit machte sich spät bemerkbar, hinderte ihn erst in den letzten drei Monaten seines Lebens an der Weiterführung seiner Arbeit, bewahrte ihn vor körperlichen Schmerzen. Er war fähig, seine Wünsche, seine Gedanken bis zuletzt auszusprechen und zu bestimmen. Er blieb an allem interessiert. Das war, wenn denn alles schon so sein mußte, eine große Gnade.

Es gab nichts zu ändern an dem, was auf uns zukam. Ich glaube nicht, daß er die Wahrheit nicht an sich heranließ, er ließ sie eher nicht an uns heran. Er schenkte uns den Glauben daran, daß er nichts wußte. Er hielt nicht nur mich von sich fern, er versuchte es auch bei anderen, die ihm viel bedeuteten. Jeder Besuch war ein Abschied, das wußte er, und sein fast pausenloses Schreiben und Diktieren war eine Betäubung dieses Wissens.

Er tröstete mich darüber hinweg, daß ich nicht bei ihm sein konnte, sprach mir am Telefon Mut zu, wenn ich traurig war. Er bagatellisierte alle Fragen nach seiner Gesundheit, setzte seinen Sarkasmus ein, mit Sätzen wie: ›Die sollen mir doch sagen, was mit mir los ist, ich sterbe ja gern‹, wo seine Kräfte sonst nicht ausgereicht hätten.

Erst Wochen nach seinem Tod, als ich endlich bereit war, in München wieder mein Schlaf- und Badezimmer zu betreten, fand ich überall Blutspuren, die zu beseitigen Ric nicht gelungen war. Es ist unmöglich, daß er nichts gewußt hat.

In den letzten Wochen hatte Anja Silja keinen Kontakt zu ihm, es gab keine Verbindung, weder Telefonate noch Briefe …

Woher die Dame, die Gertruds Biographie geschrieben hat, die Kenntnis hat, solche ungeheuerliche Behauptungen aufstellen zu können, für die ihr Gertrud nicht die geringsten Beweise geliefert haben kann, bleibt ihr Geheimnis, noch dazu, da sie im gleichen Atemzug davon spricht (davon sprechen muß, weil es eine Tatsache ist), daß er nach unserem gemeinsamen Urlaub weiterhin in meiner Wohnung wohnte, in der seine Kinder ihn angeblich täglich besuchten. Daß Winifred ›ausgesperrt‹ wurde und daß Gertrud ihn nicht besuchen durfte, obwohl sie das wollte (in meiner Wohnung? – er verließ sie erst drei Tage vor seinem Tod). Wieland überließ nichts dem Zufall. Er war und blieb dort, um zu zeigen, wo er sein wollte und um die Menschen nicht sehen zu müssen, die sich so demonstrativ gegen mich gestellt hatten (das galt in diesem Moment auch für seine Kinder, niemals für Wummi, die sich nach seinem letzten Aufenthalt in Sylt noch einmal gegen mich äußerten). Seine Haltung zeichnet sich auch in seiner Antwort vom 29. Juli auf einen Brief seiner Kinder ab, in dem sie ihn zu einer ›Klärung‹ der Situation aufgefordert hatten:

Ich weiß nur zu gut, daß ihr mir zuliebe ein gelegentliches Zusammensein mit Anja in Kauf genommen habt. Ich finde trotzdem eure Haltung, die ihr in dem Brief sehr verhärtet, nicht fair Anja gegenüber, auch nicht richtig, da inhuman. Ich habe euch all das Schwere verschuldet: niemand anderes. Warum Übertragungen? Ich mute euch seit Jahren eine Situation zu, die euch Schwierigkeiten und Schmerzen bringt.

Über das neue Entweder-Oder bitte ich euch, noch einmal nachzudenken … Glaubt ihr wirklich, daß ihr die Liebe zur Mutter beweisen müßt??? Wahnfried ist zunächst Eure Heimat – und das Haus Gertruds. Ich habe sie immer gebeten, das so zu sehen. Wenn einer auszieht oder ausziehen muß, bin ich es. Ich verdanke es eurem Brief, das noch besser oder klarer zu wissen als vorher …

Weiter: zu eurem Scheidungs-Heiratsvorschlag: bitte Antwort: … Worin bestünde der Unterschied zu unserem jetzigen Verhältnis? Was würde für euch leichter? Das wäre mir wichtig (blödes Wort) zu wissen.

So sieht alles von mir aus aus:

Ich liebe und verehre Möppi wie eh und je – diese Gefühle klingen verlogen und absurd.

Ich fühle mich ihr gegenüber verantwortlich – und schuldig.

Ich fühle eine aufrichtige Liebe zu Anja. Ich fühle mich ihr gegenüber verantwortlich.

Ich liebe euch – wenn man das überhaupt formulieren darf, mehr als Möppi und Anja …

Ich finde es falsch und ungerecht von Möppi, daß sie als ›Beweis‹ eurer Liebe zu ihr die totale Ablehnung Anjas fordert.

Ich kann nur eine situationsgerechte Entscheidung treffen, wenn dies für alle eine bessere Situation schafft …

Meine viel gelästerte Entscheidungslosigkeit ist Ratlosigkeit, keine Feigheit.

Ich sehe bis jetzt hinter meiner – überraschenden – Gesundung keinen Sinn.

Außer dem vielleicht: ich werde noch gebraucht.

Dieser Brief ist eine deutliche Absage an ein weiteres Zusammenleben mit Gertrud. Und er zeigt, wie er wirklich war: nachdenkend, nachdenklich, ratlos und liebevoll. Ihn anders sehen zu wollen, heißt, ihn nicht gekannt oder verstanden zu haben.

Jeder, der ihn von jetzt an besuchen wollte, mußte die Tatsache unserer Gemeinschaft akzeptieren, die er mit seinem Aufenthaltsort schuf. Ric war morgens und abends um ihn, half ihm, so weit er das wollte. Besucht wurde er von seiner Mutter, seinem Bruder, seiner

Schwester Verena und ihrem Mann, von seinen Kindern, von seinem mit ihm befreundeten Arzt aus Kulmbach. Peter Lehmann war ebenfalls einer der Besucher. Er erzählte mir viel später, daß Wieland nicht einmal mehr allein seine Schuhe zubinden konnte, daß er fast nur noch auf dem Sofa gelegen habe. Nach diesem Besuch habe er gewußt, daß er ihn nicht mehr wiedersehen würde. Und immer noch beantwortete Wieland scheinbar optimistisch meine Telefonanrufe!

Die Medikamente, die er bekam, waren stark, sehr stark. Unsere Hausärztin, die ihn betreute, nachdem er das Krankenhaus verlassen hatte, wollte sie ihm nicht geben. Sie rief erst in der Klinik an, um sich zu vergewissern, daß es damit seine Richtigkeit habe und gab ihm eine Schachtel mit nach Hause, auf der nur morgens, mittags, abends stand. Er nahm sie, wie sie waren. Nie fragte er, was er eigentlich einnahm, schien sich überhaupt nicht dafür zu interessieren.

Zur Premiere in Wien schickte er ein Telegramm, das mir – wie am Theater üblich – erst nach der Vorstellung gegeben wurde. *Zeig den Wienern, was eine Harke ist,* stand darin und weiter, *ruf mich bitte gleich nach Ende der Vorstellung an, ich habe Nachtwache*. Das bedeutete? Wer hat in einem Krankenhaus Nachtwache, wenn nicht … In Panik wollte ich sofort anrufen, mußte dafür aber in das der Staatsoper gegenüberliegende Hotel Sacher gehen, wo die Premierenfeier stattfinden sollte. Renée Schenk war bei mir, die Frau des Regisseurs. Für alle lag nach dem Wortlaut des Telegramms die Katastrophe greifbar in der Luft. Er antwortete nicht mehr selbst am Telefon. Gertrud war am Apparat. Ich erkannte sie am Tonfall. Sie sagte nur: ›Sie können nicht mit ihm sprechen‹, und legte auf. Wie ich ihrem Buch entnehme, hat er sehr wohl noch auf meinen Anruf reagiert. Er hatte auf ihn gewartet, wollte das Ergebnis der Aufführung wissen.

Alle sprachen auf mich ein. Josef Krips, der Dirigent des Abends, hielt mir eine Totenrede, obwohl es gar nicht klar war, daß Wieland nicht mehr lebte. Er sagte, daß man das Schicksal annehmen muß, daß jeder im Leben … Ich verstand nichts, hörte nichts. Ich wollte nur weg, nach München, zu Wieland. Vielleicht lebte er ja noch. Niemand wollte, daß ich allein fuhr. Renée Schenk begleitete mich (ich werde ihr diese spontane Hilfe niemals vergessen). In einem Taxi fuhren wir nach München. An diese Fahrt habe ich nicht die geringste Erinnerung. Als wir im

Morgengrauen ankamen, war er gerade gestorben. Gertrud wollte nicht, daß ich ihn noch einmal sehe. Wummi begleitete mich in das Zimmer, das ich so gut kannte. Da lag er, friedlich und fremd, wie das wohl so ist. Noch mit einer Binde um das Kinn, wie das wohl auch so ist. Man steht da, vor dem Menschen, der einem so vertraut ist, den man geliebt hat, ganz nah steht man vor ihm und ist doch unerreichbar weit von ihm entfernt.

Seine Totenmaske ist sehr schön und genauso, wie er im Leben war. Ernst und konzentriert.

Erst vor wenigen Tagen erfuhr ich, daß er seinem befreundeten Arzt aus Kulmbach, der mich in Wien benachrichtigen wollte, um mich nach München zu rufen, das Versprechen abgenommen hat, mich nicht zu informieren. Er wollte, wie er ihm sagte und wie ich immer vermutet habe, daß ich diese Premiere singe, daß ich eine neue Zukunft begann (ein Meilenstein in meiner Karriere, soll er gesagt haben), ohne ihn, von nun an. Er wollte keinen Abschied nehmen, der alles nur bis zur Unerträglichkeit schwer gemacht hätte. Er hatte vielleicht recht, so zu handeln.

Ich flog noch am selben Tag zurück nach Wien. Ich floh aus meiner Wohnung, in der noch alles von seinem Dortsein, wenige Tage vorher, sprach. Ich floh vor seiner Familie, die schon drei Stunden nach seinem Tod in einer Abordnung vor meiner Türe stand, um seine Sachen abzuholen, die ich ihnen nur zum Teil gab. Und ich floh vor mir selbst. Lucia Popp holte mich am Flughafen in Wien ab. Wir fuhren in ihre Wohnung, in der ich bleiben konnte. Renée war mit der Bahn zurückgefahren, sie hatte Angst vor dem Fliegen.

In den folgenden Wochen fuhr oder flog ich jeden Tag in eine andere Stadt, ob ich dort Vorstellung hatte oder nicht.

Schon drei Tage nach seinem Tod sang ich die Senta in Brüssel. In seiner Inszenierung, die er nicht mehr selbst hatte betreuen können. Alle rieten mir ab, aber ich konnte nicht einer anderen Sängerin überlassen, die Oper zu singen, mit der alles angefangen hatte, die unser Schicksal wurde. Im Duett versagte mir die Stimme. Ich brachte keinen Ton mehr heraus, schickte ein Stoßgebet zu ihm und tatsächlich, ich beruhigte mich, die Stimme kam zurück. Gäbe es doch mehr solcher Wunder! Niemand konnte mir in den Wochen, die kamen, helfen.

Die Trauerfeier nur vier Tage nach seinem Tod war pompös und unglaublich feierlich. Die ganze Bühne des Festspielhauses war überfüllt mit Blumen. Wolfgang Wagner hatte wirklich Unglaubliches vollbracht in so kurzer Zeit. Das Festspielorchester und der Chor waren fast vollzählig aus ganz Deutschland gekommen. Pierre Boulez und Wilhelm Pitz dirigierten. Die Kränze hingen und lagen zu hunderten entlang des Eisernen Vorhangs in Höhe, Breite und Tiefe. Jeden einzelnen konnte man sehen. Der Pour le Mérite, der Wieland erst im Juni verliehen worden war und den er nicht mehr persönlich hatte entgegennehmen können, lag am Fuß des Sarges. Er hatte sich über diese Ehrung besonders gefreut. Ernst Bloch, Walter Erich Schäfer und Carl Orff sowie Wolfgang Windgassen sprachen. Windgassen half später spontan, den Sarg aus dem Festspielhaus zu tragen, dem Haus, das uns allen – dank seiner – so viel bedeutet hat. Gertrud wollte auch hier meine Anwesenheit nicht. Ich nehme an, Wolfgang Wagner hat sie ermöglicht, der mir außerdem einen kleinen Raum im Festspielhaus zur Verfügung stellte, in dem ich mich aufhalten konnte und in den meine Kollegen kamen, um mich zu grüßen. Eine Geste, für die ich sehr dankbar war.

Ich durfte ihn nicht auf dem Weg zum Friedhof begleiten. Erst später ging ich, nur in Begleitung von Friedelind Wagner, die eigens von der privaten Trauerfeier zurückgekommen war, um mich abzuholen, an das Grab. Einige Bayreuther waren noch dort und ein Fotograf, der mir aufgelauert hatte.

Während der Ansprachen auf dem Friedhof sei ein Ast vom Baum gebrochen und beinahe auf den Sarg gefallen, erzählte mir Friedelind. Alle sahen das als ein Zeichen Wielands an, die Reden ihm zu Ehren, die er nie gemocht hatte, zu beenden.

Weihnachten lud mich Wielands Schwester Friedelind an den Bodensee ein. In das Haus seiner Schwester Verena Lafferentz, in dem er nach dem Krieg mit seiner Familie gelebt hatte. Am Heiligen Abend ging ich allein in den Garten, versuchte, mit ihm zu sprechen und mich in sein damaliges Leben hineinzuversetzen. Ich konnte es nicht. Unsere Welt, unsere Erinnerungen waren nicht an diesem Ort. Heute könnte ich es

Trauerfeier für Wieland Wagner in Bayreuth, 1966

vielleicht besser. Dort draußen empfand ich zum ersten Mal diese Sehnsucht nach dem Unerreichbaren, nach dem für immer Unerreichbaren. Sie hat mich nie mehr verlassen. Auch der eigene Tod, selbst wenn man ihn sich noch so sehr wünscht, erscheint in so einem Moment in unerreichbarer Ferne.

Wie sollte mein Berufsleben, wie sollte überhaupt mein Leben weitergehen? Ich konnte es mir ohne ihn, ohne seine Hilfe und Stütze nicht vorstellen. Aber ich konnte auch nicht mit 26 Jahren aufhören zu singen, alles vergessen, was er mich gelehrt hat. Wegwerfen, woran er so sehr geglaubt und wofür er so vehement gekämpft hat. Er hatte einmal scherzhaft zu mir gesagt: ›Du gehörst zu den großen alten Damen des deutschen Theaters!‹ So fühlte ich mich.

Mit seinem Tod habe ich die Freude, Wagner zu singen, für immer verloren. Die wenigen Wagner-Aufführungen der folgenden Jahre beruhten auf vorhandenen Verträgen, die ich nicht absagen wollte und konnte, später hin und wieder auf dem Wunsch, doch noch einmal zu dem, was ich so lange als meine schönste Lebensaufgabe angesehen hatte, zurückzufinden. Ich konnte es nicht mehr. Mein Leben als Wagnersängerin war beendet. Ohne Wieland hatte es seinen Sinn verloren.

Bayreuth habe ich nie vermißt, Wieland wird mir für immer fehlen.

❧

30 Jahre sind eine lange Zeit, vieles sollte sich relativiert haben. Dachte ich. Gertrud Wagners Biographie hat mich eines besseren belehrt. Ich bin erstaunt über soviel Unsinnigkeit, soviel Verdrehung und schlechterdings Unrichtigem. Sogar Gertrud selbst hatte kurz vor ihrem Tod noch versucht, dieses Buch mit einer einstweiligen Verfügung zu verhindern, was aber nicht mehr gelang. Ihr Tod kam zu überraschend.

Für jeden, der etwas von Wieland Wagners Arbeit und seinem Leben weiß, ist es ein Ärgernis durch seine Oberflächlichkeit und die nicht enden wollenden Geschmacklosigkeiten. Ein Buch, offenbar ohne jede wirkliche Recherche nach Tagebucheintragungen geschrieben, nach Briefen und ›Fakten‹, die Gertrud geschaffen hat. Geschrieben noch dazu von jemandem, der zugibt, von der Materie bis dahin keinerlei

Ahnung gehabt zu haben. Und doch ist es für mich ein wichtiges Buch. Zum ersten Mal lese ich über eine Zeit im Leben Wielands, die mir kaum bekannt war. Über seine Jugend, seine Entwicklung, seine Ehe! Es hat die Sicht meiner Rolle in seinem Leben vollkommen verändert. Und das ist gut so. Ich habe den ersten Teil des Buches mit Spannung und viel Emotionen gelesen, dankbar für viele Details, wenngleich ich auch die nur mit Mißtrauen aufnehmen konnte, da so vieles von dem, was ich beurteilen kann, nicht einmal im Ansatz seiner Person gerecht wird. Das läßt mich befürchten, daß auch dieser erste Teil bei weitem nicht dem entspricht, was allgemein mit ›Wahrheit‹ bezeichnet wird. Das Buch ist, vorsichtig ausgedrückt, voll von tendenziösen Halbwahrheiten.

Was falsch oder richtig ist, war mir einen Moment lang nicht so wichtig, denn es brachte mich in meine Vergangenheit zurück, wie ich es nicht mehr für möglich gehalten habe.

Gertrud Wagner, am Jahresende 1916 geboren, einen Monat vor Wieland, absolvierte ihr Studium in Tanz, Sport und Gymnastik in einer Zeit, die geprägt war von der politischen Situation, in der sie lebte. Nur das war damals erlaubt: Mary Wigman tanzte, Arno Breker schuf seine Plastiken, Veit Harlan drehte seine Filme. Wir alle kennen sie noch oder wieder. Sie drückten einer ganze Generation ihren Stempel auf, prägten auch Gertruds Tanzstil. Genau von diesem Stil wollte Wieland Wagner sich lösen, mußte er sich lösen, um Neu-Bayreuth schaffen zu können, um überhaupt eine Chance für einen Neubeginn zu haben. Er mußte einen eigenen Weg finden. Und er fand ihn – nach langem Suchen und Hadern mit sich selbst. Ein solches Unternehmen kann man nicht allein bewältigen. Man braucht Anregung, Bestätigung, Gespräche, Ablehnung, Mitarbeit, eben Hilfe. Das war es, was Gertrud Wagner ihm geben konnte, und womit sie ihm tatsächlich auch geholfen hat. Sie wurde seine Assistentin, in den Programmheften durchaus als solche genannt. Ein Assistent hat die Aufgabe, immer in unmittelbarer Nähe des Regisseurs zu sein. Folglich konnte und durfte sie ›keine Minute von seiner Seite weichen‹. Er notiert, was der Regisseur sagt, gibt weiter, was wichtig erscheint, was er auf der Bühne kritisch bemerkt, übernimmt hin und wieder kleinere Regieaufgaben, gibt eigene Anregungen und übt auch Kritik. Das ist die Aufgabe eines Assistenten. Wielands Widmung für Gertrud paßt auf jeden guten Regieassistenten: ›Ohne Dich kein Gedanke, kein Bild!‹ So hat sie diesen Satz offensichtlich selbst verstanden und sich darüber geärgert. Diese Art der Mitarbeit genügte ihr nicht. Sie wollte als Urheberin aller Ideen und Gedanken angesehen werden.

Ein Satz wie: ›Das erste Stück ohne Dein geistiges Eigentum!‹, wird Wieland noch zur LULU-Zeit im Januar 1966 in den Mund gelegt, als er schon weit von jeder Gemeinsamkeit mit ihr entfernt war. Den OTHELLO kannte sie schon nicht, WOZZECK nicht, der der LULU folgte. Wenn er ähnliche Sätze je gesagt hat, dann aus dem Gefühl der Dankbarkeit, daß sie ihm in der nicht einfachen Vorbereitungszeit am Bodensee und in Bayreuth zur Seite stand, auch mit Ideen, warum nicht, aber mit Sicherheit nicht, weil s i e es war, die alles in Bewegung gesetzt hat.

Es ist ›nicht nur nicht bekannt, daß sie an der Regiearbeit wesentlichen Anteil hatte‹, es ist schlichtweg nicht wahr. Warum wurden die führenden Sänger der ersten Stunde, die ja zum Teil noch leben, nicht zu Gertruds Funktion und Position während seiner Inszenierungen befragt? Ich habe gefragt!

Niemand von der ersten Sängergarde hat sich j e m a l s auf die Hilfestellung oder gar Kontrolle Gertruds verlassen, sie überhaupt in Anspruch genommen. Was bei ›seinen‹ Sängern erreicht wurde, kam nur durch Wieland selbst und ganz allein durch ihn zustande. Niemals hätte er den elementaren Fehler begangen zu versuchen, etwas Erarbeitetes von einem Sänger auf den anderen zu übertragen, von Rysanek auf Silja, von Mödl auf Nilsson. Ganz davon abgesehen, daß dies nie gelungen wäre. Birgit war eine großartige Sängerin, Martha Mödl eine Tragödin der Opernbühne, unvergleichlich, unkopierbar!

Gertrud beendete ihre Ausbildung zur Gymnastiklehrerin und studierte dazu noch ein halbes Jahr klassischen Tanz. Das machte sie flugs zur Choreographin! Aus diesem nun tatsächlich sehr dürftigen Studium die Fähigkeit abzuleiten, für Wieland ›Aug und Ohr‹ gewesen zu sein, ihn von ihr abhängig erscheinen zu lassen, da er selbst nicht fähig war, zu sehen und zu hören, ist ein kühnes Unterfangen. Ich kannte kaum einen Regisseur mit einem besseren Gehör, wenn auch wohl mit keinem absoluten. Ich wüßte auch nicht, wozu das bei einem Regisseur notwendig sein sollte. Man könnte allenfalls sagen, es schadet nicht.

Musikalität ist wünschenswert und ein gutes Auge sollte selbstverständlich sein. Beides hatte Wieland Wagner in hohem Maße. Er ist mit Sicherheit nicht vor der Aufgabe, ›Körper im Raum durch Musik in Bewegung zu setzen‹, zurückgeschreckt. Aber vielleicht vor dem ›brennenden Wunsch‹ seiner Frau, Tanzregie zu führen. Vermutlich war das auch ein Grund, warum er sie in den ersten Jahren davon abhielt, ›die Tänze einzurichten‹. Ihr ›Vormachen und Rumspringen‹ in den Tanz- und Chorszenen hatte immer etwas von Kunstgewerbe, von Kraft durch Freude, und wurde von denen, die mit ihr arbeiteten, eher belächelt. Wieland beging viele Fehler in seinem Leben – wie wir alle. Einen beging er mit Sicherheit nicht: anzuerkennen, woran er nicht glaubte.

Natürlich klärte er ›die Welt nicht auf‹ über den künstlerischen Beitrag seiner Frau, der in Gertruds Augen ›nicht geringer war als seiner‹. Immerhin bemerkte sie, daß er ihre Arbeit ›mit Verwunderung und Mißtrauen sah‹. ›Es gab keine Diskussion über ihre Mitarbeit‹ – ein Satz, den man so und so verstehen kann. Die Tatsachen sprechen mehr für eine Auslegung, die nicht zu ihren Gunsten ausfällt, denn selbst ihr Buch berichtet von großen Differenzen bei der Arbeit. Der ›linkische Mann, der keine Bühnen- und Bewegungsphantasie‹ besaß, wußte wie kein anderer, einen Bühnenraum zu füllen, wußte Personen darin zu bewegen. Er blieb bis heute darin unerreicht.

Sie blieb trotz ihres ›Bacchanals‹ im TANNHÄUSER mehr oder weniger unbemerkt. Ganz im Gegensatz zu Maurice Béjart, der 1960 mit eben diesem Bacchanal in Bayreuth einen Sensationserfolg erzielte (angeblich wieder einmal auf ihre Initiative hin) und mit seiner Truppe einen unglaublichen Skandal auslöste. Die Chance, vergleichbar erfolgreich zu sein, hat Wieland ihr zweimal gegeben, 1954 und erneut 1964. Er wollte Neues, Außergewöhnliches, Provozierendes. Er entwickelte, suchte nach ungewöhnlichen Ergebnissen. Er brauchte die ständige Herausforderung, und Bayreuth brauchte sie ebenfalls. Wir alle, die wir daran teilnahmen, folgten ihm begeistert.

Gertrud war mit Sicherheit nicht ›knetbar‹ und nicht willens, ausschließlich Kinder in die Welt zu setzen, wie Winifred es wohl erhofft hatte. Sie wollte ihr Ziel erreichen, was auch immer dieses Ziel am Beginn ihres gemeinsamen Lebens gewesen sein mag. Ihre Biographie sagt es uns heute. Wenigstens posthum wollte sie endlich zu ihrem

›Recht‹ kommen. Sie ging dabei im wahrsten Sinne des Wortes über Leichen.

Wieland und Wolfgang waren die gemeinsamen Erben von Bayreuth. Das war vertraglich festgelegt. Es gab daher für Gertrud keine Möglichkeit, eine vergleichbare Position einzunehmen, wie Cosima und Winifred sie besaßen. Aber in deren Position sah sie sich, wurde sie doch von den Bayreuthern oft ironisch ›die hohe Frau‹ genannt. Wolfgang fürchtete sie nicht, brauchte sie nicht, wollte sie nicht. ›Es durfte sie nicht geben‹, wie Gertrud bitter anmerkt. So, wie sie es sich erhoffte, durfte es sie tatsächlich nicht geben, konnte es sie nicht geben. Das war ihre Tragödie. Ich muß zugeben, es ist eine.

Richard Wagners Musik verleitet zu übersteigerten Gefühlsausbrüchen, zu kitschigen Ausdeutungen, zu verfehlten Emotionen. Wieland Wagner neigte nicht dazu. Wir lesen die Erinnerungen einer ›unterdrückten, unverstandenen‹, einer betrogenen und nicht zuletzt zur ›Unselbständigkeit‹ gezwungenen Frau. Wieland griff nach ihr, wird gesagt. Wieland griff auch nach mir. Und das war in Ordnung. Warum sie diese Ehe eingegangen ist, ist nicht nur aus Wielands, es ist ebenso aus ihrer Sicht nicht verständlich. Es sei denn, man fügt ein neues Wort hinzu: Ehrgeiz! In der Verbindung mit ihm glaubte sie, allen Träumen vom Theater, von der ›großen Welt‹ nahe zu sein. Sie glaubte, daß er sich von ihr lenken lasse, denn ›er konnte nichts, er wußte nichts‹, er war der von ihr ›einstudierte Regisseur‹. Das war und blieb ihre Sicht bis zu ihrem Tod, und sie ist unbegreiflich!

Sein langes Zweifeln an sich und seine Selbstkritik werden als Minderwertigkeitsgefühle gewertet, seine Versuche zu dirigieren und die schnelle Erkenntnis, daß das nicht sein Talent ist, als Nichtkönnen. ›Das Wunder dieses (Wielands) Lebenswerks besteht gerade darin, daß es trotz seiner dürftigen Grundlagen entstehen konnte‹. Ein Kernsatz des Buches, aber wer glaubt, ihn schreiben zu müssen, sollte hinzufügen, daß auch Richard Wagners Genie auf ›dürftigen Grundlagen‹ entstand.

Wieland änderte, veränderte jedes Jahr, wechselte häufig die Sänger und Dirigenten, die nicht seiner Perfektion entsprachen. Er veränderte sogar die Haarfarben seiner Sänger. Rote Haare, wird ihm unterstellt, hätte er mit ›Verbotenem‹ oder gar mit ›Hurentum‹ verbunden. Diese

Auslegung gehört allenfalls in einen Hausfrauenkalender der fünfziger Jahre, aber mit Sicherheit nicht in eine Beschreibung von Wieland Wagner oder von mir.

Gertruds Unfähigkeit, Regie zu führen, wurde deutlich in den beiden Inszenierungen, die sie im Frühjahr nach Wielands Tod in seinem Namen versuchte. SALOME in Genf und DER FLIEGENDE HOLLÄNDER in Wien (etwas später wagte sie sich in Kopenhagen an einen FIDELIO, an dem ich nicht beteiligt war).

Wielands ›Urheberin und Ideenlieferantin‹, als die sie sich (angeblich) selbst bezeichnete, scheiterte an diesen eigenen Aufgaben. Dabei waren die Bedingungen für sie optimal. Als die Verträge für die Genfer SALOME mit Wieland und mir gemacht wurden, hatten wir schon so viele Versionen der Oper hinter uns, daß Wieland meinte, es genüge, wenn ich erst zu den Orchesterproben käme. Gloria Davy, seine Berliner Aida, sollte in Genf zum ersten Mal in zwei Vorstellungen die Titelrolle singen, und er wollte mit ihr und weiteren neuen Sängern in anderen Partien probieren, da ich bis zur letzten Minute, wie üblich, woanders sang. Gertrud nutzte diese für sie mehr als günstige Situation, um alles zu verändern, was veränderbar war. Als ich zu den Schlußproben in Genf eintraf, fand ich eine Art Parodie unserer Aufführung vor. Alles, was Wieland immer vermieden hatte, war auf der Bühne vereint: Soldaten, Fackelträger, Baldachine, Teppiche am Boden, Dekorationsstoffe, eine riesige Schüssel, in der am Schluß der Kopf des Jochanaan liegen sollte. Sie war so groß, daß sie den Schlußgesang ruiniert hätte, weil sie kaum zu heben, geschweige denn zu tragen war. Wäre es Gertruds Inszenierung gewesen – bitte. Aber sie war als die Wielands angekündigt und hatte nicht mehr das geringste mit ihm zu tun.

Ich war es, für die er diese Konzeption entworfen hat, ich kannte diese SALOME wie niemand sonst. Aber das galt für Gertrud nicht. Auf alles, was ich kritisch bemerkte, sagte sie vom Regiepult nur: ›Mein Mann hat gesagt …, mein Mann fand …‹. Ich dagegen von der Bühne: ›Wieland hat gesagt …, Wieland wollte …‹. Es wurde ein ziemlich lauter, dann stiller werdender, endenwollender Kleinkrieg. Es war sinnlos zu argumentieren. Schließlich sprachen wir nicht mehr miteinander. Wummi, der seiner

Mutter assistierte, wurde als Vermittler eingesetzt. Nach und nach verschwanden wenigstens die störenden Requisiten, die vielen Menschen blieben. Die Kollegen waren verzweifelt. Hatten sie doch schon geraume Zeit probiert und hingen nun zwischen den Fronten. Unsere Machtkämpfe waren für sie eine große diplomatische Herausforderung. Beide bestanden wir auf der Witwenposition. Heute, nach so langer Zeit, erscheint es mir lächerlich, damals war es verzweifelter und, wie ich empfand, heiligster Ernst. Alles stand mir in dieser ›Inszenierung‹ im Weg. Dazu kam noch, daß, was einmal links gewesen war, nun rechts, was rechts gewesen war, links war. Nur einer war bereit, seine Gänge zu meinen Gunsten zu ändern, der Jochanaan Franz Mazura. Das war das wichtigste für mich, alle andern konnte ich irgendwie ›umschiffen‹.

Als ich am Tag nach der Premiere nach München zurückflog, saß ich zufällig hinter dem Kritiker der Münchner Abendzeitung. Er schrieb an seiner Besprechung der Aufführung, und ich las, als ich zwischen den Sitzen hindurchsah: ›Anja Silja glaubt offenbar …‹ Dieser Satz konnte nur negativ für mich weitergehen. So war es auch. Am nächsten Tag hieß es unter der Überschrift ›Siljas Salome-Solo‹:

Als Salome, San Francisco 1968

Wie man hört, entspinnen sich um Wieland Wagners Inszenierungen Diadochenkämpfe hinter den Kulissen, bei denen letztlich die jeweiligen Leistungen entscheidend sein werden. Gertrud Wagner ist diese Inszenierung ziemlich schwergemacht worden …

Anja Silja glaubt offenbar, das künstlerische Vermächtnis Wieland Wagners durch schrankenlose Individualität hüten zu müssen. Diese besteht vornehmlich in drei Spielvarianten. Entweder befindet sich Anja Silja in Seehundposition auf dem Boden, der eine besondere Anziehung auszuüben scheint, oder sie liegt auf dem Rücken, in welcher Stellung sie den Schluß singt, was zwar schwer – aber nicht empfehlenswert ist … Es soll hier nicht wieder über den moralischen Zustand der Prinzessin von Judäa gemutmaßt werden, gewiß aber ist, daß sie keine Lolita war …

Ich schrieb darauf den ersten von zwei Briefen, die ich in meinem Leben an einen Kritiker geschrieben habe. Der bezweifelte sogar, daß ich den Brief selbst formuliert hätte. Harry Buckwitz, der während meines Genfer Engagements in München inszenierte und bei mir wohnte, habe ihn mir wohl diktiert, denn er sei weit über meinem Niveau gewesen! Später entschuldigte er sich für diese Bemerkung und gab seine Befangenheit zu.

Als Gertrud und ich etwa sechs Wochen später in Wien beim HOLLÄNDER erneut aufeinandertrafen, war die Situation zuerst etwas entspannter. Ich hatte ihr nach der Genfer SALOME einen Brief geschrieben und ihr angeboten, gemeinsam die verbleibenden Inszenierungen Wielands zu betreuen und zu erhalten. Wir hätten nun einmal denselben Mann geliebt und sollten daher die gleichen Interessen vertreten. Es war eine emotionale Geste. Gertrud war gerührt und wohl auch für kurze Zeit willens, sich mit mir zu arrangieren. So machten wir diesen zweiten Versuch. Aber es ging einfach nicht. Es konnte nicht gehen. Gertrud war immer überzeugt, eine große Regisseuse zu sein. Sie hatte sich im Schatten Wielands weit unter Wert verkauft gesehen und wollte nun ihre künstlerische Eigenständigkeit beweisen. Daß das für sie negativ ausgehen könnte, hat sie wohl nicht für möglich gehalten.

Auch in Wien blieben mir nur wenige Probentage, und diesmal war nichts mehr zu retten. Ihre Veränderungen waren zu gravierend.

Martha Mödl sang die Mary, und mit dieser Mary hatte es eine besondere Bewandtnis. Wieland wollte für diese Rolle 1959 unbedingt Res Fischer haben, eine schon ältere und sehr eigenwillige Sängerin aus Stuttgart. Sie meinte, die Rolle sei für sie körperlich zu anstrengend. Da hat er sie einfach in einen Stuhl gesetzt, unbeweglich wie ein Monument. Dieses Bild ist berühmt geworden. Senta vorn, auch auf einem Stuhl, hinter ihr Mary, sozusagen als lebendes Mahnmal. Als säße sie da schon seit Jahrhunderten, das Holländerbild immer vor Augen. Jetzt kommt das Unheil erneut auf sie zu. Durch Res Fischer wurde die Mary zu einer fast gefährlichen Figur. Ein Einfall, der durch ein Handicap entstand und nicht durch ein vorher geplantes Regiekonzept. Aber er war von großer Wirkung und befreite diese Rolle von ihrer Betulichkeit. Sie wurde durch diese Starrheit zu einer archaischen Figur, zur Erda des FLIEGENDEN HOLLÄNDER.

Gertrud setzte diesen Stuhl in Wien auf Rollen und nahm ihm damit jeden Sinn. Martha wurde vom Spinnerinnenchor ständig über die Bühne gefahren. Sie wußte, daß Wieland das nicht so gewollt hatte, aber was sollte sie machen? Auch musikalisch wurde die Szene durch dieses Rumgesause zu einer Gefahr. Sie geriet immer wieder aus dem Rhythmus. Darauf angesprochen, sagte Gertrud: ›Ach wissen Sie, beim Inszenieren dieser Szene muß mein Mann wohl müde gewesen sein, das war ja nicht gut!‹

James King sang den Erik. Zum ersten Mal, jedenfalls in dieser Inszenierung. Er machte ebenfalls alles anders. Ich bat ihn um einige für mich notwendige Korrekturen in seinen Gängen, aber er meinte, er könne das jetzt nicht mehr ändern, er müsse es weiterhin so machen, wie er es die ganze Zeit probiert habe.

Die letzten Worte der Senta ›Hier steh ich, treu dir bis zum Tod‹ wurden bei Wieland neben dem Holländerschiff auf einer Art Steg gesungen, bevor sie sich in die Tiefe stürzt. Ich sang sie in der Generalprobe von dort, aber anstatt mich danach ins Meer zu stürzen, marschierte ich quer über die Bühne und ging in der Kulisse ab. Der Inspizient meinte in Panik: ›Das machen Sie aber am Abend nicht!?‹. ›Nein‹, antwortete ich, ›am Abend singt eine andere.‹

Das war das unrühmliche Ende meiner ›Zusammenarbeit‹ mit Gertrud Wagner. Sie wollte auf meinen Abgang hin Türen knallend den Zuschauerraum verlassen. Aber selbst das geriet daneben, weil im

Parkett der Wiener Staatsoper nur Pendeltüren sind. Die Pressemeldung über meinen Ausstieg war lapidar: ›Die eine Dame ging an, die andere in die Luft!‹

Leonie Rysanek sang die sogenannte A-Premiere und Ingeborg Felderer für mich die B-Premiere. Die Aufführung wurde szenisch ein Mißerfolg. Die Kritik bemerkte mit denselben Worten, wie ich in Genf, daß die Inszenierung zu einer Parodie dessen geworden sei, was sie einmal war.

❧

Gertruds ›anerzogene Bescheidenheit‹ (!) hinderte sie daran, sich in den ihr verbleibenden 30 Jahren selbst als Künstlerin zu beweisen. Sie, die ohne ›männlichen Auftrag‹ nicht arbeiten konnte, nahm statt dessen Ende der siebziger Jahre Zuflucht zum Schreiben. Kaum begonnen, brachte sie es nicht über sich, wie sie sagt, Wielands Nachruhm zu beschädigen. Obwohl sie sich Wagner-geschädigt fand, schwieg sie, für lange Zeit. Wie wir heute wissen, um die Sicherung ihrer Rente nicht zu gefährden. Ein sehr profaner Grund, meine ich, bei einem so großen, von Wieland mutwillig unterdrückten Talent. Hätte sie bei den reichen Gaben, die sie zu besitzen glaubte, nicht auf die zusätzliche Unterstützung verzichten können, genau wie ich es mußte, das ›ehemalige Wunderkind‹, das, ›von den Eltern vernachlässigt, bei den Großeltern aufwuchs und den Dialekt eines Kellerkindes sprach‹ (diese Beschreibung meiner Person hätte weder meinen Eltern, die als Schauspieler auf Wehrmachtstournee waren, noch meinen Großeltern gefallen, geschweige denn Wielands Qualitätssinn entsprochen). Von wem hätte ich eine Rente bekommen, wenn Wielands und mein Traum nicht in Erfüllung gegangen wäre?

Aber lassen wir das!

Erst als sich Gertruds Geldquelle als gesichert erwies, schlug sie mit ihrer ›Lebensbeichte‹ zu, in der sie tat, was sie so lange ›nicht über sich brachte‹. Sie versuchte schlicht, Wielands Talent als das ihre auszugeben. So einfach ist das, wenn man über einen Toten schreibt …

Ihr entstellender Blick auf Wieland Wagner war für mich der Anstoß, dieses Buch zu schreiben. Es gibt so viele Einzelheiten, die ein Zerrbild seiner Persönlichkeit, künstlerisch wie privat, zeichnen und die ich widerlegen könnte. Das scheint mir nach dem bisher Gesagten nicht mehr nötig zu sein. Wieland lebte für seine Arbeit, für die Verwirklichung seiner Ideen, er lebte in einer nie beendeten Haßliebe zu Bayreuth. Er hat sich nicht die Zeit und Muße genommen für den Luxus, der ihm nachgesagt wird, kaum Zeit für private Reisen, für generöse Geldausgaben, sieht man von dem verhältnismäßig kleinen Vergnügen ab, hin und wieder in guten Hotels zu wohnen oder auch mal ein teures Restaurant zu besuchen. Er besaß kein Reitpferd, wie es von Gertrud berichtet wird, trug keine Maßanzüge, während es für sie handgearbeitete Roben aus einem römischen Modehaus sein mußten. Sein größter Luxus war, drei Jahre vor seinem Tod, der Kauf des Hauses auf Sylt, für dessen Abzahlung er so besessen arbeitete.

Auf eine meiner Meinung nach bewußte Verfälschung seines Charakters möchte ich dennoch, stellvertretend für viele andere, eingehen. 1954 kam es zu einer Abtreibung, die Gertrud eigentlich nicht wollte, die ihr auf Grund seiner Reaktion auf die Schwangerschaft notwendig erschien. Er habe sie zynisch mit dem Geschenk eines Gemäldes aus dem 18. Jahrhundert beantwortet, auf dem fünf junge Hunde zu sehen sind (es wäre das fünfte Kind gewesen). Im Jahr 1952 versuchte Gertrud eine Hundezucht, über die nur zwei Seiten später in dem Buch berichtet wird, wie auch über fünf junge Hunde. Darauf zielte dieses ironisch-liebevolle Geschenk, dessen bin ich mir sicher.

Verzerrend ist auch ein Satz wie: ›Das geistige Leben in Wahnfried war von eher bescheidener Natur‹. Einen Regisseur, der sich so sehr auskannte in den Aussagen und Abhandlungen der großen Denker unserer und der vergangenen Zeit, der in der Lage war, Gedanken Bild werden zu lassen, auf einen Menschen zu reduzieren, der Kunst nur oberflächlich aus zweiter Hand wahrnahm, ist mehr als absurd.

Gertrud floh im letzten Festspielsommer vor Wielands Tod nach Griechenland. Warum sie das tat, wußte sie wohl selber nicht so genau. Wahrscheinlich, weil es das Land seiner Träume war, in das er nie gekommen ist, nie mehr kommen würde. Seine Vorstellungen waren so dezidiert, er hatte mit Recht Angst davor, sie zerstört zu sehen.

Die Beschreibung ihrer heimatlosen, einsamen und unnützen Reise aus der Feder der Autorin ist an Kitsch kaum zu überbieten und gibt dem Leser unberechtigterweise die Möglichkeit, die Verzweiflung, die sie in dieses Land trieb, ins Lächerliche zu ziehen. Das hat Gertrud Wagner nicht verdient.

Das letzte Gespräch zwischen Wieland und Gertrud im Krankenhaus klingt glaubwürdig, es wäre schön, wenn es wirklich stattgefunden hat. Aber es gibt von diesem Gespräch nur fiktive Sätze. Es widerstrebt mir, mich an Vermutungen über Wielands letzte Stunden zu beteiligen, doch mit Sicherheit verliefen sie nicht so, wie in dem Buch geschildert. In unserem letzten Gespräch am Morgen vor seinem Tod (anders, als behauptet wird, habe ich täglich mit ihm gesprochen, auch an diesem Tag), sagte er mir, verzweifelt und wehrlos: ›Die aus Sylt ist da!‹ Am Vorabend hatte er mir das noch verschwiegen. Erst auf dringende Bitten seines Arztes war er bereit, noch einmal mit ihr zu sprechen. Zu mehr war er weder willens noch fähig.

Ich habe nie auch nur eine Sekunde daran gedacht, mich von Wieland ›abzuwenden‹ oder ihn ›aufzugeben‹, wie Gertrud es gern gesehen hätte. In ihrem Buch wird über Entfernung voneinander in Wielands letzten Lebenswochen spekuliert, von meiner Zuwendung an einen anderen Mann, von Trennung. Alles mir bisher unbekannte Varianten. Es ist das Privileg der Jugend, Unmögliches für möglich zu halten. In unserem Fall hatte ich sogar recht, an das Unmögliche zu glauben.

Hätte Gertrud ihre Erinnerungen selbst geschrieben, wäre ihr Buch eine harte, aber aus ihrer Sicht vielleicht ehrliche Abrechnung mit Wieland Wagner geworden, ein Ausdruck der Verzweiflung über ihr gemeinsames Leben.

Sie war bis zuletzt damit beschäftigt, ihr – negatives – Bild von Wieland zu erhärten. Leider nie damit, an ihrem eigenen zu rütteln. Sie schwankte zwischen der Anerkennung seiner Außergewöhnlichkeit und ihrer Wut auf den ›Scheißkerl‹, als den sie ihn wohl nach Jahrzehnten noch bezeichnete. Seine wirkliche Größe konnte sie nicht zugeben, ohne sich selbst in die ihr gebührende Position zu verweisen.

Trotz allem – ich hätte Gertrud Wagner gern noch einmal wiedergesehen.

André

Einer der ganz großen Favoriten Wielands am Dirigentenpult in Bayreuth, und nicht nur dort, war André Cluytens. Belgier von Geburt und naturalisierter Franzose. Er war anders als die Dirigenten, die vor ihm in Bayreuth dirigiert hatten. Offen, leidenschaftlich, sensibel, und voller Poesie. Das spiegelte sich in seinem Interpretationsstil wider, in seinen romantisierten und doch unsentimentalen Klangvorstellungen. Er war der erste französische Dirigent, der in Bayreuth dirigierte. Dabei wäre die Einladung beinahe an der Deutschen Botschaft in Paris gescheitert, die so schnell kein Visum ausstellen wollte. Sein Einspringen 1955 im TANNHÄUSER, nur zwei Tage vor der Premiere, war eine Sensation und erhob ihn, den schon Bekannten, nun endgültig in den internationalen Dirigentenhimmel.

Im darauf folgenden Jahr dirigierte er Wielands Neuinszenierung der MEISTERSINGER. Er sollte eine ›undeutsche‹ Farbe in die deutscheste aller Wagner-Opern bringen, nach dem jahrelangen Mißbrauch gerade dieses Stücks in der Nazizeit.

Es wurde erneut ein außergewöhnlicher Erfolg für ihn. In André Cluytens fand Wieland einen Dirigenten, der seinen Vorstellungen von einem neuen Wagnerklang besonders nahe kam. Vier aufeinander folgende Jahre blieb er Bayreuth treu. 1958 übernahm er den LOHENGRIN. Was danach geschah, weiß ich nicht genau. Nur so viel, daß es zwischen Wieland und ihm Differenzen darüber gab, welche Opern er weiterhin dirigieren wollte und sollte, oder ob er die geplante Neuinszenierung des FLIEGENDEN HOLLÄNDER übernehmen würde. Es gab, wie Wieland es später in einem Brief ausdrückte, ›Superempfindlichkeit mit superempfindlichen Entschlüssen von beiden Seiten‹. Klemperer hatte für das Jahr 1959 zugesagt, die MEISTERSINGER zu dirigieren, die er – aus gesundheitlichen Gründen – kurz vor den Festspielen im Juni wieder absagen mußte. André hatte inzwischen ebenfalls und endgültig abgesagt, schrieb aber nach Bayreuth, daß die vergangenen Jahre die schönsten seiner Karriere gewesen seien und bedankte sich für die Freundschaft, die Wieland ihm entgegengebracht habe.

Trotz dieser Differenzen lud man ihn erneut und schon 1960 ein, den TRISTAN zu übernehmen, um die, wie Wieland ihm schrieb, ›nicht sehr glücklich unterbrochene Zusammenarbeit‹ fortzusetzen. Für Wieland wäre André *der* Bayreuth-Dirigent geworden, wenn er nicht so häufig abgesagt hätte, aus welchen Gründen auch immer. Ich glaube, seine Familie mochte die deutschen Lande nicht besonders. Wieland bemühte sich in seinen Briefen immer wieder um die Gunst von Frau Cluytens. Sie wollte lieber die Sommer im Süden verbringen. Keine der erhofften Zusammenarbeiten kam zustande, er dirigierte aber 1961 in Venedig den HOLLÄNDER in Wielands Regie. Erst 1965 gelang es wieder, ihn nach Bayreuth zurückzuholen. Der Hauptgrund für die Absagen war wohl die sehr schwankende Gesundheit ab 1960, die erste Anzeichen seiner tödlichen Krankheit erkennen ließen und eine Operation, ich glaube im Jahr 1963, nötig machte.

Kurz vor der Pariser SALOME, die er im Herbst 1964 dirigierte, lud Wieland ihn erneut für den TANNHÄUSER im folgenden Jahr und für zwei RING-Zyklen, alternierend mit Böhm, ein. Er schrieb ihm außerdem: *Bei einer eventuellen Absage Knappertsbuschs würde ich niemandem anderen den PARSIFAL übertragen. Sie sind für mich der legitime Nachfolger Knappertsbuschs für den PARSIFAL!*

André nahm diesmal ›mit großer Freude‹ an.

Außerhalb Bayreuths war die Zusammenarbeit offenbar leichter zu erreichen. Ich traf André zum ersten Mal 1964 während der von ihm dirigierten Pariser SALOME und gleich anschließend noch einmal im Januar 1965 beim TRISTAN in Rom. Ich erinnere mich an nichts Spezielles aus der Zeit oder Arbeit mit ihm, außer an einen ganz unwichtigen Moment in Paris, als ich von der Bühne herunter an das Dirigentenpult ging, um ihn etwas zu fragen oder gefragt zu werden. Diesen Moment habe ich merkwürdigerweise ganz klar vor Augen, als wäre er einer der wichtigsten meines Lebens gewesen.

Er war der eleganteste Dirigent, dem ich je begegnet bin, es war eine Freude, ihm zuzusehen. Er konnte einen mit dem Orchester begleiten, einen ›auf Händen tragen‹, wie man so schön sagt, ohne dabei den Orchesterklang zu reduzieren, noch dazu mit einer ausgesprochen positiven Ausstrahlung. Seine Spontaneität übertrug sich auf Sänger und Musiker.

Wieland und ich waren häufiger in der Pariser Zeit mit ihm und seiner Frau zusammen, wir besuchten ihn auch in seinem Haus außerhalb von Paris. Es hatte sich fast eine Freundschaft zwischen beiden entwickelt, trotz all der Ab- und Zusagen der vergangenen Jahre, wenn man überhaupt je von Freundschaft zu irgend jemandem in Wielands Leben reden konnte. Dirigenten waren ihm in der Zusammenarbeit das Allerwichtigste, und für das Ergebnis einer Aufführung sind sie es tatsächlich. Ohne den Impuls von unten kann man oben singen wie ein Gott, es kommt keine Spannung in den Abend.

Sie hatten viele gemeinsame Pläne für die Zukunft. Der nächste, gleich auf den TRISTAN folgende, war ein OTHELLO in Frankfurt, im Sommer dann der TANNHÄUSER in Bayreuth und im Herbst die SALOME in Wien. PELLEAS UND MÉLISANDE war ebenfalls geplant. André liebte diese Oper wie fast alle Dirigenten. Er wollte sie unbedingt und mit mir machen, wie er immer wieder während unserer SALOME in Paris betonte. Nur der OTHELLO und die Bayreuth-Vorstellungen wurden realisiert.

Wieland reizte am OTHELLO besonders die psychologische Entwicklung, die Voraussetzungen für dieses Liebesdrama, das mit dem Tod endet, enden muß. Für André war es die Musik, die er aber dem Regiekonzept anpassen wollte. Für ihn war es sicher ebenfalls ein ungewohnter Verdi, er versuchte, eine Einheit zwischen Szene und Orchesterklang herzustellen. Es war noch dazu, wie damals üblich, eine Produktion in deutscher Sprache, was einen anderen, herberen Klang erforderte. Auf der riesigen Drehbühne der Frankfurter Oper (damals die größte Europas) inszenierte Wieland vier Akte als eine Szenenfolge aus zehn Bildern, mit monumentalen Aufbauten, einer sich immer wieder drehenden Bühne, nicht nur nach den, sondern auch innerhalb der Bilder.

André kam zu allen Proben, selbst zu denen auf der Probebühne, was er in den beiden vorausgegangenen Inszenierungen nicht getan hatte. Privat zog er sich plötzlich total zurück. Ich glaube, wir waren nur wenige Male außerhalb der Arbeit zusammen. Selbst eine Einladung zum Tee in seinem Hotel war plötzlich nicht mehr zu realisieren.

Direkt nach dieser für uns alle sehr erfreulichen Produktion – André wurde besonders stürmisch gefeiert – sagte er die in Wien geplante SALOME ab. Für Wieland war das ein unerwarteter Schock, besonders für die Arbeit. Auch privat war es für ihn eine große Enttäuschung. Er verstand das überhaupt nicht, sah für Bayreuth eine Gefahr. Nur zwei Monate vor der Eröffnung der Festspiele wäre Andrés Absage einer

Als Desdemona, Frankfurt 1965

Katastrophe gleichgekommen, zumal schon Knappertsbusch krankheitshalber ausfiel und er den PARSIFAL übernehmen sollte.

Wie geplant, begann er aber am 18. Juli mit den Proben für TANNHÄUSER und PARSIFAL. Wieland nahm mich zu der üblichen Begrüßung seines Dirigenten in dessen Bayreuther Quartier mit. Wir freuten uns auf das Wiedersehen, trotz der Absage der SALOME. Aber zu unserer Überraschung war es eine geradezu frostige Atmosphäre. Das Ehepaar redete kaum mit uns und war offensichtlich nicht erfreut über unseren Besuch. Wir gingen bald wieder, nach mühsamen Versuchen, ein Gespräch in Gang zu bringen, und ohne die geringste Ahnung, was die Ursache für dieses seltsame Verhalten sein könnte. Die Zusammenarbeit in Frankfurt, vor nur wenigen Wochen, war sehr erfreulich verlaufen, obwohl schon dort eine spürbare Veränderung in seinem privaten Verhalten erkennbar gewesen war. Diese merkwürdig gespannte Situation veränderte sich während der gesamten Festspielzeit nicht.

Ich sang in dem Sommer nur die Venus im TANNHÄUSER, da der HOLLÄNDER wiederaufgenommen wurde. Die letzte Venus-Szene, gewöhnlich hinter der Bühne gesungen, war in den Orchestergraben verlegt worden.

Ich mußte mit André besprechen,wo ich stehen sollte, wie die Balance am besten war, jede Stimme ist ja anders. Er beachtete mich kaum, antwortete so gut wie gar nicht auf meine Fragen. Ich sang und ich ging. Es blieb ein Rätsel. Wieland begann allmählich, über dieses so unverständliche, geradezu unhöfliche Verhalten ärgerlich zu werden.

Zwei oder drei Jahre vorher hatte André ihn verzweifelt aus Chicago angerufen, um ihm zu sagen, daß er eine Tumor-Operation hinter sich habe und um sein Augenlicht fürchte. Er war in großer Sorge, ob er die Partituren weiterhin lesen könne, denn ein Auge hatte er bei dieser Operation bereits verloren. Niemandem sonst hatte er sich anvertraut, niemand in der Theaterwelt hat es vermutlich je erfahren oder bemerkt. Seine auffallend blauen Augen blieben von einer unglaublichen Suggestionskraft, der nicht nur ich mich nicht entziehen konnte und die ich besonders liebte. Trotzdem trug er nach dieser Operation fast immer eine dunkle Brille. Ich weiß noch, wie erschüttert Wieland nach diesem Anruf war. Vielleicht hatte es damit zu tun, vielleicht bereute er seine Offenheit.

Am 11. August fand ein Gespräch zwischen Wieland und dem Ehepaar Cluytens im Festspielhaus statt, von dem ich zwar wußte, von dessen Inhalt ich aber nur den ersten Teil kannte. Eine Aktennotiz der Festspiele besagt, André Cluytens ziehe ›aus gesundheitlichen Gründen‹ seine Wieland erst am Vorabend gegebene Zusage, zumindest den PARSIFAL 1966 zu dirigieren und über den RING nachzudenken, zurück. Seine Frau habe daraufhin erklärt, der Grund seiner Bayreuth-Müdigkeit sei eine zweite Frau, ihre Ehe sei kaputt und sie am Ende ihrer Kraft. *Nach langem Schweigen*, so steht es in der Notiz, *war die Mitwirkung von Herrn Cluytens für die Festspiele 66 beendet.* Wieder dieses seltsame Schweigen, wie bei unserem Besuch in seiner Wohnung.

Wieland bedankte sich einen Monat später noch einmal bei André für seine *großartigen Dirigierleistungen in diesem Jahr. Sie sind und bleiben für mich der beste* TANNHÄUSER-*Dirigent und der geborene Nachfolger für Knappertsbusch für* PARSIFAL. *Ich bin sehr traurig, daß es mir wieder nicht gelungen ist, ein echtes Freundschaftsverhältnis zu Ihnen zu finden, und ich verstehe nach wie vor nicht, warum Sie mich im nächsten Jahr im Stich lassen. Um so weniger als Sie in diesem Jahr einen Erfolg bei Presse und Publikum gehabt haben, wie ihn noch kaum ein Bayreuther Dirigent gehabt hat. Ich hoffe, daß uns das Schicksal früher oder später wieder zu gemeinsamer Arbeit zusammenführen wird.*

Nur André selber wußte, daß das – auch wenn beide nicht krank geworden wären – wahrscheinlich nicht mehr möglich gewesen wäre!

Im Februar 1966 schrieb er noch einmal, zum letzten Mal, nach Bayreuth, wohl als Antwort auf einen Brief Wielands, der nach wie vor auf ihn nicht verzichten wollte, um Karten für den Chirurgen zu erbitten, der ihn operiert hatte, und dieser Brief klingt so, als sei die Operation gerade erst gewesen! Gab es noch eine weitere um diese Zeit? Darüber hat mir keiner von beiden je etwas erzählt. André sagte erneut einen TRISTAN ab, welchen, geht aus diesem Brief nicht hervor.

Mehr als ein Jahr nach diesen Festspielen, während der Proben zu HOFFMANNS ERZÄHLUNGEN in Wien, kam die zweite große Schicksalsfügung in mein Leben. André Cluytens hatte zugesagt, Anfang Oktober eine Vorstellung der SALOME mit mir zu dirigieren, in der Inszenierung, die er ein Jahr zuvor so plötzlich abgesagt hatte. Ich konnte es nicht glauben, fragte den Staatsoperndirektor Hilbert wieder und wieder, ob André wirklich wüßte, daß ich singen würde. Ja, und er freue sich darauf, war die Antwort. Als ich den Probenraum in der Wiener Staatsoper betrat, mit Absicht etwas verspätet, da ich uns die vermutlich peinliche Begrüßung ersparen wollte, wurde er kreidebleich. Wir sprachen kein privates Wort. Die Vorstellung zwei Tage später ging sehr gut, ohne daß wir weiterhin ein Wort miteinander gewechselt hatten. Eine Zeitung bemerkte über eine der von ihm dirigierten weiteren Aufführungen, daß die Inszenierung Wielands, die im Vorjahr so viel Ablehnung erfahren hatte, diesmal zu einem *Triumph der Silja und der ganzen Vorstellung und ihres geistigen Konzepts wurde, musikalisch betreut spontan und überlegen von André Cluytens, einem elektrisierenden Strauss-Musiker, der den Orchesterklang auch im Fortissimo transparent macht und mit den Sängern zu atmen versteht!* Auf die Verrisse der Premiere anspielend, hieß es nun: *Ein sinnloser Schock entlarvt sich bei der Zweitbegegnung, ein fundierter überzeugt.*

Am Ende des Abends, nach allem Applaus, hörte ich Andrés und Hilberts Stimme vor meiner Garderobentür. Hilbert klopfte und verabschiedete sich gleich wieder. Da stand er nun. Ich war nur notdürftig mit meinem Salomeschleier bekleidet, den ich mir übergeworfen hatte, die halboffene Tür zwischen uns. Ich fragte, ohne ihn zu Worte kommen zu lassen, direkt, was sein mehr als sonderbares Verhalten in den vergangenen zwölf Monaten zu bedeuten hatte. Er sagte nur ganz leise: ›Haben Sie denn nicht bemerkt, daß ich mich in Sie verliebt habe?‹ Mit allem hatte ich gerechnet, aber darauf wäre ich niemals gekommen. Plötzlich war alles klar. Er konnte mit diesen Gefühlen für mich nicht weiter in Bayreuth dirigieren, nicht in meiner und Wielands Nähe sein. Wie hätte er das bei unserem Besuch und dem Gespräch im Festspielhaus erklären können? Wie hätte es weitergehen sollen mit unseren gemeinsamen Plänen in dieser ›Dreierkombination‹? Seine Frau setzte ihn mit Selbstmordversuchen unter Druck, die wohl so weit gingen daß er nur mit Mühe die Vorstellungen zu Ende führen konnte und gezwungen war, in den einstündigen Pausen seiner Aufführungen nach Hause zu fahren, um nach ihr zu sehen. Er hatte Angst vor ihren Reaktionen, auch Angst um mich. Er tat, was er glaubte, tun zu müssen. Er sagte alles ab, was er so gern dirigiert hätte. Er liebte den PARSIFAL ganz besonders. Er hat Wieland nicht im Stich gelassen, sondern sich im Gegenteil – um Komplikationen für uns alle zu vermeiden – in großer Verzweiflung aus Bayreuth zurückgezogen und aus allem, was ihm so viel bedeutete, privat und beruflich. Er sah keinerlei Chancen für sich in seinen Gefühlen zu mir. Es dauerte über ein Jahr, bis er glaubte, genug Abstand gefunden zu haben, um diese SALOME in Wien dirigieren zu können. Er wollte mich wiedersehen. Er war, wie er mir später schrieb ›so weit, zu denken, daß ich … für ihn …‹

Ich wußte nach seinem Geständnis buchstäblich nichts zu sagen, außer: ›Aber das ist doch ein großes Kompliment!‹ Er hatte befürchtet, daß ich ihn auslachen würde und war sehr erleichtert und erstaunt über meine scheinbar so lockere Reaktion. Ich schrieb ihm am nächsten Tag einen Brief, um ihm zu sagen, wie sehr es mich gefreut habe, daß er endlich wieder eine Vorstellung mit mir dirigiert hätte und es unsinnig sei zu denken, daß ich mich über seine Gefühle lustig machen könne. Aber auch, daß mich alles sehr verwirrt hätte, was tatsächlich so war. Er antwortete umgehend und mit einer Beschreibung der Frankfurter OTHELLO-Zeit, in der alles begonnen hatte. In seinem charmanten französischen Deutsch schrieb er:

Haben Sie denn nicht gemerkt, daß ich an jedem Moment in Ihre Nähe war? Ich war selbst bei die Inszenierung auf die Probebühne und ich schwöre es, es war nicht für die Musik! Es war für Sie allein, Ihnen zu sehen, Ihre Stimme zu hören, alles was von Sie ausstrahlte und das ich für mich allein behalten wurde. Aber wie Sie wissen, hat jemand das auch gemerkt und nun wissen Sie, warum alles so fremd war in Bayreuth.

Er wurde gezwungen, alles abzusagen, was mit mir zu tun hatte, beinahe auch schon Bayreuth 1965, und ich hatte keine Ahnung, Wieland und ich hatten keine Ahnung. Der Brief endete in einer euphorischen Liebeserklärung und der Hoffnung, daß mein Verständnis und meine Verwirrung ebenfalls eine Art Liebeserklärung sei. Es ist schwer zu beschreiben, was ich nach all dem Rätselraten in diesem Moment empfand. Niemals zuvor hatte sich mir ein Mensch so rückhaltlos ausgeliefert. Ich war verwirrt und verunsichert.

Wie begegnet man einem Mann, den man schätzt und bewundert, nachdem er einem so plötzlich und unerwartet seine Liebe gesteht? André war schließlich kein Jüngling mehr. 35 Jahre älter als ich, eine Autorität, ein berühmter Dirigent, mit dem ich nun schon geraume Zeit befreundet war, ein Mann mit viel Erfahrung, liebenswürdig, elegant, ungemein höflich und gewöhnlich sehr zurückhaltend. Davon war in seinem Brief nichts mehr zu spüren. All die angestaute Verzweiflung des vergangenen Jahres, vielleicht vieler Jahre, brach in diesem Brief aus ihm heraus.

Das alles geschah zehn Tage vor Wielands Tod. Wieland war, Wochen vorher, genau so überrascht über Andrés Wiener Zusage gewesen wie ich, er hörte meine Schilderung des Abends, die ich ihm direkt nach der Vorstellung am Telefon gab, mit Erstaunen, aber auch mit Verständnis an. Ob und wie weit er eine Gefahr in Andrés Gefühlen sah, weiß ich nicht. Er mußte es nicht, es gab zu dieser Zeit noch keine ›Zuwendung‹ von meiner Seite und es hätte sie, unter anderen Umständen, vermutlich weiterhin nicht gegeben, obwohl ich zugeben muß, daß Andrés Vehemenz, sein leidenschaftliches Liebesbekenntnis mich mehr als nur aus dem Gleichgewicht gebracht hatte. Spätestens in diesen letzten Tagen wird Wieland bewußt geworden sein, warum André Bayreuth abgesagt hatte.

Trotzdem bot er ihm erneut durch mich den TANNHÄUSER für das nächste Jahr an. Er war und blieb für ihn der Beste für diese Oper, aber das wird in diesem Fall nicht der Grund gewesen sein. Wenn er wirklich an seinem letzten Lebenstag in einem Gespräch mit Gertrud Andrés Namen noch einmal erwähnt hat, hat das sicher eine andere Bedeutung und zeigt, daß meine Erzählung ihn mehr beschäftigt hat, als er mir gegenüber zugab. Es gab sonst keinen Grund für ihn, noch einmal und in diesem Moment von ihm zu sprechen. Er versuchte in unseren Gesprächen ständig, mich auf ein anderes Leben vorzubereiten, indem er mir wieder und wieder erklärte, wie wichtig es für mich sei, zusätzlich mit anderen Regisseuren zu arbeiten, was ich partout nicht wollte. Ich fand es völlig unnötig, wir hatten doch noch so viele gemeinsame Pläne! Er muß auf einen Menschen, der für mich da sein würde, gehofft haben, obwohl er nach außen hin den Gedanken an seine Krankheit nicht an sich heran zu lassen schien.

Ich traf André zwei Tage nach der SALOME auf der Straße, am Opernring. Es war kein Zufall. Wir sprachen einige Sätze mit großer Befangenheit. Er war beinahe unfähig, etwas zu sagen, so wie er es in einem späteren Brief schilderte: *Wenn ich dann, wie am Ring, mit Ihnen sprechen kann, stehe ich da wie ein Idiot, ärger noch, wie ein junger Bub, der die Sprache verloren hat.* Genau so war es.

Dann kam der verhängnisvolle 16./17. Oktober, mein Premieren- und Wielands Todestag, der mein Leben so total veränderte. Der einzige Mensch, mit dem ich hätte reden wollen, der mich verstanden hätte, der Wieland bewunderte und verehrte und der mich liebte, war nicht erreichbar. Ich konnte ihn nicht so ohne weiteres anrufen. Er war längst wieder in Paris und wagte seinerseits nicht, Kontakt zu mir zu suchen. Zu sehr hatte auch ihn dieser unerwartete Tod getroffen. Außerdem hatte er, wie er mir später sagte, Schuldgefühle, daß er mir gerade in diesem, für uns alle so unbegreiflichen Moment seine Liebe offenbart hatte. Ich war allein, wie nie in meinem Leben, erst 26 Jahre alt. Mein Leben schien mir zu Ende zu sein. Mußte ich es da nicht als ein Geschenk Gottes ansehen, daß ich diesem Mann wieder begegnet war, in einem Augenblick, in dem ich Hilfe so nötig brauchte? Niemals wäre mir vor dieser SALOME der Gedanke gekommen, daß ich ihm mehr bedeuten könnte als ... (genau so fassungslos, wie ich am Anfang war, war er später über mein Interesse an ihm). Am 30. Oktober schrieb er mir, wieder aus Wien, einen Brief. Einen traurigen, verzweifelten Brief:

Ich sehe die Zukunft noch dunkler. Nicht für Sie, liebe Anja, die Jugend dreht sich doch immer nach dem Leben und später, wenn Ihre große Trauer sich langsam in wehmutige Erinnerung ändert, nimmt Ihre Vitalität wieder den Vorrang. Das ist das merkwürdige bei der Jugend. Was ihren armen André angeht, das ist anders. Soll ich mit dem Kopf gegen die Mauern schlagen, das ändert nichts. Einmal mußte ich Anja meiden und an sie verliebt werden. Ich hätte diese Liebe ins tiefste meines Herzens geheim behalten wollen. Und siehe, einen Abend, in zwei Minuten war alles in der Luft und wie Orkan, das ich nicht stoppen konnte, habe ich gesagt: Anja, ich bin verliebt an Dir. Und siehe Anja adorée, ich habe es wieder gesagt. Ich liebe Dich, je vous aime a la folie. Ist das nicht schrecklich! Anja, vergeben Sie mich, daß ich Ihnen nochmals schreibe mitten in Ihre große Traurigkeit. Ich weiß nicht, was ich tue, ich weiß nicht, was ich sage, ich drehe wie ein Wahnsinniger nach alle Seite. Ich liebe Dich so sehr.

Ich war nicht mehr allein in meiner Verzweiflung. Ein anderer, der mich liebte, war es auch. Ich war glücklich über diesen Brief, sein Verständnis, seine Anteilnahme, aber auch über sein erneutes Liebesbekenntnis. Es gab jemanden, der für mich da war. Er schrieb alle seine Briefe auf Deutsch, oft mit sehr amüsanten, wörtlich aus anderen Sprachen übersetzten Redewendungen. Er schrieb mir von da an fast jeden Tag, manchmal sogar zweimal am Tag. Bis zu seinem Tod, nur ein Dreivierteljahr nach dem Wielands.

Er liebte mich mit einer Leidenschaft, einer Ausschließlichkeit, die mir den Atem nahm und die mich, wäre er gesund gewesen, ihm total ausgeliefert hätte. Wie kann man sich dagegen wehren in einem Moment der größten Verzweiflung, in der man sich so sehr nach Zuwendung sehnt? Wie kann man sich überhaupt einer solchen Liebe verschließen? Er war so anders, als Wieland es war. Er lebte aus dem Vollen. Für ihn gab es nicht n u r die Musik, er lebte so gern. Obwohl gebürtiger Belgier, war alles an ihm französisch. Er kultivierte, was für Franzosen wichtig ist:

Essen, Eleganz, Stil und ein Haus in der Bretagne. Er sprach sechs Sprachen, worum ich ihn glühend beneidete.

Er lehrte mich, was Leidenschaft ist. Niemals, so sagte er mir immer wieder, würde ich noch einmal so geliebt werden. Er sollte recht behalten. Seine Liebe war grenzenlos, seine Angst, mich zu verlieren, ebenfalls. In fast jedem Brief sprach er davon. Daß tatsächlich ich ihn verlieren würde, und so bald, ist ihm nicht in den Sinn gekommen und ebenfalls nicht, daß ich so darunter leiden könnte. Er brauche meine Liebe, schrieb er, und wieder einmal wußte ich nicht, wie nötig er sie brauchte. Seine Briefe waren ein ununterbrochener Wechsel tiefster Verzweiflung und grenzenloser Euphorie. Er sprach von Tod und ewiger Ruhe, nach der er sich sehnte und gleichzeitig von überschwenglicher Liebe:

In niemand als dich, Liebste, habe ich solch ein Vertrauen. Was alles mich passiert, was alles um mich schlecht läuft, ich nehme, was man nennt ein Schild und Helm und schließe mich ein ... Alles, was mich Freude gibt, mein Musizieren, trage ich zu Ihnen ..., nur wenn der Tag sich mit dem Abend wechselt, fühle ich mich einsam ...

Er war bereit, alles für mich aufzugeben, endlich zu leben, wie er es sich schon so lange ersehnte. Das erste und einzige Mal in meinem Leben war ein Mann von Anfang an wirklich voll und ganz bereit, sein Leben für mich zu verändern. *Es kann sein, daß Sie mich plötzlich in Brüssel finden, dann habe ich alles in Stich gelassen ...*

Es war zu spät. Er wußte soviel von dem, was Wieland sich nie zugestanden hatte. Er kannte die Gefährdungen des Lebens, ich glaube, er ist nicht allzu vielen aus dem Weg gegangen. Das ist nur mein Empfinden, wissen kann ich es nicht. Aber seine Liebe gehörte mir. Seine Erfahrung und Unbedingtheit, ebenso wie seine Schwächen, ließen ihn die richtigen Worte finden, mich mehr und mehr an sich zu binden. Das war es, was ich ihm, als Gegengeschenk für seine Liebe, im letzten Jahr seines Lebens geben konnte. Unsere Beziehung war wieder einmal eine Ausnahmesituation. Er schrieb wunderbare, euphorisch erotische Liebesbriefe, aber auch hoffnungslose, zerstörerische. In den ersten Monaten waren sie besonders schwankend, später wurde er ruhiger, sicherer in unserer Liebe, vielleicht waren aber auch seine Medikamente stärker. In dieser ersten Zeit schrieb er: *Anja, ich rufe dich zu Hilfe, und ich weiß nicht, warum ich Hilfe brauche, ich bin am Rande eines Abgrunds. Ich bin sehr ängstlich, ich denke, daß etwas nicht in Ordnung ist in meinem Kopf. Durch mein Leiden weiß ich heute, wie tief meine Liebe an dir ist ...*

Er ignorierte alle Anzeichen seiner erneut auftretenden Krankheit, wollte sie nicht wahrnehmen. Er glaubte sich nach der Operation in Chicago geheilt, sonst hätte er ganz sicher nicht die Nähe zu mir gesucht, in einem Moment, in dem ich nichts weniger als eine erneute Katastrophe brauchen konnte. Er aß kaum, zwang sich hin und wieder dazu, trank Whisky und rauchte viel zu viel Zigaretten. Er verließ sein Hotel nur noch, um zu Proben oder ins Konzert zu gehen, lebte ausschließlich seiner Liebe zu mir. Sie gab ihm die Kraft, die Krankheit für eine erstaunlich lange Zeit weiterhin zu ignorieren. Sein Herz streikte, sein gesundes Auge machte ihm große Probleme, er glaubte oft, wahnsinnig zu werden, konnte sich seine plötzlichen Stimmungswechsel nicht erklären, und ich natürlich auch nicht. Ich hielt ihn sogar manchmal für hysterisch und schimpfte mit ihm. Er meinte, er würde mir später, ›wenn wir dann endlich zusammen sein werden‹, selbst noch von Wohnzimmer zu Schlafzimmer Briefe schreiben. Telefonieren war damals nicht einfach. Man mußte ein Gespräch anmelden, und es dauerte oft Stunden, bis die Verbindung zustande kam. Dadurch verpaßten wir uns häufig, da wir nicht die Zeit hatten, den ganzen Tag auf ein Telefonat zu warten. Diesem Umstand verdanke ich vielleicht diese vielen wundervollen Briefe. Jedenfalls glaubte er ständig, ich hätte ihn vergessen oder verlassen. Die gegenseitigen Briefe, vor allem die von und nach Japan, wo ich über einen Monat war, kamen jeweils mit großer Verspätung an. Wir sprachen darin auch von Wieland. Er kannte meine Gefühle. Noch im April schrieb er mir:

Alles, was Du über Wieland sagst, weiß ich. Durch Wieland liebst Du mich. Ich weiß, daß er immer für Dich die Nummer eins bleibt. Aber meine Liebe ist so groß, so einzig, daß Nummer zwei sehr glücklich ist. Das war wohl die einfachste und klarste Liebeserklärung, die ich je bekommen habe, und die schönste, die ich mir wünschen konnte. Er hatte recht, er war ein Teil von Wieland für mich.

Die Liebe gab ihm die Kraft für seine letzte Tournee durch Deutschland, auf der ihn seine Frau erneut begleitete, was er zu verhindern versucht hatte. Es klingt vielleicht kitschig oder sentimental, aber in seinem Fall trifft vollauf zu, was man sonst nur aus Liedern und Gedichten kennt: das Wunder der Liebe. Die ganze Tournee machte er, wie er mir schrieb, nur in der Hoffnung, mich wiederzusehen. Es war zur Zeit der Japanreise mit den Bayreuther Festspielen. Ich ahnte nichts von einer neuen Katastrophe. Seine Briefe sprachen zwar von Verzweiflung, aber von einer anderen Art. Hätten wir die verbleibende Zeit anders nutzen können, hätte er die Kraft dazu gehabt oder hätte er wie Wieland reagiert? Wozu heute diese ›was-wäre-gewesen-wenn‹-Gedanken? So war es damals. Es war ein Wunder, daß er alles so lange durchgehalten hat. In jedem Brief der letzten zwei Monate schrieb er, wie müde er sei, wie unendlich traurig: *Diese Tournee! Anja, die Hölle begleitet mich, jeder Tag Krach, Pillen, Trinken, auch einmal ein Arzt. Ich verstehe nicht, wie ich noch Kraft und Mut habe, alles nicht umzustoßen. Ich denke an die Zukunft, die dunkle Zukunft …*

Jeden Tag war er in einer anderen Stadt, einen ganzen Monat lang, wie das bei Tourneen üblich ist. Jedes Konzert brachte ihn unserem Wiedersehen näher, dem Tag meiner Rückkehr aus Japan. Er schrieb seine Briefe an mich in den Pausen seiner Konzerte, heimlich, verzweifelt, zwischen den Blättern seiner Partituren und lebte für den Tag, an dem er dieses unwürdige Leben beenden, an dem er mit mir leben, sich zu mir bekennen könne. Er hoffte bis zuletzt auf eine gemeinsame Zukunft. Er wollte leben, jetzt mehr denn je. Unter keinen Umständen aber wollte er mich kompromittieren.

Am 20. April war ich endlich zurück in München und in seinem Konzert, über das Joachim Kaiser in der Süddeutschen Zeitung schrieb: ›André Cluytens' gute Laune!‹ Wie konnte er ahnen, worauf sie zurückzuführen war! Daß ich endlich in sein Konzert kommen konnte, war ihm unendlich wichtig. Wenigstens einmal auf dieser Tournee sollte ich ihn dirigieren sehen. Er war überglücklich, daß ich da war, und ich war es ebenso. Daß es nicht möglich war, uns anschließend zu sehen, war nach all diesen Hoffnungen und dem endlosen Warten auf diesen Moment eine Katastrophe für uns. Ein paar Tage später sah ich ihn noch einmal, nur ganz kurz, vor seinem Auftritt in Stuttgart. Ich konnte das Konzert nicht hören, da ich am Abend die Senta sang. Trotzdem ging ich, da sie ja erst im zweiten Akt auftritt, in die Liederhalle, um ihn wenigstens einen Moment zu sehen und ihm zu sagen, daß ich an ihn denke. Er sagte bei diesem kurzen Treffen: ›Sei nicht ungeduldig, die Tournee ist bald zu Ende, und dann gehe ich weg von zuhause. Ich möchte nur noch bei dir sein.‹ Zum ersten Mal drängte ich ihn, darüber war er ganz erstaunt, und wir lachten darüber.

In den letzten Wochen war er sehr dünn geworden, aber noch immer sah er trotz seiner Krankheit sehr gut aus. Begleiten konnte ich ihn nicht in den folgenden Tagen, ich hatte MAHAGONNY-Proben, aber viel trauriger machte es uns, daß er nicht allein war, und das glaubte er vor dem Ende der Tournee auch nicht ändern zu können. Es hätte ihn zu viel Energie gekostet. Es dauerte nur noch wenige Tage, bis er erneut ins Krankenhaus kam.

Seine familiäre Situation war seit vielen Jahren katastrophal und unglücklich. Er sprach sehr wenig darüber, erst in diesen letzten Wochen etwas häufiger, nachdem er sich endgültig entschlossen hatte, den – vermutlich nicht zu gewinnenden – schweren Kampf um seine Freiheit aufzunehmen. Er nannte seine Frau den ›Feldgendarm‹. Ich kann nicht darüber urteilen, ich kannte sie zu wenig.

In den zurückliegenden Monaten hatte sie eine Schlaftherapie gemacht, so sagte er mir, die es ihm ermöglicht hatte, die SALOME in Wien zuzusagen. Er nahm diese Gelegenheit wahr, sich aus einer für ihn qualvollen Situation zu befreien. Sein Sohn hatte ihn in den letzten Monaten begleitet, er brauchte ihn, er mußte ihm vor den Konzerten und Opernaufführungen das Licht am Dirigentenpult einstellen, da er große Mühe hatte, die Partituren zu lesen. Niemand sollte etwas merken. Autofahren durfte er auch nicht mehr, jedenfalls nicht abends, nach den Aufführungen.

Ich weinte nächtelang über den Verlust von Wieland und über meine ›Treulosigkeit‹ beiden gegenüber. André sah das so: ›Ich liebe dich und du hast mich gern‹. Ich weiß nicht, was ich in den ersten Monaten wirklich empfand. Ich war hin- und hergerissen zwischen der Vergangenheit und der ›Zukunft‹. Er schrieb mir:

Ich stehe wie Dein Wieland, um Dich zu schützen, um Dir zu helfen, nicht so groß wie Wielands Genie, aber was ist für André eine Stunde 15 Minuten Konzert neben einer Riesenarbeit eines Regisseurs von dieser Klasse. Auch wenn es mich ein bißchen traurig macht, will ich mich nicht messen mit

Mit Wieland Wagner und André Cluytens
nach einer Probe von Tristan und Isolde in Rom, 1965

Deinem Ideal, immer Dein Ideal ... Wo ist unser, nein mein TRISTAN *in Rom? Ich konnte Sie lieben mit Freude, Ihre Presence war da, immer in meiner Nähe. Du hattest nur Augen für Wieland. Niemand wußte, daß ich dich liebte. Seit damals warst du mein. Ich war glücklich, dich zu hören, mit dir zu probieren, dich zu begleiten, und meine Kunst stand mit meiner Liebe zusammen, um für dich einen großen Erfolg als Isolde zu erreichen ... Dich lustig und froh zu sehen, dafür Anja ist heute Dein André da. Für mich zu früh und zu spät (quels regrets), aber ich hoffe es aus tiefstem Herzen, für Dich im richtigen Moment... Ohne Deine Liebe für mich gibt es kein Leben für mich ... Ich halte mich fest an dich Anja ... Jeden Moment sind meine Gedanken bei Dir ... Ich schließe mit meinem Liebesgruß: Anja, ich liebe Dich!! Und Du?*

War es die Liebe des viel älteren Mannes, die wohl jeden einmal trifft? Die beschützende Liebe, wieder einmal Wotan/Brünnhilde? Vielleicht! Er liebte die Frau und das Kind in mir. *Durch dein Dasein*, schreibt er, *weiß ich was Liebe ist!* Er war in allem hundertprozentig. Er erkannte meine Wünsche, all meine Träume, bevor ich sie selber erkannte, bevor ich sie auszusprechen wagte. Er glaubte in mir die perfekte Geliebte gefunden zu haben. Wäre ich es doch gewesen! Ich war nicht reif für diese übergroße Liebe. Wenn ich ihm nur etwas später oder viel früher begegnet wäre, vielleicht hätte sein können, was er sich erträumt hat, was auch ich mir von einer Liebe erträumt habe. Sie kam tatsächlich im falschen Moment, für ihn aber im einzig noch möglichen, im letzten Moment. Diese Liebe war mit verzweiflungsvoller Sicherheit viel, viel zu kurz und doch bin ich dankbar, daß wir sie erleben durften. Wenn sie auch erneut mein Leben verändert hat. Und meine Liebesfähigkeit.

Ich war sein letztes Glück. Er sah in mir die größte und schönste Liebe seines Lebens. Keine Frau in seinem Leben sei so viel Liebe wert gewesen ...

Die Tragik dieser Beziehung war es, daß sie nur durch Wielands Tod möglich wurde. Hat sie ihm geholfen, den Weg zu seinem eigenen zu erleichtern?

Diese Liebe, die mir das große Glück bringen sollte, mir bewußt gemacht hat, was Glück überhaupt bedeuten kann, brachte mir, zu seinen Lebzeiten, Skrupel gegenüber Wieland, der doch gar nicht mehr lebte und später, wiederum nach Andrés Tod und für immer, Schuldgefühle für jedes neue Gefühl, das mich von André entfernte.

Die Angst, noch einmal einen Menschen, den man liebt, verlieren zu müssen, hat mich seit damals nie mehr verlassen. Zu große Gefühle sind wohl nicht für die Ewigkeit gedacht? Oder gibt es das doch?

Wir sahen uns so selten, ich sang zu viel in diesem Jahr, und er dirigierte ununterbrochen. Beide waren wir offensichtlich froh, nicht zu Hause sein zu müssen! Nach einer TOSCA in Wien schrieb er mir: *Ich bin todmüde und verstehe das nicht. TOSCA ist doch kein langes Stück!*

Die wenigen Tage, die wir zusammen sein konnten, waren unvergleichlich. Er lehrte mich nicht nur, was Leidenschaft und Erotik ist. Auch, was Eifersucht bedeuten kann. Er drohte mir, verfolgte mich mit unbegründeten Verdächtigungen, mit Othello-Gedanken. *Ohne Dich, ohne Deine Liebe gibt es keinen André Cluytens mehr, ist nichts mehr wichtig für mich im Leben. Ich habe nichts mehr zu verlieren, ich bin nicht eifersüchtig, aber traurig, und das ist viel gefährlicher für meine Gesundheit und dein Leben.* Ein gefährlicher Satz, wenn man so eifersüchtig ist, wie er es war.

Er suchte das Leiden und die Traurigkeit, beneidete Wieland, an dessen Stelle er jetzt gerne gewesen wäre, um mich glücklich zu machen, dessen Erinnerung alles für mich sei, wie er glaubte. Aber das war damals schon nicht mehr nur so und ist es heute noch viel weniger. Endlich kann ich auch über diese andere Liebe sprechen, darf ich sagen, was sie mir bedeutet hat und immer bedeuten wird. Wie sehr sie mich, trotz oder gerade wegen ihrer Kürze, verändert und geprägt hat. Er wollte damals die ganze Welt wissen lassen, daß er mich liebte. Beide konnten wir es nicht, wagten es nicht. Niemand hätte es verstanden. Wäre das so wichtig gewesen?

André starb am 3. Juni 1967 in Paris, im bekannten amerikanischen Hospital. Ich war drei Wochen vor seinem Tod an der Pariser Oper, um die WALKÜREN-Brünnhilde zu singen, in Wielands Inszenierung ›in memoriam‹. Meine dritte WALKÜREN-Inszenierung, unter einer noch größeren Belastung. Ich hatte Angst, André im Krankenhaus zu besuchen. Krankenhäuser wollte ich nicht schon wieder sehen. Ich besuchte ihn natürlich doch. Er war überglücklich, sprang vor Freude aus dem

Bett, als ich überraschend vor ihm stand. Ich hatte verzweifelte Angst vor der Begegnung mit einem Schwerkranken. Dieser Tatsache war ich mir inzwischen erschreckend bewußt geworden, auch wenn ich es mir nicht zugeben wollte. Ich konnte nichts mehr verhindern, nicht mehr helfen, wagte nicht, ihn zu berühren bei diesem letzten Besuch, bei dem er mich immer wieder fragte, wie er aussähe. Was sollte ich antworten?

In den letzten zwei Wochen seines Lebens konnte auch er seine Krankheit nicht mehr verleugnen. Er, der keinen Moment verstreichen ließ, ohne mir seine Liebe zu versichern, der mir immer und immer wieder schrieb, noch aus dem Krankenhaus, jeden Tag telefonierte, rief mich in München nach meiner Rückkehr aus Paris an, um mir zu sagen, daß es keinen Sinn mehr habe, daß er nicht mehr die Kraft habe, mit mir zu sprechen. Hatte der Arzt ihm das angeraten, gab es noch andere Gründe? War es wirklich seine Entscheidung? Die Ungewißheit darüber quält mich bis heute. Ich kann mich nicht mehr an seine letzten Worte bei diesem Gespräch erinnern, dabei müßten sie doch für immer in meinem Gedächtnis eingegraben sein. Ich war wie gelähmt. Wollte auch er uns die letzten schweren Tage und den Abschied ersparen? Ich weiß noch, auf welchem Stuhl ich saß, als dieser schreckliche Anruf kam. Wenige Tage zuvor, in seinem letzten Brief vom 14. Mai, hatte er geschrieben: *Ich will bei Dir sein, immer, was auch mein Los werden soll. Ich bin bereit eine ganze Apotheke zu essen, um bald bei Dir zu sein. Diesmal ist die Zeit für mich, für Dich, für uns, Liebste. Aber ich muß erst gesund werden, ich will für Dich keine Last sein, keine ewig dauernde Sorge. Was soll das für ein Leben für Dich werden, Dich um meine Gesundheit zu kümmern.*

Er wollte leben, aber schließlich mußte er den Kampf aufgegeben. Er war nicht fähig, das Wissen um seine Krankheit mit mir zu teilen. Ich weiß nicht, was er in seinen letzten Tagen dachte und empfunden hat und wie stark seine Medikamente waren. Er war nicht allein, als er starb, aber es war nicht ich, die bei ihm war. Wieder einmal konnten weder ich noch er verhindern, was er, wie schon vor ihm Wieland, mit solcher Leidenschaft verhindern wollte.

Er starb an Leberkrebs. Ich hatte an diesem Tag Vorstellung in Wien. Wieder war es Wien, dort, wo alles anfing, dort, wo schon einmal alles aufgehört hatte. Und wieder war es eine Salome. Eine Vorstellung, die er hätte dirigieren sollen, auf die wir uns gefreut hatten und die dick in seinem Auftrittskalender, den er mir noch einen Monat zuvor geschickt hatte, angestrichen war. Meine Freundin kam mit mir nach Wien, sah sich die Vorstellung in der Direktionsloge an, aus der Hilbert sie herausrief. Sie mußte es mir sagen, zusammen mit ihm. Der damalige Mann meiner Kollegin Ruth Hesse, ein Arzt, gab mir im Hotel Sacher (wieder eine Parallele) eine Beruhigungsspritze. Sie bewirkte das Gegenteil, denn ich schlug dabei so um mich, daß sie einen Nerv traf. Erst am nächsten Tag, als ich auf dem Dach der Staatsoper die Fahne auf Halbmast sah, begriff ich wirklich, was geschehen war. Dieses Mal tröstete mich fast niemand. Nur wenige wußten von unserer Beziehung. Hilbert, der ihn, noch nicht einmal ein Dreivierteljahr vorher, zu meiner Garderobentür begleitete hatte, war einer von ihnen.

In den Monaten danach schrieb ich in Tagebuchform Briefe an ihn. Jeden Tag, so wie er mir immer geschrieben hatte. Erst zwei Monate vor seinem Tod, kurz vor meiner Japanreise, war ich zum ersten Mal fähig, ihm mit Überzeugung zu sagen, daß ich ihn liebe. *Wie lange, und mit welcher Hoffnung und Geduld habe ich gewartet auf diese Worte …*, schrieb er mir daraufhin. Jetzt, wieder einmal zu spät, war ich allein mit meinen Gefühlen, die in diesen Monaten gewachsen waren, in denen er mir alles an Liebe schenkte, zu dem ein Mensch fähig ist. Ich sagte ihm, wonach er sich zu seinen Lebzeiten gesehnt hatte, um was er mich in über achtzig Briefen immer wieder gebeten hat und wozu ich solange nicht in der Lage war.

Seine Briefe allein hätten genügen müssen, mich für ein ganzes Leben glücklich zu machen!

Ich fuhr – zum letzten Mal – nach Bayreuth, zur Erfüllung meines Vertrages, den Wieland noch unterschrieben hatte. Wieland wollte, daß ich die Elisabeth im letzten Jahr des TANNHÄUSER singe, und er hatte sich gewünscht, daß André dirigiert, der die erneute Anfrage durch mich, ihn zu übernehmen, mit dem Satz: ›Du weißt doch, daß ich das nicht kann‹, beantwortete (am Ende seines Lebens hätte er dieses Angebot sicher nicht mehr abschlägig beschieden). Daher engagierte Wieland, noch in seinen letzten Tagen aus dem Krankenhaus meinen späteren Mann, Christoph von Dohnányi, der wenige Tage vor Beginn der Festspiele 1967 aus Krankheitsgründen wieder absagen mußte (und tatsächlich nie in Bayreuth dirigiert hat, trotz mehrfacher Einladungen durch Wolfgang Wagner).

Ich wohnte in demselben Haus, draußen auf dem Land, in dem ich all die Jahre gewohnt hatte. In das Wieland, so oft er konnte, gekommen war, manchmal noch spät in der Nacht. Jetzt war es still. Draußen und drinnen. Es gab keinen Wieland mehr, keinen André. Das einzige, was einen Hauch von Lebendigkeit hatte, waren Andrés Platten, die ich wieder und wieder spielte, in der Hoffnung, ihn auf diese Weise so nah wie möglich bei mir zu behalten. Die Musik, die ich hörte, war seine Welt. Ich höre sie auch heute noch.

Draußen im Festspielhaus war es Wielands Welt. Ich weiß nicht mehr, wie ich das alles ausgehalten habe. Bayreuth hatte sich schon verändert. Alle dachten an Wieland, das war offensichtlich. Aber keiner wagte, es zu zeigen. Boulez dirigierte PARSIFAL, für mich der einzige in diesem trostlosen Sommer, der noch zu Wieland gehörte. Wummi war da und Friedelind, die mir immer sehr freundschaftlich verbunden war und blieb, bis zu ihrem Tod. Sie nahmen mich mit zum Bierfest nach Kulmbach, von dem Wieland meinte, es sei das beste an den Festspielen, oder in die ›Eule‹, das Bayreuther Künstlerlokal. Einige Momente der Ablenkung von meiner selbstgewählten Isolation und Trauer, von der ich mich gar nicht befreien wollte.

All das ist über dreißig Jahre her. Es schien vergangen – niemals vergessen – aber doch ruhige Erinnerung an eine außergewöhnliche Liebe, die ich empfunden und empfangen habe für und von einem Mann, für den ich alles war. Sie ist nicht vergangen, wird es niemals sein können. Ich habe sie immer als etwas ganz Ungewöhnliches angesehen, als etwas, das nur wenige Menschen erleben dürfen. Es sind Gefühle, über die man nicht reden kann, allenfalls schreiben, eigentlich kann man sie nur empfinden. Andrés Tod hat mich in unendliche Verzweiflung gestürzt, mehr noch, viel mehr als es Wielands Tod getan hat. Vielleicht weil er so kurz darauf folgte, vielleicht weil er so sehr mit ihm verbunden war. Mit ihm starb Wieland ein zweites Mal. Ich wußte schon damals, daß ich niemals mehr etwas Vergleichbares erleben, niemals wieder so geliebt werden würde, wie er es mir vorausgesagt hat. Mein einziger Trost war und muß es sein, heute wie damals, daß auch er schließlich an meiner Liebe nicht mehr zweifelte, obwohl meine Gefühle für ihn nie so bedingungslos, so zweifelsfrei waren, wie seine zu mir. Niemand hätte genug lieben können, um seiner Liebe zu entsprechen. Warum das so war, ist nicht mehr wichtig. Ob es hätte gut gehen können, genau so wenig.

Er schrieb mir: *Sie sind jung, ich bin alt, ich will meine letzten Lebensjahre auf dem glänzenden Licht Ihrer Liebe beenden – ist das zuviel?* Es war wohl zuviel und uns nicht vergönnt. Das Glück, an das wir beide glaubten, hatte gerade durch seine Unerfüllbarkeit Bestand. Eine Beziehung, die so wenig gelebt werden konnte wie die unsrige, wird wohl immer idealisiert werden. Das ist mir klar. Das Wissen darum mindert aber nicht den Schmerz des Verlustes.

Er war ein außergewöhnlicher Mann, außergewöhnlich in seiner Liebe und seiner Stärke, für die er in seinem letzten Lebensjahr nicht mehr die Kraft aufbrachte. Er war großzügig, zugleich bescheiden, und niemals verletzend. Dabei, ähnlich wie Wieland, empfindsam und dem Leben nicht wirklich gewachsen. Aber wer ist das schon? Ich glaube, wir hätten diese Liebe leben können. Wir hatten soviel mehr Gemeinsames, als ich es damals wissen und beurteilen konnte. Erst heute kann ich wirklich ermessen, wie sehr er geliebt und gelitten hat, und was sein Verlust für mich bedeutet. Ich weiß, daß er trotz der Verzweiflung über unsere Trennungen, die wir durch häufigeres Zusammensein zu lindern nicht den Mut hatten, Glück empfunden hat beim Schreiben seiner Briefe. Ein Glück, das ihn mit Liebe und Hoffnung auf eine gemeinsame Zukunft erfüllte, bis zuletzt. Es war etwas, das ich ihm geben konnte, vielleicht wichtiger und schöner als jede Realität. Das muß ich mir immer wieder sagen.

Seine oft beschriebene Fröhlichkeit und Unkompliziertheit war häufig Fassade und ein Schutz, um seine Verletzlichkeit und seine ›dunkle Seite in sich‹, die sich auch in der Wahl seiner bevorzugten Stücke und Komponisten zeigte, zu verbergen. Er erschien so heiter durch die Leichtigkeit und Selbstverständlichkeit seines Dirigierens, die beeindruckend war, hin und wieder von seinen Kritikern auch als oberflächlich mißdeutet wurde. Sein lebenslanger Optimismus und seine Lebensbejahung veränderten sich in den letzten Jahren fast ins Depressive. Ihn daraus zu befreien, wäre nur e i n e m Menschen möglich gewesen, seine Sehnsucht danach war übermächtig ... Er war mir so ähnlich, sein Verhalten ist mir unendlich vertraut.

Er hatte nicht recht, was die Erinnerung an ihn betrifft. Meine Vitalität hat zwar für eine lange Zeit ›den Vorrang genommen‹, wie er es ausgedrückt hatte. Das ist richtig. Sie mußte es, um mir das Überleben zu ermöglichen. Früher oder später gilt das aber nicht mehr, das Leben holt einen ein.

Beim Lesen deiner Briefe, André, ist es, als wäre die Zeit stehengeblieben, als hättest du sie mir gestern erst geschrieben. Du bist, mehr denn je, bei mir. So wie du es dir immer gewünscht hast.

Zwischenspiel

Die verbleibenden Monate des Jahres waren die schiere Verzweiflung. Ich habe nie so viel gesungen, gelernt und probiert, wie in diesem Katastrophenjahr. Alles, was sich anbot, nahm ich an und ging damit weit über meine körperlichen Grenzen. Nur so glaubte ich, alles bewältigen zu können.

Die erste Hälfte des Jahres 1967 war noch derart geprägt von Wielands Tod, daß ich oft nicht fähig war, die ungeheure Kraft, die mir Andrés Liebe hätte geben können, wirklich anzunehmen. Ich brauchte Zeit, das wußte er. In der zweiten Hälfte hatte ich alle Zeit der Welt für meine Gefühle und hätte alles dafür gegeben, sie mit André teilen zu können. Wie konnte ich ahnen, daß wir nur diese wenigen Monate haben würden.

Nach einer neuen Holländer-Inszenierung Anfang 1967 in Barcelona sang ich Fidelio in Covent Garden, eine Vorstellung, die Gwyneth Jones abgesagt hatte. Georg Solti dirigierte. Es war die erste und einzige Opernpartie, die ich außer einer der Walküren und der 4. Magd in Elektra in einem Opernhaus mit ihm sang (später lud er mich für einige Konzerte nach Chicago ein). Dieser Fidelio war mein Durchbruch in England. André war ungeheuer stolz auf mich und meinte, ich solle nur noch da singen, wo man mich wirklich liebte. Ich müßte es sonst nicht mehr, er würde lieber ein Konzert mehr dirigieren, um für mich den finanziellen Verlust wettzumachen. Nach dieser Aufführung in London fuhr ich zu der Gertrud Wagner-Salome (wo man mich eindeutig sehr viel weniger liebte). Wieder etwas über einen Monat später war das Osaka-Gastspiel der Bayreuther Festspiele.

In meiner Erinnerung war Japan, trotz allem, ein schönes und vor allen Dingen außergewöhnliches Gastspiel. Ric begleitete mich. Wir flogen über die Südroute nach Japan, mit Zwischenlandungen in Neu Delhi, Bangkok und Hongkong. Es war ein Abenteuer, die längste Reise, die ich bis dahin gemacht hatte. Ich denke, für alle meine Kollegen traf das zu. Wieder eine Ablenkung, wieder eine große Aufgabe. Wir fuhren mit zwei Wieland-Inszenierungen, TRISTAN UND ISOLDE, wie immer mit Nilsson und Windgassen, und DIE WALKÜRE mit Theo Adam und mir.

Wieder einmal erinnere ich mich fast nur an Privates. An Einladungen in japanische Familien. An einen Tag, an dem wir von einer großen Firma, die unser Gastspiel sponsorte, eingeladen wurden, um uns die verschiedensten Perlen anzusehen, was zu einem allgemeinen Kaufrausch führte. An vergebliche Versuche, mit Bussen zu irgendwelchen Sehenswürdigkeiten zu fahren. Es gelang nicht, da keiner meiner männlichen Kollegen in die viel zu kleinen Sitze paßte. Windgassen wurde zwischen den Lehnen eingeklemmt und mußte mühsam befreit werden. Theo Adam verunglückte, weil er den Linksverkehr nicht gewohnt war, als er an der falschen Seite eines Autos ausstieg. Da er aus Ost-Deutschland kam, wurde das beinahe ein Politikum. Und mein Minirock hat Presse und Hotelpersonal total durcheinandergebracht. Es muß wohl der erste Minirock in der japanischen Geschichte gewesen sein. Auch Wieland und André hatten große Probleme damit.

Das waren die kleinen Geschichten außerhalb der Proben und Aufführungen. Thomas Schippers verzweifelte an seiner ersten WALKÜRE, glaubte, sie nicht zusammenzukriegen und mußte von Boulez beruhigt werden, der wiederum zum ersten Mal den TRISTAN dirigierte, damit aber anscheinend keinerlei Schwierigkeiten hatte. Ich war in Osaka oft mit ihm zusammen, und das war tröstlich für mich. Er strahlte eine große Ruhe aus. Ansonsten saß ich in meinem Zimmer, spielte Karten mit Ric und wartete auf die Telefongespräche von und nach Wien, wo André war, und die so selten durchkamen. Ich war verzweifelt und André in Wien war es auch. Ich schrieb jeden Tag, und jeden Tag hofften wir auf gegenseitige Antwort.

Der Text der WALKÜRE, besonders der des dritten Aktes – Wotans Abschied –, war ein schwer zu bewältigender Härtetest für mich. Es war wie ein Dialog mit Wieland, ein täglich erneuter Abschied auch von ihm. Zwei Textstellen kann ich nach wie vor nicht ohne Tränen hören: ›Wer diese Liebe mir ins Herz gelegt‹ und › zu lieben, was Du geliebt‹. Dabei sind es gerade die Sätze, die ich bis heute auf dem Theater in seinem Sinne zu leben versuche.

Wenige Tage vor Ende des Gastspiels, kurz vor meinem Geburtstag, überkam mich die ganz große Verzweiflung. Meine Freundin war abgereist, ich war allein, obwohl die Kollegen sich sehr um mich kümmerten, mich überallhin mitnahmen. Als wir am Abend alle zusammen saßen, trank ich als annähernde Antialkoholikerin sechzehn doppelte Schnäpse, wie die Endabrechnung ergab. Keinem fiel es auf, vielleicht dachten sie auch, der eine oder andere Schnaps könne meinem Zustand vielleicht nicht schaden. Daß ich nebenbei die der Kollegen auch trank, hatte offenbar niemand bemerkt. Ich erinnere mich noch daran, mit Windgassen am Fahrstuhl darüber diskutiert zu haben, ob ich allein in mein Zimmer gehen könne oder nicht. Ich fühlte mich großartig. Aber nur bis hinter meine Zimmertür! Von da an weiß ich nichts mehr. Zwei Tage lag ich krank im Bett. Zum Glück hatte ich keine Vorstellung. Zur letzten WALKÜRE war ich wieder einigermaßen fit. Ich freute mich auf Deutschland und auf André!

Kaum zurück, gleich nach Andrés Konzert in München, in dem er mich so plaziert hatte, daß er mich immer sehen konnte, mir immer wieder zulächelte, fuhr ich nach Stuttgart zu den MAHAGONNY-Proben (Günther Rennert führte Regie).

Die Proben und Aufführungen machten wenigstens Freude. Martha Mödl und Gerhard Stolze waren meine Partner. Weill hatte ich noch nie gesungen, es war mal etwas ganz Neues; fast wie ein Musical kam es mir vor. Aber erstaunlich schwer zu singen. Um so leichter war ich bekleidet. Das einzige Mal, daß ich auf der Bühne einen Bikini trug. Ein sehr ungewöhnliches Kleidungsstück für eine Wagnersängerin. André fragte mich, ob ich als Sängerin oder als Exhibitionistin engagiert sei.

Die Arbeit mit Rennert war völlig anders als die mit Wieland. Alle Sänger mußten ständig anwesend sein, er wußte angeblich nie, wann er sie vielleicht brauchen würde. Auch er ging sehr ins Detail, was ich sehr schätze; man wußte genau, warum man was machte. Aber die ständige Warterei ging mir doch sehr auf die Nerven. Die Inszenierung war sehr amüsant, vielschichtig und blieb viele Jahre auf dem Spielplan. Wir gingen später sogar mit dieser Produktion nach München und Berlin. Mein ›Kostüm‹ wurde immer besonders hervorgehoben!

MAHAGONNY war – neben der CARMEN später – wohl die ungewöhnlichste Oper in meinem damaligen Repertoire. Die Jenny ist keine

Opernsängerinnenrolle, und ich versuchte, die verschiedenen Elemente von Weills Komposition, die zwischen Chanson und Kantilene wechselt, zu treffen.

Direkt nach dieser Premiere kam aber schon wieder das ›große Fach‹. Die Brünnhilde in Paris. Die schon erwähnte, kurz vor Andrés Tod. Ich kann nichts darüber sagen.

Ich hatte seit Wielands Tod nicht viel Zeit zum Nachdenken, und wenn ich sie hatte, ging es sofort schief, wie in Osaka. Im Februar, noch vor Japan, fuhr ich zum Skifahren nach Davos, auf Einladung von Freunden, die dort ein Haus hatten. André war in Brüssel, um sich von einem kurzen Krankenhausaufenthalt zu erholen. Er erwähnt ihn in seinen Briefen nur nebenbei. Madrid und Amerika, wo er dirigieren sollte, hatte er abgesagt. Ich hatte dem keine größere Beachtung geschenkt, weil er es auch nicht tat!! Wir telefonierten täglich. Er war entsetzlich eifersüchtig, daß ich mich in Davos ›amüsierte‹ und nicht an ihn dächte. Das glaubte er immer, wenn ich nur zwei Minuten verspätet vom Skilaufen oder Abendessen zurückkam und er umsonst angerufen hatte, natürlich auf den Gongschlag. Dabei bin ich selbst schon sehr pünktlich. Es dauerte jedesmal Minuten, bis ich ihn wieder einigermaßen beruhigen konnte. Ich liebte selbst seine ungeheure Eifersucht. Wieviel Zeit haben wir verschenkt und wofür, wieviel Zeit kann und darf man im Leben verschenken???

Nur vier Tage nach Andrés Tod sang ich wieder. Sonst weiß ich nichts mehr über die Tage direkt danach.

Das erste war Mahagonny in Stuttgart, zwei Tage später wieder eine Salome in Wien. Ich lese in meinen ›Briefen an André‹, wie dieses Jahr weiterging. Salome in Wien am 9. Juni, noch einmal Mahagonny am 11., am 12. Juni Walküre in Paris. Ich dachte während des Fluges an Andrés Antwort am Telefon auf meine Frage, wie es ihm gehe: ›Ganz gut, ich hatte heute nicht sehr viel Schmerzen‹! Hätte ich in den Monaten davor gewußt, was seine ›Müdigkeit‹ bedeutete, ich hätte jede Sekunde genutzt, um bei ihm zu sein.

Walküre war die vierte Vorstellung in einer Woche, und ich war froh darüber, beschäftigt zu sein, kaum Zeit zu haben zum Denken, nicht allein sein zu müssen. Jedenfalls so wenig wie möglich. Am 14.

In Davos, 1967

nochmals MAHAGONNY, 15. LULU, beides in Stuttgart. Am 16. Probenbeginn in Amsterdam, wieder LULU. 18. MAHAGONNY, 19. Probenbeginn Bayreuth (das Tagebuch sagt, ›ich denke an Wieland, ich denke, er müßte plötzlich dastehen und etwas erklären. Ich sehe ins Orchester, ich sehe in den Zuschauerraum, alles ist leer. Und dann noch dieser TANNHÄUSER-Text!‹)

Ich habe geglaubt, niemanden m e h r als Wieland geliebt zu haben, aber seit ich André lieben lernte, war ich mir nicht mehr sicher. Er hatte mir so viel Geborgenheit gegeben, so viel Sicherheit. Ich erinnerte mich daran, wie ich ihn im Hotel Reichsadler in Bayreuth einmal traf und er mich kaum beachtete. Damals war mir das unbegreiflich, jetzt wußte ich den Grund (auch für ihn muß der Text, den ich als Venus sang, unerträglich gewesen sein!). Am 22. Juni wieder Amsterdam, Hauptprobe LULU. Ich las den Text der TRAVIATA, die ich im Winter in Frankfurt singen sollte und war verzweifelt. Warum hatten diese Theaterfiguren nur so viel Ähnlichkeit mit meinem Leben? Ich wollte sie doch nur singen!

Meine Müdigkeit war inzwischen chronisch. Und doch war ich froh, so viel zu reisen. Am 24. Premiere in Amsterdam, am 26. wieder Bayreuth, TANNHÄUSER-Proben. Ich beschrieb sie als langweilig und deprimierend. ›Alle denken an Wieland, niemand spricht es aus‹. Ich ging jeden Tag mit frischen Blumen an Wielands Grab, fegte und harkte um den großen Familiengrabstein. Niemand tat das offensichtlich. Selbst dafür war ich dankbar, so konnte ich es tun. Am 30. wieder Amsterdam. Das Reisen war damals noch sehr mühsam. Erst mußte ich mit dem Wagen nach Nürnberg fahren, weiter nach Frankfurt fliegen, mit zwei Stunden Aufenthalt, um endlich, am späten Nachmittag, in Amsterdam anzukommen. Ich hatte neun Vorstellungen gesungen und beinahe täglich irgendwo Proben gehabt seit dem 3. Juni!

Es ging so weiter. Am 2. Juli LULU in Rotterdam. Nicht unbedingt ein Stück für diese Stadt. In Amsterdam war sie ein sehr großer Erfolg gewesen. Hier, so nah an seiner Heimat, war es hauptsächlich André, an den ich dachte. In Bayreuth war es die ständige Erinnerung an Wieland, die mich zur Verzweiflung brachte. Wer hat bloß behauptet, Erinnerungen seien etwas Schönes?

Ich war plötzlich eifersüchtig auf Andrés Vergangenheit, auf alle, die ihn gekannt hatten, so viel besser gekannt vielleicht? Dabei hatte er mir gesagt und geschrieben, ›keiner kennt mich so gut wie Du‹. Daran versuchte ich mich zu halten. Ich betäubte mich mit Kleiderkäufen und noch mal Kleiderkäufen. Am 3. Juli flog ich nach Frankfurt zurück. Dort wartete mein neuer Wagen, den ich schon vor längerer Zeit bestellt hatte. Ein Jaguar E, die ›Zigarre‹. Der Thunderbird, den ich vorher hatte, war zwar noch da, aber schon verkauft. Ich hätte ihn jetzt gern behalten. Mit ihm hatte ich so viele schöne Erinnerungen. Das neue Auto war absolut sinnlos geworden. Ich hatte es gekauft, da André ebenfalls einen Thunderbird hatte und wir meinten, zwei der gleichen Sorte seien unnütz (Zukunftsträume). Ich besuchte auf der Durchreise Harry Buckwitz, der etwas irritiert war, da ich nur von André sprach. Wie hätte ich ihm das erklären können?

Ich zweifelte und verzweifelte selbst an diesem ständigen Hin und Her und Auf und Ab meiner Gefühle. Geht es wohl anderen Menschen ebenso? Ich sah alles so deutlich vor mir, und doch glaubte ich es nicht. Ich fühlte mich sogar manchmal stark, wenn ich an Wieland und André dachte. Am 4. Juli war ich wieder in Bayreuth. Am 6. Generalprobe RHEINGOLD, 7. 7. Amsterdam LULU, 9. Scheveningen LULU, 10. Stuttgart MAHAGONNY, 11. 7. Bayreuth. Überall im Festspielhaus hingen Zettel und Plakate mit Anweisungen, was man darf und nicht darf. Sobald sich jemand mit mir sehen ließ, wurde er boykottiert, steht in meinen Briefen. Vielleicht war ich nur überempfindlich. Auf der Bühne empfand ich alles erschreckend verändert. Neue Kostüme, neue Gänge, andere Beleuchtung (Winifred wollte alles heller haben). Niemand traute sich, etwas dagegen zu sagen, dabei war das Licht für Wieland das Allerwichtigste. Dafür hatte er nächtelang gearbeitet. Ich glaubte, es nicht mehr allein aushalten zu können. Würde mein Leben so weitergehen? Kann man überhaupt so weiterleben? Die Einsamkeit machte mich fast verrückt. Dabei wollte ich doch alle Menschen immer nur glücklich machen.

16. Juli Generalprobe TANNHÄUSER. Meine Gefühle für Wieland und André waren unterschiedlich stark und sehr verschieden. André war Leidenschaft, aber auch Liebe, Geborgenheit und Vertrauen. Wieland war Faszination, mitreißend und unberechenbar in allem, was er tat. Er hatte endlich und schließlich so viel für mich aufgegeben, aber er konnte nicht so frei empfinden wie André. Es war wunderschön mit ihm und manchmal furchtbar. Mit André war es immer schön.

Der einzige etwas ruhigere Monat war der August. Ich sang nur in Bayreuth. Immerhin 14 Vorstellungen, aber nur eine Hauptpartie. Ich hatte Texte zu singen, in denen jeder Satz persönlich wurde. Es begann schon mit der ›Hallenarie‹ der Elisabeth: ›Da er aus dir geschieden, wie öd erschienst du mir, aus mir entfloh der Frieden, die Freude zog aus dir!‹ Diese Texte waren kaum zu singen. Jetzt waren sie zweifach zutreffend.

Am letzten TANNHÄUSER-Tag schenkte mir Wolfgang Wagner meine Bühnenkostüme. Das war eine schöne Geste und hat mich sehr bewegt. Die Inszenierung sollte im nächsten Jahr nicht wiederholt werden. Um allen Spekulationen und Peinlichkeiten vorzugreifen, hatte ich öffentlich den Entschluß gefaßt, nicht mehr in Bayreuth zu singen. Als ich nach dieser letzten Vorstellung die dunkle Bühne überqueren mußte, blieb ich einige Minuten stehen und sah in den leeren Zuschauerraum. Es war nur ein kleines Notlicht an, wie nachts auf Bühnen üblich.

Ich habe nach diesem Sommer das Festspielhaus nie mehr betreten.

Die Ferien nach den Festspielen waren früher immer ein großes Thema gewesen. Jetzt mußte ich sie so schnell wie möglich hinter mich bringen.

Anfang September flog ich allein oder zusammen mit Ric in die Städte, in denen ich mit Wieland gewesen war. Wir blieben einige Tage in Paris. Ich hatte Angst vor dem Vergessen. Ich wollte nichts vergessen. Die Blicke, Gesten, Intimitäten, ich wollte mich für immer an alles erinnern ...! Ich wußte damals schon, daß ich um André mehr weinen würde, als er um mich geweint hat. Ich besuchte in Brüssel seinen Bruder, der ihm so ähnlich war und dessen Frau. Ein paar Jahre jünger, hatte er mit Musik beruflich gar nichts zu tun. Er war Testpilot bei der Sabena. Wir konnten stundenlang über André reden, sie haben ihn sehr geliebt. Wie deutlich muß ihm in dieser glücklichen Umgebung seine eigene unglückliche Ehe bewußt geworden sein!

Ab 10. September begann der eigentliche Streß. Den Anfang machten die Proben für eine Wiederaufnahme von FIDELIO in Stuttgart. Am 17. 9. war noch dazu ein HOLLÄNDER, am 19. SALOME. Am 21. ein HOLLÄNDER in München (mit Christoph von Dohnányi). Dazwischen weitere FIDELIO-Proben in Stuttgart. Am 23. die erste Vorstellung der Wiederaufnahme. Friedelind kam mit ihrer Schwester und deren Kindern. Am 26. September war die zweite Vorstellung. Nachts fuhr ich im Auto zurück nach München. 28. SALOME in Hamburg. Am 2. Oktober begannen in Brüssel Proben für SALOME, Wielands Inszenierung. ›Immer wieder besuche ich Andrés Bruder‹, lese ich in meinem Tagebuch. Am 6. ist in Brüssel Premiere, am 8. nachmittags die zweite Vorstellung. Ich fliege zurück nach München. Am 13. wieder in Brüssel, am 16. Wien mit Erkältung und Fieber.

Am 17. Oktober, Wielands Todestag, fuhr ich trotzdem nach Bayreuth zum Grab. 19. FIDELIO – Gedenkvorstellung für Wieland in Stuttgart. Ich war noch sehr erschöpft von der Erkältung, aber ich konnte doch niemand anderen diese Vorstellung singen lassen. Da ich mich zu schwach fühlte, um – wie sonst – mit dem Auto nach Stuttgart zu fahren, flog ich die kurze Strecke. Nach der Vorstellung fuhr mich der Fahrer des Intendanten im Dienstwagen nach München zurück. Ich war sehr dankbar dafür. Während der Fahrt dachte ich an das vergangene Jahr, an die Zeit genau ein Jahr zuvor. Alles schien mir so unwirklich, immer wieder und mehr denn je unbegreiflich.

In München hatte man mich überredet, für Leonie Rysanek als Lady Macbeth einzuspringen. Knapp zwei Wochen hatte ich Zeit, die Rolle zu studieren, noch dazu auf Italienisch. Am 21. Oktober fing ich an, den Text zu lernen. Trotzdem sang ich während dieser kurzen Lernzeit noch weitere Vorstellungen in anderen Städten. Am 23. die SALOME in Wien. Ich wohnte im Imperial, Andrés Hotel, wenn er in Wien war. 25. 10. MAHAGONNY in Stuttgart. Diesmal fuhr mich der Fahrer der Münchner Oper, dem ich auf dem Hin- und Rückweg den MACBETH-Text aufsagte. Ich war einem Nervenzusammenbruch nahe, lernte und probierte praktisch Tag und Nacht. Eine Oper, die ich nicht kannte, in einer Sprache, die ich nicht konnte. Dazu noch die laufenden Vorstellungen und immer wieder die Erinnerungen, das tägliche Leben mit diesen Erinnerungen. Am 29. ein Konzert in Lübeck mit London und Konya, am 2. November SALOME in Wien. 4. 11. Generalprobe MACBETH und am 6. die Premiere. Ich hatte es tatsächlich gelernt! Ich schreibe: ›Ich habe es geschafft, aber ich bin müde, müde, müde!‹ Am Tag danach schon wieder MAHAGONNY in Stuttgart, am 9. November die zweite MACBETH-Vorstellung. Inzwischen hatte ich begonnen, eine weitere neue Partie zu lernen: TRAVIATA, die glücklicherweise auf Deutsch.

Am 13. November war ich in Brüssel für Fernsehaufnahmen des Elektra-Monologs. Ich konnte nur die Bildaufnahmen machen, ich hatte die Stimme verloren, aus Müdigkeit. Am 16. war sie wieder da, für eine Salome in Budapest. Am 15. hatte ich dafür Proben. Am 19. 11. in Budapest TANNHÄUSER, wieder mit Proben vorher. Zum ersten Mal seit Kopenhagen sang ich die Venus und Elisabeth an einem Abend. Ich hatte Angst davor und war eigentlich viel zu müde. Ich verzweifelte langsam. Aber ich sah keinen anderen Weg, als die ständige Arbeit. Am 20. waren in Helsinki Orchesterproben für eine konzertante LULU am 22. 11. Mein Koffer mit all den neuen Kleidern, die ich mir auf der Erinnerungsreise in Paris gekauft hatte, war zwischen Budapest und Helsinki verloren gegangen und blieb es für mehr als ein halbes Jahr. Dann tauchte er, sozusagen aus dem Nichts und fast als ein Geschenk wieder auf. Er hatte die ganze Zeit in Paris gestanden. Am 24. November wieder FIDELIO in Stuttgart, 26. MACBETH in München. Dazu schrieb ich: ›Der Dirigent von MACBETH war zum Essen da, und ich habe ziemlich heftig mit ihm geflirtet. Aber es scheiterte schließlich daran, daß ich immer wieder von André sprach!‹

Im Monat November hatte ich es auf zehn Vorstellungen gebracht, dazu tägliche Proben in den verschiedensten Städten. Von den Reisen dazwischen will ich gar nicht reden.

Am 30. November begannen die TRAVIATA-Proben in Frankfurt. Wieder inszenierte Otto Schenk. Und wieder konnte ich fast keine Note! Aber diesmal war ich völlig unschuldig, ich hatte ja die Lady Macbeth unerwartet dazwischen lernen müssen. 2. Dezember SALOME in Bielefeld, Friedelind zuliebe, die dort den LOHENGRIN inszenierte. Ich war immer gerne mit ihr zusammen, sie hatte mir so oft geholfen im letzten Jahr, außerdem war sie ein Teil von Wieland. Ich flog nach Hannover, um nach Bielefeld zu kommen, aber auf dem Rückweg war plötzlich Nebel, und die arme Friedelind brachte mich mit dem Auto nach Frankfurt. So war sie, immer spontan bereit zu helfen. Von Frankfurt fuhr ich mit meinem Wagen weiter nach Stuttgart, wo ich am Abend MAHAGONNY sang.

Über den ›Flirt‹ mit Christoph schrieb ich: ›Ich weiß nicht, wie meine Gefühle sind. Früher hätte ich das sicher für Liebe gehalten. Ich bin glücklich, jemanden zu haben, mit dem ich reden kann. Ich habe ein schrecklich schlechtes Gewissen und sollte mich eigentlich zurückziehen. Aber ich brauche einen Menschen, der mir hilft, der mir sagt, was ich tun soll, der wenigstens ein bißchen für mich da ist. Er ist sehr nett, und doch bin ich mir absolut nicht sicher, ob er das richtige für mich ist.‹

Die Situation erinnerte mich verzweiflungsvoll an die nach Wielands Tod. Wieder weinte ich über meine ›Treulosigkeit‹, diesmal André gegenüber, wieder hätte es unter anderen Umständen mit Sicherheit keine ›Zuwendung‹ gegeben.

5. Dezember MACBETH in München. Am 10. schreibe ich: ›Ich bin in München, obwohl ich in Frankfurt sein sollte für die Proben, und außerdem gestern in Berlin singen sollte. Ich bin so müde. Ich kann nicht mehr und will nicht mehr. Wenn ich doch nur alles hinschmeißen könnte!‹ Am 20. Dezember war die Premiere von TRAVIATA. Am 23. mußte ich wieder einmal wegen einer Erkältung die zweite Vorstellung absagen. ›Ich habe mich wieder verliebt‹, schreibe ich. Und ich war gleichzeitig verzweifelt darüber. Ich wollte es nicht und konnte doch nicht so weiter leben. Ich hatte mir dieses Jahr ganz anders vorgestellt. Meine ›Vitalität‹, wie André

Als Violetta mit Ernst Gutstein in La Traviata, Frankfurt 1967

sich ausgedrückt hatte, nahm ›den Vorrang‹. Kann man es wirklich so nennen?

Am Ende des Jahres begannen in Hamburg die musikalischen Proben für einen Fidelio-Film, von Rolf Liebermann produziert. Und am 30. Dezember war die dritte Vorstellung der Traviata in Frankfurt.

Seit diesem mehr als ›aktiven‹ Jahr sind mir Menschen, die in der Arbeit ihre einzige Erfüllung sehen, suspekt. Sie vergessen zu leben!

Ebensowenig, wie ich nach Wielands Tod Angst vor Partien und Aufführungen hatte, konnte ich jetzt das Singen als Freude empfinden. Es war eine Notwendigkeit geworden, um zu überleben. Später, in meiner Ehe, wurde es erneut zu einer Notwendigkeit, um als Sängerin zu überleben. Heute ist beides wichtig geworden, da das Wichtigste nicht mehr das Wichtigste sein kann: die Zuwendung zu dem einen Menschen, den man liebt.

Andrés Bruder und seine Frau kamen noch öfter in meine Vorstellungen in Brüssel, und ich besuchte sie, wann immer ich dort war. Die Verständigung war leider etwas mühsam, sie sprachen nur wenig Deutsch und ich damals fast kein Englisch. Ich hätte so gern noch viel mehr über André erfahren. Sie waren sehr froh für mich, als ich Christoph kennen und lieben lernte und wieder anfing, am Leben teilzunehmen. Auch unsere Kinder kannten sie noch. Irgendwann brach der Kontakt ab, ich konnte sie nicht mehr finden. Sie waren umgezogen. Warum sie mich nicht informiert haben, weiß ich nicht. Ich hing sehr an ihnen und mache mir heute Vorwürfe, daß ich sie nicht gesucht habe. Vielleicht war einer von ihnen krank geworden, vielleicht wollten sie mich nicht immer wieder in die Vergangenheit zurückholen. Die meisten Belgier sind sehr zurückhaltende, scheue Menschen. Sie waren es, trotz aller Herzlichkeit, in einem sehr ausgeprägten Maße. Genauso wie es André von Natur aus war.

❧

Die beeindruckendste Zusammenarbeit im ersten Jahr nach Wielands und Andrés Tod war die mit Otto Klemperer. Er war im Sommer 1967 nach Bayreuth gekommen, um sich verschiedene Vorstellungen anzusehen, darunter den TANNHÄUSER, in dem ich die Elisabeth sang. Weil die unbequemen Sitze im Zuschauerraum zu beschwerlich für ihn waren, saß er an der Seite der Bühne, an dem Platz, an dem Wieland oft gestanden hat. Während der ganzen Vorstellung sah ich ihn direkt vor mir. Ich fand es immer beruhigend, wenn jemand, den ich kannte, in den Kulissen stand, wenn ich für und zu jemandem singen konnte.

Peter Lehmanns Erinnerung an diesen Abend: *Ich hatte den großen und schweren Herrn in seinem Rollstuhl jeweils an die Auftritts- bzw. Abgangspositionen der Elisabeth – Anja Silja zu fahren, denn sein ganzes Interesse galt der jungen Sängerin, die dieser Rolle einen unkonventionellen und direkt berührenden Charakter gab.*

Sobald Anja Silja sich für einige Zeit auf der gegenüberliegenden Bühnenseite befand, wünschte Klemperer, dorthin zu folgen. So haben wir mehrfach im zweiten Akt die Bühne des Festspielhauses umrundet. Der dritte Akt war aus meiner Sicht gnädiger. Anja wechselte während des Nachspiels zu ihrer großen Arie langsam, feierlich rückwärts schreitend nur einmal diagonal von rechts vorn nach links hinten zum Abgang, wo sie ein begeisterter Verehrer namens Klemperer empfing.

Das Ergebnis von Klemperers Besuch in Bayreuth war für mich mehr als erfreulich. Er bot mir die Senta für seine Schallplattenaufnahme des FLIEGENDEN HOLLÄNDER an, mit einem anschließendem Konzert in der Londoner Royal Festival Hall.

Man möge mir einige Zitate aus Klemperers Briefen, die sehr schmeichelhaft für mich sind, verzeihen. Er schrieb schon am 2. August 1967 an seinen Aufnahmeleiter: *Zunächst das Wichtigste: Ich hörte Samstag, den 29. Juli in Bayreuth TANNHÄUSER mit der Anja Silja als Elisabeth. Sie war musikalisch wie darstellerisch außerordentlich. Das ist zweifellos eine geniale Person. Wir sollten alles daransetzen, um sie für die HOLLÄNDER-Aufnahmen und Aufführungen zu gewinnen. Sie mit ...* (er nennt den Namen einer Kollegin) *zu vergleichen, hieße dasselbe, wie weiß und schwarz gleich zu stellen. Also tun Sie alles nur mögliche, um dieses wichtige Engagement zustande zu bringen.*

Diese Aussage hätte Wieland ganz besonders gefreut. Hier sagte ein bedeutender Dirigent und Theatermann ohne Einschränkung nur Positives über meinen Gesang, nach so vielen Jahren voreingenommener Kritik. Was mein Großvater 1962 aus Bayreuth einer Bekannten schrieb, war nicht übertrieben: *Sie sind sich nicht im klaren über das nach wie vor bestehende Ausmaß aller maßgeblichen kritischen Kunstpäpste-Aversionen gegen den seit mehr als 10 Jahren ›allerbaldigst untergangsbestimmten dubiosen Fall‹*. Es hätte mich eigentlich schon lange nicht mehr geben dürfen. Daß ich immer noch sang, verziehen mir einige dieser Herren nicht. Wer gibt schon gerne zu, daß er sich geirrt hat, und dazu noch öffentlich?

Mit Otto Klemperer während der Plattenaufnahme
zum FLIEGENDEN HOLLÄNDER, London 1968

Im Februar 1968 fingen die Aufnahmen in London an. Das Verhältnis zwischen Klemperer und mir war ein sehr originelles und herzliches. Er liebte es, völlig unerwartet Sätze in den Raum zu werfen, Menschen in seiner Umgebung zu provozieren. Auch ich hatte Freude daran, die Reaktionen darauf zu beobachten. Ein Beispiel: Beim Überprüfen einer gerade aufgenommenen Szene des HOLLÄNDER, bei dem man in einem Abhörraum sitzt und schweigend und wichtig jedem noch so kleinen Fehler nachzuspüren versucht, sagte er plötzlich in die andächtige Stille hinein: ›Anja, was hältst du eigentlich von der Geburtenkontrolle?‹ Die Frage war so aus der Luft gegriffen, daß sie alle Anwesenden aus dem Gleis warf. Das machte ihm Spaß. Es zeigte aber auch sein zumindest partielles Desinteresse an Konservenmusik, und das teile ich mit ihm (heute sind wir allerdings sehr froh, daß es Aufnahmen von so gewichtigen Persönlichkeiten des Musiklebens gibt).

George Szell war zu dieser Zeit in London und besuchte einmal eine dieser Sitzungen. Er und Klemperer hatten sich seit Jahrzehnten nicht mehr gesehen und wohl auch nicht den Wunsch danach. Meine Agentin, seit Kindheitstagen mit Szell befreundet, fand, daß das endlich anders werden müsse. Klemperer war einverstanden, den ›jungen Mann‹, wie er sich ausdrückte (Szell war 71 Jahre, Klemperer 83), zu empfangen.

Die Begegnung ließ sich sehr schwer an, und man schickte mich in den Raum, in dem das Treffen stattfand, um Stimmung zu machen. Als ich ihn betrat, rief Klemperer bei meinem Anblick: ›Darf ich Ihnen meine Verlobte vorstellen!‹. Damit war das Eis gebrochen und ich sehr schnell überflüssig. Das war die Art, in der wir miteinander umgingen, es war sehr amüsant und hat uns beiden viel Freude gemacht.

Die Proben und Aufnahmen dauerten länger als gewöhnlich. Er nahm jeden Tag nur eine kurze Zeit auf, sonst wäre es zu anstrengend für ihn geworden. Beim Holländer-Duett ging immer etwas schief. Mal im Orchester, mal bei mir oder Theo Adam, mal bei der Technik. Jedesmal, wenn wir dachten, jetzt haben wir es endlich ›im Kasten‹, wurde Klemperer über irgend etwas ärgerlich, stampfte mit dem Fuß auf und ruinierte damit die Aufnahme, und wir mußten noch einmal von vorn anfangen. Theo war verzweifelt. Wir haben dieses Duett mindestens sechsmal hintereinander gesungen, mit hängender Zunge und strapazierten Stimmbändern.

An Ernst Bloch schrieb Klemperer während dieser Zeit: *Es hat mich riesig gefreut, wenigstens am Telefon Deine Stimme zu hören. Ja, die Silja ist eine Klasse für sich. Sie singt wunderbar und ist als Mensch durchaus ehrlich. Wie schade, daß Du nicht am 19. März herkommen kannst …*

Die konzertante Aufführung des HOLLÄNDER war am 19. März in der Festival-Hall. Ich wußte bisher nichts von Klemperers Freundschaft zu Ernst Bloch, ich entnehme das erst diesen Briefen (die mir Lotte Klemperer, seine Tochter, zur Verfügung gestellt hat, mit der ich seit den Londoner Tagen befreundet bin). Ich hätte mich ebenfalls sehr über Blochs Besuch bei diesem Konzert gefreut. Er kannte auch Wieland gut, kam jeden Sommer nach Bayreuth, daher kannte ich ihn auch. Wenn ich etwas Neues in Stuttgart sang, kam er auch nach Wielands Tod extra aus Tübingen zu einer Vorstellung herüber und nahm sich noch die Zeit, nachher mit mir etwas zusammenzusein. Ich hörte ihm sehr gerne zu. Er konnte einem die kompliziertesten Gedankengänge auf so einfache, verständliche Weise näher bringen, wie ich das nie wieder bei jemandem mit so viel Wissen erlebt habe. Er erschlug einen nicht damit, er ließ einen daran teilhaben.

Einige Rezensionen unseres Londoner Konzerts im Anschluß an die Plattenaufnahmen verwundern mich heute sehr. Was an diesem

Konzert neben dem Musikalischen so außergewöhnlich war, weiß ich wirklich nicht. Es wird mir vorgeworfen, ich hätte mit dem Publikum kokettiert. In der ›Neuen Zeitschrift für Musik‹ war zu lesen:

Alles überstrahlender Engel und treu bis in den Tod zu sein, genügte Frau Silja nicht. Kein moderner Filmregisseur hätte eine Femme fatale zur Entlarvung der Senta besser einstudieren können. Sie unterhielt sich ungeniert mit jedem Kollegen, der gerade nicht gefordert war, kokettierte mit Holländer und Norweger, mit Teilen des Publikums und vor allem mit sich selbst. Ein Kuß für Klemperer krönte den Einbruch des schönen wilden Tiers in die damit verglichen doch biedere Welt des vortristanischen Wagner. Man hätte nichts von dieser Aufführung missen mögen, auch Anja Silja nicht, aber weiterempfehlen würde ich sie kaum.

Diese Schilderung ist mehr als übertrieben. Richtig ist, daß sich Klemperer zum Beginn des zweiten Aktes auf mich stützte, als er auf das Podium ging. Dieser außerordentlich große, schwere Mann verließ sich auf dem Weg zu seinem Pult ganz auf mich. Wir brauchten Minuten, und ich meine ganze Kraft. Dadurch entstand – könnte ich mir denken – eine lockerere, fast heitere Atmosphäre im Publikum, als man sie sonst im Konzertsaal gewohnt ist.

Die Aufzeichnung dieses Konzerts ist nach meiner Meinung noch um einiges besser als die Studioproduktion, weil sie eben lebt! Sie gehört inzwischen zu den legendären Aufnahmen auf dem ›grauen‹ Schallplattenmarkt.

Auch Klemperer liebte Mitschnitte wohl am meisten. Er schrieb an den ehemaligen Intendanten der Budapester Oper Aladar Toth, den ich auch noch kennengelernt habe: *Die Konzertaufführung war eine Freude für mich. Sie haben völlig recht, was Sie über die Silja schreiben. Das ist eine einmalige Erscheinung. Auch die anderen Sänger fand ich sehr gut, voran Herrn Talvela als Daland und Herrn Theo Adam als Holländer und Frau Burmeister als Mary. Ich glaube beinahe, daß diese Konzertaufführungen von Opern die Opernfrage zum Teil löst. Man wird nicht von der Musik abgelenkt – weder durch einen lächerlichen Bühnenbildner oder einen törichten Regisseur.*

Die Arbeit mit Klemperer kam für mich zu spät, um auch auf musikalischem Gebiet noch eine neue Richtung zu finden. Er war in Zeiten, in denen man noch nicht von ›modernem Theater‹ sprach, als er die legendäre Krolloper leitete, auch als Theatermann berühmt, der vieles, was heute noch als modern gelten würde, schon vorausgenommen hatte. Seine und Jürgen Fehlings mutige Inszenierungstaten mußten, wie Wieland in einem Aufsatz schrieb, infolge der politischen Entwicklung der dreißiger Jahre Experimente bleiben und konnten sich nicht über Berlin hinaus stilbildend entwickeln.

Weitere Pläne, die Klemperer mit mir hatte, über den HOLLÄNDER und den 1969 folgenden FIDELIO an Covent-Garden hinaus, konnten nicht mehr realisiert werden. Klemperer starb 1973. Er strahlte eine große innere Kraft aus. Selbst noch in diesen späten Jahren und in seinem reduzierten gesundheitlichen Zustand war sie jeden Moment spürbar.

Ich möchte nicht die Flut der existierenden Klemperer-Anekdoten um weitere bereichern, sie sind vermutlich genauso ›wahr‹, wie fast alle Geschichten dieser Art, und doch zeigen sie, was für eine außerordentliche Persönlichkeit er in unserer so persönlichkeitsarmen Welt war. Beinahe jeder Satz schien eine Pointe zu haben, war provokativ in eine nicht dazu passende Situation gestellt und daher anekdotenwürdig.

Beim FIDELIO, den er dirigierte und selbst inszenierte, bestand Klemperer auf dem ungekürzt gesprochenen Dialog. Ich habe mich damit sehr schwer getan und schimpfte bei den Proben, in gedämpfter Lautstärke, vor mich hin. Er hörte nicht mehr gut, aber ähnlich wie bei Walter Erich Schäfer, der, obwohl er so schlecht sah, alles sah, erging es mir hier auch. Er hörte an seinem Pult nicht nur daß, sondern was ich ständig vor mich hin schimpfte, unterbrach und sagte: ›Anja, selbst wenn du es Scheiße findest (das war mein gemurmeltes Wort), sprich es!‹ Also sagte ich den Satz, den ich besonders blödsinnig fand: ›Oh Barbar, gib mir meine Kräfte wieder‹. Warum er auf all diesen, für unsere Ohren eher unfreiwillig komischen Originalsätzen bestand, habe ich leider nie erfragt. Wahrscheinlich nur, weil sie original waren. Auf jeden Fall konnte mich seit dieser Zeit bei keinem FIDELIO-Gastspiel der Text mehr durcheinander bringen, der ja in jeder Inszenierung anders eingestrichen wird. Ich kannte ihn, dank Klemperer, vollständig!

Privat besuchte ich ihn häufiger in seinem Hotel in London, im FIDELIO-Jahr schon zusammen mit Christoph. Einmal noch in Zürich. Die Begegnung mit Klemperer ist ein wichtiger Abschnitt in meiner Vergangenheit.

Christoph

Irgendwann im Laufe des Jahres 1968 begann mein neues Leben. Ein Leben, in das ich mich erneut mit Vehemenz zu stürzen bereit war, beseelt von dem Wunsch, alles richtig zu machen.

Ich war innerhalb kürzester Zeit durch Wieland in die höchsten künstlerischen Höhen getragen worden, niemand würde mir jemals wieder etwas Vergleichbares bieten können.

Andrés Liebe war etwas Einmaliges. Das wußte ich damals, und das weiß ich heute mehr denn je. Ich mußte einen Weg finden, um zu überleben, und hoffte, ihn mit Christoph finden zu können. Ich war jung, verliebt und glaubte trotz der beiden so dicht aufeinander folgenden Schicksalsschläge an das Leben und an diese neue Beziehung. Ich wünschte mir endlich einen dauerhaften Halt durch einen Menschen, der nur für mich da war.

Als unsere Kinder geboren wurden, sagte ich häufig, daß ich nie mehr singen werde, und meinte das auch. Es war mir nicht wirklich klar, was ich damit sagte. Ich war erfüllt davon, Mutter zu sein, eine Familie zu haben. Es war eine Aussage, an die Christoph mich später immer wieder erinnerte. Die er wieder und wieder als einen von mir ausdrücklich geäußerten Wunsch und – noch später – als ein Beispiel meiner Unbeständigkeit anführte. Es ist wohl ein Phänomen vieler Beziehungen, daß man angezogen wird von der Stärke und der Kraft eines Menschen und dann nicht damit leben kann. Entweder weil man sich zu gering neben dem anderen fühlt, oder weil man sein Ziel erreicht hat (oft mit Hilfe des Partners) und nur noch einen Menschen neben sich braucht, der einen bewundert, der bereit ist, sich weitgehend aufzugeben.

Selbst wenn ich in der Lage gewesen wäre, noch mehr auf ihn einzugehen, als ich es schon tat (obwohl er immer wieder meinte, ich dächte nur an mich), mich endgültig gegen meinen Beruf entschieden hätte, warum wollte er das in meinem Fall? Warum war er nicht stolz auf das, was ich erreicht hatte und konnte, wie er das doch offensichtlich am Anfang unseres gemeinsamen Lebens war? Ich sang während seiner Zeit als Opernchef in Frankfurt nicht deshalb so häufig, weil ich ihn gezwungen hätte, mich in all den Rollen zu besetzen!

Drei Menschen hatten, bis zu ihrem Tod, alles getan, um mir meinen Lebensweg zu ebnen. Niemand – selbst ich nicht – hatte das

Recht, alles wieder zunichte zu machen. Meine Theaternatur rebellierte gegen die Privatperson, und damit siegten die, die dieses Leben für mich vorgezeichnet hatten. Die ihr Leben, die Kraft ihres Talents und ihrer Liebe mit mir geteilt hatten, und damit zum Mittelpunkt meines Lebens wurden.

Das ist wohl das Geheimnis meiner bis heute anhaltenden Bindung an diese drei Menschen, vielleicht das Geheimnis jeder Bindung.

❧

Die Beziehung zu Christoph wird verständlicher, wenn man meine vorangehenden kennt, aber auch, wenn man etwas von seinem Leben weiß. Er war, als wir uns kennenlernten, in einer schwierigen Situation. Er ist kein Mann für schnell wechselnde Affären. Seine damalige Ehe bedeutete ihm sehr viel. Ich glaube, er liebte seine Frau noch, als wir schon längst zusammen waren. Er hatte jahrelang um diese Ehe gekämpft, alles dafür getan, sie zu erhalten. Schon bevor ich ihn traf, war das aber wohl nicht mehr möglich. Er wollte und suchte, genau wie ich, jemanden, der für ihn – und nur für ihn – da sein würde. Beide hofften wir darauf, beide hatten wir den falschen Partner gewählt.

Als ich ihn kennenlernte, war er erst am Anfang seiner Karriere, deren steile Entwicklung ich mir damals noch nicht vorstellen konnte. Ich sah nur die Möglichkeit, mit ihm zusammenzusein, zusammen arbeiten zu können, wie ich es gewohnt war, mit ihm die gleichen Interessen zu teilen. Christoph fand es durchaus reizvoll, mit einer nicht unbegabten und inzwischen sehr berühmten Sängerin befreundet zu sein und auftreten zu können. Das war unsere Anfangssituation. Es war vielleicht auch ein bißchen so, wie Wieland die Beziehung Othello-Desdemona beschrieben hat: *Sie sind nie aus der gegenseitigen Fremdheit herausgetreten, nie in ein ›echtes‹ Gespräch gekommen ... jeder liebte nur das Idealbild, nicht den wirklichen Menschen ...* (Ihre Entfremdung) *ist mehr Ergebnis einer Vertrauenskrise.*

›Vertrauen‹ ist wohl das Schlüsselwort, der Grund für das Scheitern unserer Beziehung. Nicht nur von seiner Seite! Es gibt wahrscheinlich verschiedene Arten von Vertrauen und Vertrauensbruch.

Es ist nicht leicht, das Mißlingen einer Ehe zu erklären, natürlich nicht (zumal ich nach wie vor finde, daß es nicht nötig gewesen wäre), weil man entweder noch voller Emotionen, Mißverständnisse und Aggressionen ist und daher weit entfernt von einer objektiven Sicht, oder weil so wenige Gefühle übriggeblieben sind, daß man nicht mehr weiß, was man über das – einstige – gemeinsame Leben denken und sagen soll. Beides ist sehr traurig, beides trifft in Teilen auf uns zu, aber doch auch wieder nicht. Ich will also versuchen, alles einigermaßen objektiv zu schildern.

Christoph sagte in der Anfangsphase unserer Beziehung: ›Es gehört Mut dazu, sich mit dir einzulassen. Deine Männer sterben ja immer!‹ Ein zwar zutreffender, aber auch makabrer Satz. Nun, gestorben ist er nicht, aber unsere Liebe ist es wohl. Warum, woran, wieso ist nicht einfach zu beantworten. Oberflächlich gesehen vielleicht an meiner Instabilität, so will er es sehen. Vielleicht aber auch an seiner Stabilität, die nichts anderes wirklich zuließ, als seine eigene Sicht. Seine häufigsten Sätze waren: ›Ich habe dir immer gesagt ...‹ oder ›Ich habe dich gewarnt ...‹ (sie galten schon in seiner ersten Ehe). Ich wollte sie nicht glauben. Warnungen sind keine gute Basis für ein gemeinsames Leben und für das, was man (auch) Vertrauen nennt. Fangen wir von vorne an.

Sein Name war es, der mich zuerst faszinierte. Ich höre und schreibe ihn heute, wo er schon fast nicht mehr zu mir gehört, immer noch gerne. Er ist ja auch der Name unserer Kinder. Aber das ist nicht der Grund. Ich fand ihn einfach schön.

Ein Jahr, bevor ich nach Frankfurt engagiert wurde, ging er dort weg, nach Lübeck, mit 27 Jahren als jüngster Generalmusikdirektor Deutschlands. Anläßlich eines Konzerts, glaube ich, kam er nach Frankfurt zurück und besuchte während einer Probe seine ehemaligen Kollegen. Ich tat zur gleichen Zeit dasselbe. Nicht ganz zufällig standen wir nebeneinander am Inspizientenpult der Frankfurter Oper. Irgend jemand hatte mir gesagt, wer er war, und umgekehrt war es genauso. Er trug eine dunkel umrandete, damals modische Brille und sah damit streng und seriös aus, obwohl er noch so jung war (er hatte sie immer noch, als ich ihn viele Jahre später wieder traf). Wir sprachen über einen Spielzeugladen, in dem er ein Geschenk für seine gerade geborene

Tochter kaufen wollte. Der Eindruck, den er von mir hatte, war, wie er später sagte, der eines pubertierenden Teenagers. Das war 1958.

1967 sah ich ihn wieder, bei einer Vorstellung des FLIEGENDEN HOLLÄNDER in München. So steht es jedenfalls im Programmheft. Daß ich mich daran nicht erinnern kann, sagt nichts über die Qualität der Aufführung, aber viel über meinen damaligen Zustand. Das empfanden auch die Zuschauer. In einer Besprechung dieser Aufführung lese ich heute: *Anja Silja hat selbst von sich gesagt, daß sie ein Geschöpf Wieland Wagners ist: Gleich ihm ist sie von besessener Intensität, sie verbrennt sich im Gesang, auf der Bühne, wie eine Kerze, die an beiden Enden flammt. An ihr kann man ermessen, welche Kräfte Wieland Wagner frei machte ...* Und über den Dirigenten: *Christoph von Dohnányi dirigierte zum erstenmal in München eine Wagneroper... liebevolle Ausmalung der Details ohne Vernachlässigung der großen Bögen, sehr starke Betonung des Rhythmischen verrieten eine starke Bindung des Henze-Spezialisten an den altromantischen Wagner.*

Unsere eigentliche Begegnung kam etwa einen Monat später, im Oktober 1967, als ich, wie schon erwähnt, am Münchner Nationaltheater für Leonie Rysanek als Lady Macbeth einsprang.

Christoph und ›Otti‹ Schenk probierten mit großer Geduld (was blieb ihnen auch anderes übrig), während ich mich bei allen Proben an den Klavierauszug klammerte. Besonders die Ensembles erschienen mir unlernbar. Es sangen einfach zu viele andere Sänger gleichzeitig, fand ich! Noch schwieriger war für mich der – gesprochene – Brief bei ihrem ersten Auftritt, ein Stolperstein für alle ›Lady's‹ dieser Welt. Es ist eindeutig schwerer, in einer fremden Sprache zu sprechen als zu singen. Diese Szene hielt uns sehr auf. Otti unterbrach mich ständig, sagte, meinen angeblichen Berliner Tonfall imitierend: ›Du liest das, als würdest du sagen wollen: schreibt mir doch dieser Idiot uff Italjänisch, det kann ick doch jar nich lesen!‹ Wann immer ich heute MACBETH höre, fällt mir dieser Satz ein. Und wo immer ich Otti treffe, bringt er ein Zitat aus dem Brief an. Einmal sogar während einer Theatervorstellung in Wien, in der ich im Zuschauerraum saß. Unvermittelt und zur Verblüffung seiner Partner auf der Bühne sagte er völlig unmotiviert den Brief auf: ›Nell' dì della vittoria io le incontrai ...‹

Günther Rennert, Intendant der Bayerischen Staatsoper, glaubte an meine Musikalität und daran, daß ich die Rolle in so kurzer Zeit lernen

Als Lady Macbeth in München, 1967

würde. Die Tatsache, daß Christoph skeptisch nicht daran glaubte, steigerte meinen Ehrgeiz.

Trotz seiner Zweifel half er mir, wo er konnte, gab mir jeden Einsatz – sonst wäre ich verloren gewesen – und blieb die Ruhe selbst.

Wir kamen uns nur langsam näher. Ich hatte mich so in meine Traum- und Trauerwelt verschlossen, daß ich kaum etwas wahrnahm, trotz meiner äußerlich zur Schau gestellten Fröhlichkeit und der für die meisten Menschen extravaganten Aufmachung. Und doch fand ich in ihm, hinter seiner oft als Arroganz mißverstandenen Zurückhaltung und Ironie, einen sehr liebevollen, hilfsbereiten und sich nach Harmonie sehnenden Menschen. Eigenschaften, die er bis heute, nach außen, meisterlich zu verbergen in der Lage ist.

Er erkannte bald, daß ich bei weitem nicht so ›bunt‹ war, wie ich immer geschildert wurde. Und wie er auf Grund meiner – auch in seinen Augen – zu auffallenden Kleidung vermutet hatte. Er kam eines Tages zu mir zum Essen, in meine Wohnung in Nymphenburg, die ich noch immer mit meiner Freundin Ric bewohnte und die schon so viel erlebt hatte. Er kam, neugierig, wie ›die‹ wohl wohnt. Daraus kann man bekanntlich viel ableiten. Nun, es hat ihm offenbar gefallen. Bis auf den Flügel, den mir mein Großvater geschenkt hatte. Er war weiß. Flügel dürfen nicht weiß sein, das hat einen anrüchigen Touch. Mir, und wohl auch meinem Großvater, war die Farbe egal. Er hatte ihn günstig bekommen und selbst – zur Verschönerung – noch etwas übermalt. Für mich war die Hauptsache, daß ich meine Partien darauf lernen konnte. André hat auf ihm gespielt, ohne ihn zu schmähen. Christoph dagegen erwähnte ihn noch viele Jahre später (ich hatte ihn längst nicht mehr) als Musterbeispiel des schlechten Geschmacks.

Er war um die Hälfte jünger als André, wie ich Berliner, mit einer, wie man uns nachsagt, ›frechen Schnauze‹. Erstaunlicherweise wird das immer nur von Berlinern behauptet. Trifft das nicht auf alle Hauptstädter zu?

Er war, wie bisher alle Männer in meinem Leben, verheiratet. Seine Frau, eine begabte Schauspielerin, an vielen Theatern gefragt. Sie hätte eine große Karriere machen können, wenn nicht – der Alkohol gewesen wäre. Als ich Christoph kennenlernte, war er schon entschlossen, dieses Leben nicht weiter zu führen. Ich war nicht der Grund für eine Trennung. Aber vielleicht der Ausschlag. Als Chefdirigent beim Westdeutschen Rundfunk lebte er in Köln (schon, als Wieland den RING dort inszenierte), hatte zwei kleine Kinder und fürchtete zu Hause ständig unkontrollierbare, unvorhersehbare Reaktionen.

Ich lernte seine Frau am Premierentag von MACBETH kennen. Eine lebhafte, amüsante und hübsche Frau, mit der ich mich unter anderen Umständen sicher gut verstanden hätte. Und das an diesem Abend auch noch tat. Fazit: Diese Bekanntschaft war wieder einmal alles andere als unproblematisch. In gewisser Weise sogar komplizierter als die vorherigen. Ich suchte die Beziehung zu ihm nicht. Sie ergab sich, und erneut über den künstlerischen Umweg. Es hat ihm sicher imponiert, daß ich die Rolle tatsächlich so schnell gelernt hatte, auch wenn er darüber, wie es seine Art war und blieb, nicht viele Worte (vor allen Dingen nicht des Lobes) verlor.

Das Interesse der Menschen an mir lag immer wieder an der Außergewöhnlichkeit meiner Karriere. Die Medien taten alles, um sie noch ungewöhnlicher, noch schillernder erscheinen zu lassen. Seit Wielands Tod wurde ich von Journalisten geradezu verfolgt. Sie wollten Berichte über mein Leben, wollten mich auf Gastspielreisen begleiten. Jedesmal hoffte ich, es würde eine etwas seriösere Geschichte geschrieben werden, aber sie wurde immer wieder entweder kitschig oder als Sensationsbericht aufgezogen. Man legte mir einen Jargon in den Mund, der nie der meine war. Worte wie ›dufte‹, ›geil‹, ›steiler Zahn‹ gehörten nicht zu meinem Vokabular. Mir wurde fast alles zugetraut, und ich war nicht in der Lage, dieses Image zu verändern. Heute kann man sich gar nicht mehr vorstellen, womit man in den sechziger Jahren Anstoß erregen konnte: *Ihre Kleidung treibt eingefleischten Wagnerianern Tränen in die Augen. Eine Wagnersängerin läuft nicht in Nietenhosen rum!* Man sah auf mich und fragte sich, was ich wohl als nächstes tun würde. Auf jeden Fall würde es etwas Verrücktes, Schockierendes sein. Das war nicht schwer zu erreichen, in den sechziger Jahren war schon ein Minirock ein Skandal und führte zu Massenaufläufen.

Dabei tat ich, abgesehen von meiner Trauer, neben dem Singen nur das, was wohl jedes junge Mädchen meines Alters tat. Ich liebte schnelle Autos, Mode (natürlich Miniröcke), meine eigene Wohnung, Filme …

Ich war schließlich erst 27 Jahre alt. Ich suchte nach diesen Schicksalsschlägen mehr denn je Geborgenheit und Sicherheit. Ich hatte sie bisher in meinem Leben, nach einer behüteten Kindheit, nur für Momente erlebt. Wieland hatte zu spät begonnen, mir diese so sehr ersehnte Sicherheit geben zu wollen und zu können. André gab mir allen Schutz, zu dem er fähig war, aber nach außen hin wagte er es nicht zu zeigen, aus Rücksicht auf mich (er fürchtete durch unsere Beziehung meine Karriere zu gefährden), selbst wenn er es kraftemäßig noch gekonnt hätte. Einmal traf er im Flugzeug einen meiner Kollegen – Martti Talvela – der ihn fragte, ob er wisse, wie es mir gehe. André antwortete, er hätte gerade mit mir telefoniert und es ginge mir gut. ›Durfte ich das?‹, fragte er mich später.

Ich war in diesen Jahren (und nicht nur in diesen Jahren) vielen üblen Nachreden ausgesetzt, und ich wehrte mich auf meine Weise. Mit scheinbarer Gleichgültigkeit. Sie wird mir bis heute zuweilen nachgesagt. Wen interessiert es schon, wie es im Innersten eines anderen Menschen aussieht!

Für Christoph war der Neuanfang mit mir nicht immer leicht, das weiß ich. Jeder zweite meiner Sätze begann mit: ›Wieland hat gesagt ..., Wieland meinte ...‹! Ich erzählte ihm auch von André. Er mußte lange mit beiden leben. Er schien stark genug, das zu können. Er war es wohl nicht. André war bereit, die Erinnerung an Wieland mit mir zu leben und zu teilen, aus Bewunderung für ihn, und das stärkte meine Liebe noch. Christoph wollte das ganz und gar nicht. Er hat keinen von beiden persönlich gekannt und war in einem Alter, in dem man rücksichtslos nach vorn sieht. Er stand am Anfang seiner großen Karriere. Irgendwann mochte er nichts mehr von meiner Vergangenheit hören, verständlicherweise. Er gefiel mir, er gefiel mir sogar sehr, und ich verliebte mich in ihn. Aber, wie ich heute merke, habe ich meine Vergangenheit nie wirklich verarbeitet, nie wirklich bewältigt, sondern einfach nur verdrängt. Ihm und uns zuliebe, und um ihn nicht zu verlieren. Das Ausmaß dieser Verdrängung wird mir erst heute bewußt.

Unser gemeinsames Leben, unsere Ehe war für die Ewigkeit gedacht, weil sie nicht aus Leidenschaft entstand, sondern – so dachte jedenfalls ich – aus liebevollem Verständnis und dem Wissen, was man vom anderen erwarten kann, was man von sich aufzugeben bereit ist, beruhte auf dem Wunsch, dieses Mal alles richtig zu machen, nicht noch einmal so viel Zeit zu verlieren. Unsere Liebe zueinander wuchs, auf beiden Seiten. Um es vorwegzunehmen, sie hielt 25 Jahre. Für viele Ehen scheint das die magische Grenze zu sein. Sie hätte länger halten können, wenn wir die Charaktereigenschaften, die wir damals schon im anderen erkannten, die wir vielleicht gegenseitig schon als negativ bewertet hatten, als unveranderbar angenommen hätten. Aber wer tut das schon? Immer macht man denselben Fehler zu glauben, irgend etwas an dem Partner ändern zu können – früher oder später.

Er war und blieb von einer geradezu erschreckenden Geradlinigkeit, Direktheit und Klarheit, die am Anfang begeistert, auf Dauer aber schwer zu leben ist. Es gab nur einen, seinen kerzengeraden Weg. Wer nicht ganz so unangefochten konsequent durchs Leben gehen konnte – und das sind die wenigsten – hatte schlechte Karten an seiner Seite (um keine Mißverständnisse aufkommen zu lassen, ich spreche nicht von Affären oder Seitensprüngen). Dafür hatte er früher eine bemerkenswerte Geduld und Diplomatie, die nur, mit Sarkasmus und Ironie gepaart, oft vieles wieder kaputt machte. Für mich war Sarkasmus nichts Ungewöhnliches. Damit kannte ich mich inzwischen gut aus! Dadurch übersah ich wohl die entscheidenden Unterschiede in unserer Lebensauffassung.

Seine Welt war eine andere als meine, eine andere als ich sie gewohnt war. Wieland hatte seine zu meiner gemacht, ich wiederum meine zu seiner, in gemeinsamer Arbeit und Liebe. Das war wohl die idealste Kombination. André hatte wie ein Wirbelsturm alles niedergemäht, was an Zweifeln, an Widerständen im Wege war. Für Christoph dagegen war das Wort Emotion fast ein Schimpfwort und eine Ausrede für Disziplinlosigkeit. Das war etwas, womit ich nur schwer leben konnte, von Anfang an. Ich hatte bisher nur Männer gekannt, die extrem emotional waren. Außerdem konnte man mir alles nachsagen, aber Disziplinlosigkeit nun wirklich nicht. Bei jeder ›emotionalen‹ Handlung hatte ich künftig Schuldgefühle und die Angst, etwas falsch zu machen. Hier lag der entscheidende Fehler in meinen Reaktionen. Wahrscheinlich zu entscheidend. Er erschien mir am Anfang unserer Liebe nicht wichtig.

Alles, was Christoph im Leben erreicht hat, war mit großem Fleiß und eiserner Disziplin erarbeitet. Und mit einem überdurchschnittlichen Talent. Sonst hätte kein Fleiß dieser Welt etwas ausgerichtet. Ich hingegen lernte alles spielerisch, sehr gezielt von meinem Großvater gefördert. Christoph empfand meine Einstellung zum Leben als die eines verwöhnten, verzogenen Kindes. Das ist mit Sicherheit nicht die richtige Sicht, wenn ich auch zugebe, daß ich ungewöhnlich erzogen wurde, lange bevor man von antiautoritärer Erziehung sprach. Seine Kindheit war durch die politischen Umstände schwer belastet, meine war das genaue Gegenteil. Sein Vater Hans von Dohnanyi, einer der führenden Köpfe im Widerstand gegen Hitler, wurde 1943 verhaftet und wenige Tage vor Kriegsende hingerichtet. Sicher für Christoph ein lebenslanges Trauma. Sein Mutterbild war stark idealisiert. Sie war für ihn eine Frau, die alles richtig gemacht, alles gekonnt, sich für Mann und Kinder aufgeopfert hatte. Daß sie das tat, will ich selbstverständlich nicht bestreiten, aber es waren extreme Zeiten, in denen auch andere so gehandelt haben, nicht anders handeln konnten.

Christoph hat einen scharfen und schnellen Verstand, ich hingegen entscheide alles – wie er immer wieder behauptete – aus dem Bauch heraus. Nur mein Instinkt lenke mich (um den beneidete er mich andererseits immer), mein intellektuelles Niveau hingegen entspräche mehr dem einer bekannten bunten Zeitschrift, meinte er. An seinem ständig zur Schau gestellten Verstand scheiterte ich. Ich war diesem Daueranspruch nicht gewachsen und machte Fehler, die ich sonst vielleicht nicht gemacht hätte.

Ich war, wie er immer wieder sagte, nicht fähig, logisch zu denken, nicht in der Lage, konzentriert und kontinuierlich zu arbeiten, unfähig, mich zu beherrschen. Hätte ich das alles gekonnt, wäre meine Karriere erfolgreicher (!) verlaufen, unangreifbarer. Naja, diese Sätze sprechen für sich.

Er mußte seine Emotionen in den Kriegs- und Vorkriegsjahren unterdrücken. Es wurde zum Leitmotiv seines Lebens. Er verfolgte zielstrebig seine Karriere, an die er mit Recht glaubte, und hätte von Anfang an eine Frau an seiner Seite gebraucht, die nur für ihn da sein konnte. Eine Frau, die seinem Mutterbild entsprach. Seine erste Frau tat das schon nicht und ich noch weniger, obwohl ich glaube, eine gute Mutter gewesen zu sein. Für seine und für unsere Kinder.

Er wollte, als wir uns kennenlernten, durchaus jemanden an seiner Seite haben, der ›etwas darstellte‹. Heute braucht er das nicht mehr! Nun, ich war da. Der ›Weltstar‹, wie er mich ironisch nannte.

Ich erinnere mich noch an einen Streit, den wir einmal hatten. Es ging um die berühmte ›Zahnbürste‹, also um nichts. Ich wurde lauter und lauter, er leiser und leiser. Eine typische Situation in unserem Leben. ›Emotion‹ gegen ›Intellekt‹. Ich brach weinend auf der Couch zusammen und sagte den folgenschweren Satz: ›Aber berühmter bin ich!‹ Er schien mir die einzige und letzte Waffe in einem für mich von Anfang an verlorenen Kampf. Wir mußten darüber so lachen, daß der Streit sofort beendet war. Dieser Satz wurde zum geflügelten Wort. Wann immer eine neue Auseinandersetzung drohte, sagte er lächelnd: Ich weiß, berühmter bist Du! Selbst dieser Satz sollte bald nicht mehr stimmen.

❧

Das erste Jahr mit Christoph begann mit einer WALKÜRE in Genf. Ich versuchte, alles, was ich mit Wieland erarbeitet hatte, in diese ›Fremdinszenierung‹ zu retten, die mir nichts besonderes bot, außer einem Dirigenten, der es weitgehend verhinderte, daß man rhythmisch sang. Und ich hatte die – Masern.

Beim Holland-Festival sang ich 1968 (nach der Elektra und der Lulu dort) die Salome. Diesmal mit einem Dirigenten, den ich besonders gern mochte: Jaroslav Krombholc. Ein feinfühliger, vornehmer Mann und ein ausgezeichneter Begleiter. Wielands Inszenierung wurde von Renate Ebermann betreut. Eine der Vorstellungen war in Scheveningen, ein damals noch altmodisches Seebad, wie man es von alten Bildern kennt. Es erinnerte mich an meine Großeltern und an meine Bädertourneen.

Boulez war ebenfalls Gast dieses Festivals. Nach einer Vorstellung saßen wir mit einigen Kollegen zusammen. Das Gespräch kam, ich weiß nicht mehr weshalb, auf Christoph. Boulez stand ihm damals nicht sehr positiv gegenüber, da Christoph mehrere Uraufführungen von Hans Werner Henze dirigiert hatte und die beiden Komponisten (Boulez war vor seinem Bayreuther PARSIFAL hauptsächlich als Komponist bekannt) sich nicht mochten, was wohl auf Boulez' Meinung über Christoph abfärbte. Ein Sänger (Sänger sind fast immer gegen Dirigenten, vor allem gegen die abwesenden) trat mir während der Diskussion für und wider Christoph unter dem Tisch ständig vehement gegen mein Schienbein. Er wußte wohl von meiner Beziehung zu ihm und wollte sein Gegenüber, der nicht aufhörte, über ihn zu schimpfen, davon abhalten. Die Fußtritte galten eindeutig nicht mir, aber ich ließ ihn in dem Glauben, die richtige Adresse gefunden zu haben.

Schon im Sommer 1968 machten Christoph und ich gemeinsam Ferien (sie gehörten zu den wenigen, in die er nicht einen Berg von Noten mitnahm). Wir wollten in den Süden. Das war seine Richtung. Meine war und blieb bis heute der Norden. Der Entschluß für diese Reise war so kurzfristig, daß wir nichts Südliches fanden und doch in den Norden fuhren, nach Dänemark, zu einem Kollegen von mir. Wir fuhren zu Frans Andersson – ich habe ihn schon erwähnt. Der Kurwenal meines ersten TRISTANS in Bologna, später mein Holländer in Kopenhagen. Eine ungewöhnliche Erscheinung und eine Legende in Dänemark. Wild wie ein Wikinger, despotisch und im Innersten sehr weich. Ich mochte ihn sehr. Auch er ein großer Bewunderer Wielands.

Eine für ihn typische Geschichte: Ich wurde während der Endproben in Bologna krank, niemand kam, mir zu helfen, kein Kollege besuchte mich in meinem Hotel aus Angst vor Ansteckung. Unerwartet ging meine Zimmertür auf. Frans stand im Rahmen und rief, mit großem Kammersängerton und dänischem Akzent: ›Anja, du Swein, denk an meine Gage!‹ Und schon war er wieder draußen. Diese ›aufmunternden‹ Worte und mein eigenes Interesse an der Gage haben bewirkt, daß ich gesund wurde und die Premiere singen konnte. Er war mir ›auf ewig‹ dankbar und lud mich später zu einem Kaffee ein.

Wir fuhren also zu ihm nach Dänemark. Seine damalige Frau, die Sängerin Rita Bartos, die jahrelang wie ich ein Blumenmädchen in Bayreuth sang, hatte mich immer wieder eingeladen, sie in Dänemark zu besuchen. Jetzt endlich war die Gelegenheit dazu gekommen. Christoph sehnte sich nach einem ruhigen Ort, weit weg von der erwähnten häuslichen Misere (seine Kinder wurden während dieser Ferien von einer Freundin seiner Frau betreut). Die Landschaft in Dänemark war wunderschön, aber auch in dieser Familie spielte der Alkohol eine Rolle. Das hatte ich nicht gewußt. Christoph traf fast der Schlag bei unserer

Ankunft. Unterwegs hätte ich uns beinahe in der Ostsee versenkt, weil ich eine Kurve mit allzu viel Schwung genommen hatte. Alles drohte schief zu gehen. Und wer war damals schon schuld?

Nach dem ersten Schock retteten wir uns doch in die Komik der Situation. Wir überlebten. Und nicht nur das. Wir fanden das Haus, in dem wir die folgenden 25 Jahre jeden Sommer unsere Ferien verbrachten und in dem ich immer noch Ferien mache. Ich finde seit Jahrzehnten etwas, was ich umbauen kann. Vermutlich geht mir eher das Geld aus, als die Ideen.

Mit der SALOME hatte ich im Herbst 1968 mein Amerika-Debüt in San Francisco. Wieder war es Renate Ebermann, die sie nachinszenierte. Kurt Herbert Adler war dort Intendant, neben Rudolf Bing von der Metropolitan der wichtigste Theaterleiter Amerikas (beide übrigens gebürtige Österreicher). Es war die große Zeit der Oper von San Francisco. Alle berühmten Sänger traten dort auf, genauso wie an der Met und in Chicago. Adler war etwas mehr an Regisseuren und am deutschen Repertoire interessiert als die beiden anderen Häuser, die hauptsächlich italienische Opern spielten. Da es für mich nur eine Reprise der SALOME war und keine neue Rolle, erinnere ich mich wirklich nur an die Tatsache dieses Engagements. Es war mein erster Flug nach Amerika, und er schien mir noch weiter, noch aufregender als der nach Japan. Ich sprach kein Wort Englisch (fast keiner meiner Kollegen konnte das erstaunlicherweise damals). Auf dieser Reise war ich völlig auf mich gestellt, wurde nicht durch ein ganzes Ensemble geschützt, das mir vertraut war. Ich erinnere mich noch genau an meinen Abflug vom Frankfurter Flughafen, der Ende der sechziger Jahre klein und fast gemütlich war, und dessen Ausbau ich in jeder Phase miterlebt und mit Bedauern beobachtet habe. Trotzdem ist er mir, auch heute noch, der vertrauteste aller Flughäfen. Elke Sommer, die deutsche Filmschauspielerin, flog am selben Tag wie ich in ihr amerikanisches Leben, sie allerdings nach Los Angeles. Ich kenne sie nicht, ich erinnere mich nur daran, da sie ebenfalls in der kleinen Abflughalle wartete. Merkwürdig, was man in Erinnerung behält und was nicht.

Jedenfalls war dieses Gastspiel der Beginn einer langjährigen Freundschaft zu San Francisco und besonders zu Kurt Herbert Adler.

Mehr als alles andere war mir immer die Atmosphäre eines Opernhauses, der persönliche Kontakt zur ›oberen Etage‹ wichtig. Das Geldverdienen und der Applaus ist etwas, was man anstrebt, aber die Menschen sind es, die einen anspornen, die einen gerne an einen Ort zurückkehren lassen. Leider gibt es nicht allzu viele, die einem das Gefühl der Geborgenheit vermitteln. Die Oper von San Francisco war sehr gut geführt, sehr persönlich. Adler dabei gefürchtet und sicher nicht nur angenehm. Es ist auch nicht die Aufgabe eines Intendanten, immer angenehm zu sein. Er war eine Autorität, und das allein zählt in so einer Position.

In Wien folgte noch im selben Jahr eine weitere Otto Schenk-Inszenierung: LULU (wie ich heute in Vorankündigungen aus der damaligen Zeit lese, war sie ursprünglich mit Wieland vorgesehen). Es war für mich die zweite Inszenierung dieser Oper. Mit anderen Regisseuren zu wiederholen, was ich mit Wieland erarbeitet hatte, war und blieb ein Problem für mich. Ich mußte mich zwingen, nicht auch auf Rollen, die für mich wichtig waren und wurden, den ›Bann‹, den ich mir selbst auf Wagner gelegt hatte, zu übertragen. Es mußte ja in meinem Repertoire weitergehen, und ich arbeitete gern mit ›Otti‹. Renée Schenk erzählt bis heute, daß ich 1967 in der TRAVIATA-Zeit in Frankfurt immer gesagt hätte: ›Ich weiß nicht, wen ich nehmen soll, den Otti oder den Christoph?‹ Das war zwar nie ernst gemeint, aber ich mochte und mag ihn besonders gern. Außerdem war die Arbeit mit ihm sehr unterhaltsam und lustig. Er konnte wunderbar und sehr komisch vorspielen, würzte die Proben mit seinen – inzwischen auch den Fernsehzuschauern bekannten – Scherzen und Geschichten, die man immer wieder gern hört. ›Otti, mach was‹ war auf den Proben, und nicht nur da, der von mir am häufigsten benutzte Satz, der sofort von ihm befolgt wurde.

Die Proben waren ganz anders, als die mit Wieland, allein deshalb, weil auch Otti die LULU schon einmal inszeniert hatte und wir viel lockerer damit umgingen. Wir schöpften sozusagen ›aus dem reichen Schatz unserer Erfahrung‹. Martha Mödl war die Geschwitz, Hans Hotter sang den Schigolch. Bisher war ich ihm nur auf der ›hehren Walstatt‹ begegnet. Drei Bayreuthsänger waren in vollkommen anders gearteten Rollen auf der Bühne vereint. Ernst Gutstein sang Dr. Schön, ein Kollege, den ich immer sehr bewundert habe. Ich stand mit ihm in meiner ersten Frankfurter Zeit häufig auf der Bühne, zuletzt, kurz vor der LULU, in der TRAVIATA. Waldemar Kmentt sang Alwa (zweimal war er mein wunderbarer Hoffmann), Böhm dirigierte und wurde, wie immer, überschwenglich gefeiert. Die Kritik war sich diesmal einig: Anja Silja ›ist‹ Lulu! Was auch immer sie damit meinten, ich habe es als Lob verstanden.

❧

Wenn Christoph in München dirigierte, wohnte er von nun an bei mir in Nymphenburg. Sein Zuhause war noch Köln und meine Existenz dort kein Geheimnis mehr. Es gab für ihn kein Zurück. Aber den bisherigen Weg zu verlassen, war nicht einfach.

Von Anfang an gab es Verantwortung in unserem gemeinsamen Leben. Nicht die Unbelastetheit eines frisch verliebten Paars, obwohl wir das tatsächlich waren. Die habe ich in keiner meiner Beziehungen gekannt. Sehr bald wurde es unvermeidlich, seine Kinder zu uns zu holen. Bevor ich mich versah, bevor wir Zeit hatten, unsere Zweisamkeit zu leben, hatte ich plötzlich zwei Kinder im Alter von elf und neun Jahren. Die Tochter Katja, schon geprägt von der häuslichen Situation, und den Sohn Justus, jünger, unbelasteter. Sie wurden ›meine‹ Kinder. Ich machte mit ihnen Schularbeiten, hörte Vokabeln ab, wir machten Ausflüge, ich nahm, so gut ich konnte, Teil an ihren kindlichen Sorgen, wir fuhren in die Ferien. Wir waren eine Familie. Trotzdem – Kinder im beginnenden Teenageralter sind eine Herausforderung. Noch dazu, wenn es nicht die eigenen sind. Die Mutter tat alles, die Situation noch zusätzlich zu erschweren (wie gut kann ich das heute verstehen!). Es war doch sehr anders, als ich mir ein ›normales‹ Leben vorgestellt hatte.

Ich wollte von den Männern, die ich liebte, Kinder haben. Zweimal war es mir nicht möglich gewesen. Jetzt endlich hoffte ich darauf. Meine erste Schwangerschaft sollte aber noch nicht sein. Christoph fürchtete Konsequenzen, konnte und wollte sich nicht scheiden lassen, solange der Zustand seiner Frau nicht stabiler war und seine Kinder groß genug, um alles zu verstehen. Heute meint er, der Entschluß, dieses Kind noch nicht haben zu wollen, sei von mir ausgegangen, weil ich singen wollte. Ich erinnere mich anders, aber ich will nicht darauf bestehen, beides mag stimmen. Daß ich scheinbar selbstverständlich wieder einmal mit einem verheirateten Mann zusammenlebte, hatte nichts mit Emanzipation zu tun, wie man immer schrieb und glaubte, sondern in erster Linie mit den erneut so komplizierten Lebensumständen.

In Frankfurt und zum ersten Mal mit Christoph, der dort inzwischen Generalmusikdirektor geworden war, als Dirigenten, sang ich 1969 in dem mir bis dahin vollkommen unbekannten FEURIGEN ENGEL von Prokofjew. Eine endlose Partie und ein sehr ausgefallenes Sujet. Die Oper spielt im Mittelalter in Köln und handelt von Magie, Hexenwahn, Astrologie, von Nonnen, die vom Teufel besessen sind, Exorzisten. Zwischen 1919 und 1926 komponiert, wurde sie erst 1955 in Venedig uraufgeführt. Ein sehr selten gespieltes Werk, unter anderem sicher, weil die Renata kaum zu besetzen ist. Die Hauptdarstellerin kommt praktisch nicht von der Bühne, sie singt ununterbrochen. Wenn es nach dem Komponisten ginge, mehr als drei Stunden. Daher wird fast immer drastisch gekürzt, und selbst dann bleibt die Partie unerhört anstrengend. Unsere Aufführung war spektakulär und ein Skandal, weil sich die Nonnen am Schluß des Stücks ihre Kutten vom Leib rissen. Für diese Szene waren professionelle Stripperinnen engagiert worden. Heute würde das vielleicht niemanden mehr schockieren. Obwohl wir, wie mir scheint, in mancherlei Hinsicht wieder in die Steinzeit der Oper zurückfallen. Unterstützt von einigen Dirigenten, denen ihr eigenes Image wichtiger ist als die Szene. Die nur auf den Klang achten und auf eine Perfektion, die so sein soll, wie schon tausendfach auf Schallplatten festgehalten. Oft kommt es mir vor, als hätten Wieland Wagner und andere bedeutende Regisseure nie gelebt. Ich bin allerdings auch kein Freund von Inszenierungen, die auf Müllhalden spielen. Häßlichkeit ist keine unentbehrliche Voraussetzung für modernes Musiktheater.

Doch zurück zu unserem FEURIGEN ENGEL. Der tschechische Regisseur Vaclav Kašlik hatte viel Sinn für dieses düstere, unheimliche Stück, das, wenn es nicht sehr gut gemacht ist, leicht komisch werden kann. Das hat er erfolgreich vermieden. Kritiker sahen in meiner Renata eine ›Weiterführung der Salome und Lulu‹, sie war (wieder einmal) ›die Rolle meines Lebens‹. Exhibitionistisch, ich-bezogen, erotisch. Eine Richtung, in die man mich immer gern drängen wollte. Künstler sind für viele Menschen egoistisch, eitel, arrogant; Schlagworte, die so unsinnig wie dumm sind. Die meisten Menschen sind bis zu einem gewissen Grade egoistisch und eitel. Unser Beruf ist nur etwas extrovertierter als viele andere. Wir erscheinen vielen Leuten schon launisch, wenn wir nicht willens sind, mit nie versagender Geduld alles über uns ergehen zu lassen. Mit einer eigenen Meinung wird man sofort als exzentrisch eingestuft. Damit muß man leben.

Mit dieser Inszenierung wurden wir zum Edinburgh Festival eingeladen. Es war für mich schon das dritte Gastspiel dort, jedesmal mit einem anderen Opernhaus. Die schottische Kirche äußerte Bedenken gegen die Aufführung und schickte eine Abordnung nach Frankfurt, die prüfen sollte, ob wir mit dieser Oper dort auftreten dürften oder nicht. Wir durften zu guter Letzt. In der ersten Vorstellung passierte etwas Merkwürdiges. Ich hatte schon fast zehn Minuten dramatisch und allein ›vor mich hin gesungen‹, als das Licht auf der Bühne und im Orchester ausfiel und die Aufführung abgebrochen werden mußte. Fieberhaft wurde nach der Ursache gesucht und Peter Diamant, der Direktor des Festivals, kam in meine Garderobe, um mich zu fragen, ob ich – wenn es denn je wieder hell werden sollte – noch einmal von vorne anfangen könne. Ich fand, das könne ich nicht, aber ich würde den schon gesungenen Teil markierend wiederholen. Nach etwa einer Viertelstunde Dunkelheit konnte es endlich weitergehen. Mein Temperament ging natürlich innerhalb kürzester Zeit mit mir durch, und ich sang alles erneut mit voller Stimme. Ganz Edinburgh war überzeugt, der Erzbischof höchstpersönlich habe am Lichtschalter gedreht. Es wurde kein Defekt gefunden.

Meine nächste Premiere war in Covent Garden. Wieder eine neue Partie. Die Cassandra in den TROJANERN von Berlioz. Eine fünfstündige Oper in zwei Teilen. Französisch ist zwar eine wunderbare Sprache, aber nicht eben leicht zu singen. Hätte ich nur mehr von André gelernt, er sprach ein so schönes Französisch, obwohl oder gerade weil er kein Franzose war. Colin Davis dirigierte die Aufführung. Die Cassandra ist darstellerisch sehr ergiebig, aber sie lag eigentlich damals etwas zu tief für mich. Ich habe mich sehr schwer damit getan, fühlte mich unsicher, noch dazu in der fremden Sprache, die dann doch jeder kennt. John Vickers und Peter Glossop waren meine Partner, beide noch auf der Höhe ihrer stimmlichen Kraft.

Seit den Klemperer-Aufführungen war ich in England sehr bekannt und beliebt und hatte daher, bevor ich überhaupt auftrat, eine große Publicity. Die Inszenierung war äußerst aufwendig, aber sehr konventionell, die Kostüme phantastisch. Ich glaube, ich sah hauptsächlich gut aus! Kurz vor der Premiere habe ich mir den Fuß so massiv verstaucht, daß ich befürchtete, im wahrsten Sinne des Wortes nicht auftreten zu können. Die Kritiken waren sehr positiv, wie ich heute sehe, also war ich doch mehr als nur dekorativ.

Zu dieser Zeit gab es noch Nachtflüge nach Frankfurt. Da ich nur im ersten Teil der Oper beschäftigt war, flog ich nach meinem Auftritt nach Hause. Daher habe ich den zweiten Teil nie kennengelernt. Erst viele Jahre später habe ich das in der Berghaus-Inszenierung in Frankfurt nachgeholt.

Elisabeth Bergner, die große Schauspielerin, kam in London einige Male zu den Proben. Ich hatte sie und ihren Mann Paul Czinner in San Francisco kennengelernt. Czinner war der Produzent des berühmten ROSENKAVALIER-Films mit Elisabeth Schwarzkopf als Marschallin und Herbert von Karajan am Pult. Wir haben in San Francisco darüber gesprochen, auch die SALOME zu verfilmen. Leider kam es nicht mehr dazu. Er starb wenig später. Aber Elisabeth und ich lernten uns näher kennen, korrespondierten und waren später gut befreundet. Ich wohnte sogar bei ihr, wenn ich in London sang. Sie war eine unerhört kapriziöse, aber trotz allem liebenswerte, ungewöhnliche Frau. Bei einem meiner Besuche in London schrieb sie gerade an ihren Memoiren. Ich wohnte einen ganzen Monat in ihrer Wohnung und habe sie nur zweimal beim Abendessen gesehen. Der Kontakt, wenn es denn einen gab, war von Zimmer zu Zimmer über Telefon. Eine etwas unkonventionelle Art der Gastfreundschaft, aber nicht unangenehm. Sie war voller Energie, interessierte sich für alles, mochte es aber nicht, über ihre eigene Vergangenheit zu sprechen. Man mußte ihr alles entlocken. Dafür sprach sie in ihren letzten Jahren um so mehr über Religion. Auch das verstehe ich heute besser!

Ich wohnte inzwischen mit Christoph in Königstein im Taunus. In München mußte ich aus meiner geliebten Wohnung in Nymphenburg ausziehen, da das Haus verkauft worden war. München war von da an nur

Mit Christoph von Dohnányi, Chicago 1969

noch Durchgangsstation für mich, obwohl ich noch viele Jahre eine Wohnung beibehielt. Es war immer Wielands Stadt, nie meine.

Wenige Monate nach den TROJANERN war mein Chicago-Debüt mit Wielands LULU, wieder einmal von Renate Ebermann betreut. Renate war sehr gewissenhaft und ganz und gar uneitel. Sie versuchte nie, sich in den Vordergrund zu spielen, bemühte sich vielmehr, genau nach ›des Meisters Ideen‹ zu arbeiten. Das war natürlich nur begrenzt möglich, ohne die Autorität und die spontane Verwirklichung neuer Ideen, die für Wielands Inszenierungen so wesentlich waren. Irgendwann ging es nicht mehr weiter mit diesen Wiederholungen.

Christoph war international noch ziemlich unbekannt, aber ich wollte dieses Gastspiel nur mit ihm zusammen machen. Wir waren frisch verliebt, die Rolle konnte ich im Schlaf, ich hätte sie zweimal am Tag singen können. Und es war Winter, den ich immer besonders liebte. Chicago im November ist eisig kalt und windig. Ich war begeistert. Seit damals habe ich eine große Schwäche für diese Stadt, die ich nur im

Als Emilia Marty in DIE SACHE MAKROPULOS, Stuttgart 1970

Winter kenne. Die Großzügigkeit des Landes, der Hotels, der Menschen ist wirklich außergewöhnlich. Wir trafen Studienkollegen von Christoph aus der Zeit, in der er bei seinem Großvater, dem Komponisten und Pianisten Ernst von Dohnányi in Florida, studiert hatte. Ich sprach noch immer kaum Englisch, saß mehr oder weniger stumm dabei. Das ärgerte mich so, daß ich sofort nach unserer Rückkehr in Frankfurt einen Crashkurs in Englisch belegte.

1970 kam zum ersten Mal die Oper, die mir heute so wichtig ist. Die Emilia Marty in DIE SACHE MAKROPULOS. Eine Günther Rennert-Inszenierung in Stuttgart. Schon damals war ich begeistert von dem Stück und der Rolle, wenn ich sie auch nicht annähernd so verstehen konnte, wie ich das jetzt zu können glaube.

Ich hatte wieder einmal viel zu spät mit dem Studium begonnen. Eine Janáček-Oper, dachte ich, was ist das schon, nach LULU und WOZZECK und all den anderen Partien. Das war ein verhängnisvoller Irrtum. Nichts war und blieb für mich so schwer zu lernen wie die

Emilia. Ich dachte, ich würde sie nie in den Kopf bekommen. Wieder einmal war ich in der Generalprobe noch weit davon entfernt, sie zu können. In einer der Wiederholungsvorstellungen verlor ich im letzten Akt total den Faden, niemand wußte mehr, wie es weitergehen sollte, denn ich singe, bis auf wenige kleine Einwürfe der Kollegen, den ganzen Akt allein. Ich fand nicht den geringsten Anhaltspunkt, um wieder reinzukommen. Also entschloß ich mich zu etwas, was ich in Bayreuther Tagen gelernt hatte. Zu meinem visionären Senta-Blick, der mir schon über manchen Blackout hinweggeholfen hatte. Ich schwieg so lange, bis ich endlich etwas im Orchester wiedererkannte! Václav Neumann war der Dirigent der Aufführung. Ich mochte ihn besonders, da er mich vage an André erinnerte, abgesehen von seinen dirigentischen Fähigkeiten. Der Arme blätterte verzweifelt in seiner Partitur, wußte nicht, wie er mich ›wieder reinkriegt‹, überlegte vielleicht, ob er selbst einen Fehler gemacht hatte. Endlich fanden wir uns und beendeten den Akt gemeinsam. Das war eine enorme Leistung von uns beiden! Trotzdem ist die Emilia meine Lieblingsrolle geworden und geblieben. Ich könnte sie hundertmal hintereinander singen, ohne ihrer müde zu werden. Es gibt immer etwas Neues an ihr zu entdecken.

Im Sommer 1971 stand ich mit Wozzeck zum ersten Mal bei den Salzburger Festspielen auf der Bühne, Karl Böhm dirigierte. Es war wohl sein Wunsch, die Marie mit mir zu besetzen. Sonst wäre dieses Engagement nie zustande gekommen. Ich war und blieb Bayreuth-Sängerin, selbst ohne Bayreuth. Erst Karl Böhm machte es möglich, daß man in beiden Festspielstädten auftreten konnte. Er flog als erster mit dem Hubschrauber zwischen Bayreuth und Salzburg hin und her.

Dieser Wozzeck war auch die erste Oper, die Böhm im großen Festspielhaus dirigieren durfte, Karajan hatte das bis dahin verhindern können. Es wurde eine exemplarische Aufführung. Gustav Rudolf Sellner inszenierte, das Bühnenbild war von Jürgen Rose. Auf der unglaublich breiten Bühne, auf der es eigentlich kaum möglich ist, Atmosphäre entstehen zu lassen, gelang es beiden, die enge und bedrückende Welt der Marie und des Wozzeck herzustellen. Das war großartig. Geraint Evans sang seinen ersten Wozzeck. Er sprach kein Wort Deutsch und brachte es nicht zustande, die Worte, ›was hängen dir die schwarzen

Haare so wild‹ in ›rote Haare‹ zu ändern, da ich keine Perücke tragen, sondern mit meinen damals noch roten langen Haaren auftreten sollte. Er kämpfte wochenlang mit dieser Änderung.

Böhm war während der Proben in Hochstimmung. Das Wozzeckkind muß am Schluß der Oper dreimal ›Hopp, Hopp‹ auf bestimmten Noten singen, die auch im Orchester gespielt werden. Das ist nicht leicht für ein kleines Kind, weil es eine gewisse Musikalität voraussetzt und ein höheres Alter erfordert, als im Stück vorgesehen. Böhm war sehr geduldig, unterbrach aber dauernd, weil es partout nicht klappen wollte. Schließlich versprach er dem Kind für jedes richtige ›Hopp, Hopp‹ eine Tafel Schokolade! Dieser Junge war äußerst lebhaft und wild. Bei der Premiere, direkt vor meinem ersten Auftritt, rammte er in einem Anfall von Begeisterung für seine Bühnenmutter Anja seinen Kopf in meinen Magen, daß mir Hören und Sehen verging und mir die Stimme wegblieb.

Der WOZZECK wurde im folgenden Sommer wiederholt. Diesmal mit Walter Berry, weil Geraint Evans vom Pferd gefallen war und sich ein Bein gebrochen hatte. WOZZECK blieb die einzige Oper, die ich in Salzburg gesungen habe. Karajan ließ später für seine SALOME-Inszenierung bei mir anfragen, mit der Hildegard Behrens berühmt wurde.

Im Februar 1972 war mein Debüt in New York. Eigentlich hätte es schon 1967 mit SALOME, HOLLÄNDER und WOZZECK sein sollen. Es war das letzte Jahr von Rudolf Bing, dem legendären Met-Intendanten. Meine erste Rolle war die FIDELIO-Leonore und ich bekam am ersten Abend sogar Auftrittsapplaus, etwas, was man bei uns überhaupt nicht mehr kennt. Es überraschte mich, da ich mich in New York ganz unbekannt glaubte. Mit Böhm am Pult sang ich außerdem die Salome. Ich trug auch hier, wie immer und überall, mein eigenes Wieland-Kostüm, was mich von vornherein zu einem Fremdkörper auf der Bühne machte. Beide Opern waren im traditionellen Stil inszeniert. Und Böhm – ich muß es leider sagen, obwohl ich ihn wirklich gern mochte – war so laut, daß ich während des Singens darüber nachdachte, ob ich mit aller Kraft über das Orchester brüllend zu Ende singen oder einfach aufhören und in ›Ohnmacht‹ fallen solle. Ich sang natürlich zu Ende! Meine Auftritte kamen beim New Yorker Publikum gut an, die Presse mochte sie weniger. Das überraschte mich nicht. Die Met hätte nie mein Zuhause werden können. Sie ist so traditionsgebunden, so auf Stimmen fixiert, daß dort für mich kein Platz war. Singen allein hat mir nie genügt. Noch heute gibt es an diesem Opernhaus fast nichts, was man als Regie bezeichnen könnte. Selbst gute Regisseure, die es zweifellos dort gegeben hat, konnten sich nicht vergleichbar entfalten wie andernorts. Mit einem jüngeren Bing wäre es vielleicht möglich gewesen, das zu ändern. So blieb dieses Haus, was es immer war, eine Stätte für Starkult. Der Anspruch wird heutzutage zwar immer geringer, der Starkult bleibt! Das war nie meine Welt, obwohl ich auch andernorts von ›Stars‹ umgeben war.

In Paris eine Wiederaufnahme unserer SALOME. Christoph dirigierte. Es war das erste Mal seit Andrés Tod, daß ich dorthin zurückkehrte, und es ist mir sehr schwer gefallen, mich nicht von all den Erinnerungen überwältigen zu lassen. Kurze Zeit später eine ähnliche Situation in Stuttgart. Eine Wieland-Gedenkvorstellung von FIDELIO mit Böhm, der ungeheuer gefeiert wurde. Diese Art Vorstellungen waren nach wie vor für mich schwer zu bewältigen.

Gleichzeitig probierte ich in Frankfurt DIE LUSTIGE WITWE in einer Neuinszenierung von Otto Schenk. Ein größeres emotionales Kontrastprogramm kann man sich kaum vorstellen. Meine erste Operette, die ich mit großer Freude gespielt und gesungen habe. Auch Christoph war sich nicht zu schade, sie zu dirigieren. Er war der Star der Aufführung. Ich wurde als *die Tragödin* bezeichnet, die sich *mit einem leisen Hauch von Gewalttätigkeit hinein singt in die vornehme balkanisch-pariserische Galagesellschaft.* Es hieß auch: *Daß Anja Silja kaum der Trivialvorstellung einer Operettendiva entspricht, versteht sich, von daher gewinnt die Aufführung beträchtliches Profil.* Ich hätte gerne noch viel mehr Operette gesungen. Das ist eine Kunstform, die weit unter Wert verkauft wird.

In der WITWEN-Zeit gab es große Unruhen in Frankfurt. Andreas Baader war verhaftet worden, anschließend andere Mitglieder der Gruppe. Die Oper mußte an einem Abend wegen Bombenalarm geschlossen werden. Es gab ein ständiges Polizeiaufgebot um das Theater. Otto Schenk hatte Angst, in seinem Appartement im Theater zu übernachten und schlief bei uns in Königstein. Kritiker beanstandeten, daß in solchen Zeiten Operette gespielt werde!

In Wien eine weitere SALOME. Zum ersten Mal dirigierte Christoph sie dort und hatte, wie schon in Paris, einen enormen Erfolg. Der neue

In DIE LUSTIGE WITWE, Frankfurt 1972

Intendant, Rudolf Gamsjäger, mochte Wielands Inszenierung nicht und so war am 14. September die letzte Aufführung dieser für mich so schicksalhaft gewordenen Produktion.

Noch einmal, im Oktober, Paris. Solti dirigierte im Théâtre des Champs-Élysées die ERWARTUNG von Schönberg. Fünf Minuten vor Beginn des Konzerts mußte ich, schon im Abendkleid und im Theater, meinen Auftritt absagen, aufgrund einer Muschelvergiftung. Ich war so grün und gelb im Gesicht, daß Solti selbst mich ins Hotel zurückschickte. Er dirigierte statt dessen eine Symphonie. Wie er die so schnell aus dem Boden gestampft hat, ist mir heute noch schleierhaft, vielleicht ahnte er, daß ich Muscheln oder Austern essen würde. Es war Wielands Todestag, das war natürlich Zufall. Die beiden folgenden Konzerte fanden statt, obwohl ich noch etwas wacklig auf den Beinen war. Am letzten dieser drei Abende feierten wir Soltis 60. Geburtstag. Ein schöner Abschluß.

Das Jahr 1973 fing genauso an wie das vorige, mit einer Absage. Ich war ständig erkältet in diesen Jahren, warum auch immer. Mitte Januar flog ich zu einem TANNHÄUSER nach Barcelona, der in Wielands Inszenierung stattfinden sollte. Zu meinem Entsetzen stellte ich fest, daß die Dekoration aus Italien war und keineswegs von Wieland. Alles in Pappmaché. Warum wir – die Ebermann und ich – nicht sofort wieder abgereist sind, kann nur mit Geld zu tun gehabt haben. Das war eines der Engagements, wo einem nur der Humor hilft und der zielsichere Blick auf die Gage. Schade, denn in diesem wunderbaren Haus zu singen war sonst immer ein Erlebnis und, wenn man so will, war es das diesmal auch.

Die Carmen in einer Inszenierung von Jean-Pierre Ponnelle war wohl die ungewöhnlichste Partie in meinem Repertoire. Ich sang die Sopranfassung, die aber immer noch ziemlich tief liegt. Keine Rolle zum Gastieren für mich, aber eine, die ich mit viel Freude in Frankfurt gesungen habe. Ponnelle hat sie ganz auf mich zugeschnitten. Es war die erste seiner später häufig wiederholten CARMEN-Inszenierungen. Es gab keine Kastagnetten – die zu schlagen hätte ich sicher nie gelernt –, dafür gab es ein Pferd für Escamillo und mich. Tiere sind ein ewiges Risiko auf der Bühne, dieses Pferd war keine Ausnahme. Ponnelle ließ für Chor *und* Pferd ein für das Publikum unsichtbares Lichtband an der Rampe laufen, damit alle in die richtige Richtung sahen. Und das funktionierte tatsächlich!

Im Juli zwei etwas ungewöhnliche FIDELIO-Aufführungen in Stuttgart und in London. Bei der ersten fehlte am Schluß der Minister, und der Vorhang mußte fallen, bis endlich einer ›ernannt‹ werden konnte. Wo er bis dahin regiert hatte, weiß ich nicht, aber so kurz vor Ende der Vorstellung ist eine solch drastische Unterbrechung sehr unerfreulich. In London war es eine konzertante Aufführung in der Royal Albert Hall unter der Leitung von Colin Davis. Ein Proms-Konzert. Diese Konzerte sind etwas ganz Besonderes. Im Parkett wird die Bestuhlung herausgenommen, die Zuschauer stehen oder sitzen dicht gedrängt am Boden, zum Teil mit der Partitur in der Hand. Das fand ich an diesem Abend besonders unangenehm. Ich war von Windgassen, mit dem ich diese

Partie – fast ausschließlich – all die Jahre gesungen hatte, so verwöhnt, daß ich ohne ihn das Duett des zweiten Aktes eigentlich nicht singen konnte. Er hatte mir immer auf die Schulter getippt, wenn ich dran war, nie war ich in diesem vermaledeiten Duett sicher, wer nun singt, gab mir gar nicht erst die Mühe, es hieb- und stichfest zu studieren, sondern versuchte es mit Lippen-Lesen. Wenn ›Wolfi‹ ansetzte, Luft zu holen, war das ein klares Zeichen, daß ich nicht dran war!! Jetzt, ohne ihn, war ich prompt verloren und ›schmiß‹. Ausgerechnet in einem Konzert, in dem man sowieso wenig vertuschen kann, hatten viele Zuhörer die Noten in Händen.

❧

Mein Wunsch nach Kindern blieb, obwohl ich jetzt ja zwei hatte, die mich in Anspruch nahmen. Wozu eigene? Schließlich bekamen wir die aber doch, immer noch unverheiratet. Nach inzwischen sechsjährigem Zusammenleben kamen 1974 Julia, zwei Jahre später Benedikt und 1977 Olga zur Welt. Für mich hätte das noch eine Weile so weitergehen können. Ich liebte Schwangerschaften, obwohl keine ohne Komplikationen verlief. Julia verlor ich beinahe im sechsten Monat, kurz nach dem Beginn der Proben zu MY FAIR LADY in Frankfurt. Ich wollte nur mal eben vor einer Probe zu einer Routineuntersuchung gehen und wurde gleich von meinem Arzt im Krankenhaus behalten. Er machte mir wenig Hoffnung, das Kind retten zu können. Zwei Wochen lag ich in der Klinik, die restliche Zeit bis zur Geburt mußte ich zu Hause fest liegend verbringen. Julia kam, trotz aller Vorsichtsmaßnahmen, im achten Monat zur Welt. Aber es war alles dran an ihr und sie war, bis auf eine extrem starke Gelbsucht, gesund. Ich hatte es geschafft. Mein erstes Kind! Da sie einen Monat zu früh geboren wurde, mußte ich fast zwei Wochen im Krankenhaus bleiben, vielmehr sie mußte bleiben, also blieb ich auch. Sie war extrem klein. Als wir endlich entlassen wurden, hatte ich nichts zum Anziehen für sie! Ich hatte überhaupt nicht daran gedacht, Babykleidung mit ins Krankenhaus zu nehmen, schließlich war ich auch allein hineingegangen! Vielleicht haben die Leute doch recht, mich für extrem ich-bezogen zu halten. Ich glaube aber eher, es war ein Akt des Aberglaubens nach dem Schock der beinahen Fehlgeburt. Ich war stolz wie alle Mütter, ließ sie nicht aus den Augen, lauschte auf jeden Atemzug und war begeistert. Sie war für mich, wie für jede Mutter, das schönste Baby aller Zeiten.

Zum ersten Mal nach ihrer Geburt sang ich Ende März eine konzertanten Aufführung der JÜDIN von Jacques Halévey in Frankfurt. Die letzte Premiere der Saison für mich und das Theater war Schönbergs ERWARTUNG, die zusammen mit RITTER BLAUBARTS BURG von Bartok von Klaus Michael Grüber inszeniert wurde. Eine sehr ausgefallene Produktion und ein sehr ausgefallener Regisseur. Der Abend spielte durchgehend im Kornfeld. Ich mußte auf annähernd 15 Zentimeter hohen Stöckelschuhen rumlaufen, zurechtgemacht wie Bette Davis nach einem Selbstmordversuch, mit Bandagen um die Handgelenke, einer Art Halbglatze und dunkler Sonnenbrille. Ich irrte mit einem zeltartigen Haus, das ich an einer Leine hinter mir her zog, durch die Lande, sprich über die Bühne. Ständig hatte ich dabei irgendwelche Strohhalme im Mund, von all dem abgemähten Getreide, das am Boden lag und auf das ich mich in regelmäßigen Abständen schmeißen mußte. Diese Inszenierung war eine sogenannte Herausforderung, eine sehr extravagante Sicht des Stücks. Dementsprechend wurde es aufgenommen. Es kamen Zwischenrufe, Lacher, Aufmunterungen.

Ich ließ mich in der Premiere nicht ablenken. Aber in der zweiten Vorstellung bekam ich so die Wut, daß ich eine Rede an ›mein Volk‹ hielt. Ich sagte, daß ich hier mache, was ich machen muß, nämlich das, was sich der Regisseur vorgestellt hat. Daß sie mich nachher ausbuhen könnten, nicht aber schon vorher mit Mißfallensäußerungen stören sollten. Ich fand großen Anklang mit dieser Rede und die Ruhe, die ich brauchte.

Die Arbeit mit Grüber war ungewöhnlich, aber auch ungewöhnlich anregend. Er probierte im verdunkelten Probenraum, mit einem direkt auf mich gerichteten Spotlight, was unendlich störte. Dabei saß er so dicht vor mir, daß ich mich überhaupt nicht auf die Figur, die ich darstellen sollte, einstellen konnte. An diese ungewohnte Arbeitsweise mußte ich mich erst gewöhnen. Da sie neu war, fand ich alles sehr interessant, später konnte ich ihn davon überzeugen, daß ich besser sein würde, wenn er diesen Scheinwerfer entfernen und ein kleines bißchen mehr auf Distanz zu mir gehen könne.

(Zwanzig Jahre danach, 1995, wiederholten wir das Stück noch einmal in Brüssel, diesmal ganz anders gesehen. Grüber hielt so viel ›Distanz‹, daß ich ihn immer wieder auffordern mußte, doch einmal auf die Bühne zu kommen. Es war eine verinnerlichte Sicht des Monologs, und ich bewunderte an ihm erneut sein erstaunliches Auge für Winzigkeiten, die so unendlich wichtig sein können und die anderen Regisseuren oft gar nicht auffallen. Dinge, die man als Darsteller auf keinen Fall machen sollte und doch immer wieder macht. Mit sparsamen kleinen Gesten kann man viel mehr erreichen, und darauf versteht er sich besonders.)

Im Herbst noch einmal Edinburgh, ein Konzert mit Bernard Haitink (wieder die Erwartung, mit der ich fast die ganze Welt bereiste). Im September sang ich in Stuttgart die letzte Vorstellung mit Wolfgang Windgassen. Einen Fidelio. Er war in besonders guter Verfassung, was ich ihm gegenüber sogar erwähnte, und er tippte mir, wie immer, wenn ich ›dran‹ war, auf die Schulter. Seinen völlig unerwarteten Tod, nur eine Woche später, konnte niemand fassen …

Während einer Orchesterprobe von Katja Kabanowa hatte ich eine spektakuläre Fehlgeburt auf der Probebühne der Stuttgarter Oper, derselben, auf der ich mit Wieland die Salome einstudiert hatte. Ich war schon im fünften Monat. Es hat lange gedauert, bis ich darüber hinweg kam. Emotional, aber auch gesundheitlich. Ich sang die Katja erst vier Wochen nach der Premiere.

Zehn Tage später begann ich allerdings schon wieder mit den Proben zu einer Tosca in Frankfurt, noch einmal in der Regie von Jean-Pierre Ponnelle und in italienischer Sprache. Ich konnte mich nur schwer auf das Lernen konzentrieren. Jean-Pierre Ponnelle war ein besessener Probierer. Noch um ein Vielfaches unruhiger als Wieland es gewesen ist. Er hatte fast immer gleichzeitig zwei Inszenierungen irgendwo in der Welt, die er betreuen mußte. Er fuhr oder flog ständig zwischen ihnen hin und her. Aber auch, wenn das mal nicht so war, war eine große

Unruhe in ihm. Sein realistischer Stil war nicht der meine, aber seine Professionalität und sein Können waren enorm, und daher war die Arbeit mit ihm ebenfalls eine Bereicherung für mich. Auch er starb unerwartet und viel zu früh. Wie schon bei Wieland hatte man auch bei ihm immer das Gefühl, daß seine übertriebene Unruhe die vielleicht unbewußte Angst vor einem frühen Tod sein könnte.

Mein erneuter Ausflug ins italienische Fach wurde von der Presse im großen und ganzen wohlwollend beschrieben. Die Tosca zu singen, ohne auf irgendeine Weise mit der Callas verglichen zu werden, scheint unmöglich. *Wild wie die Callas* …, oder: … *sie durchlitt Toscas Schicksal mit einer rasenden Vehemenz, wie das seit der Callas wohl keine Sängerin gekonnt hat* … Und ohne Vergleich: *Sie hat ihrem Repertoire eine imponierende Leistung zugefügt. Die Bedenken, daß ihre Stimme zu ruhelos für die Tosca ist, zerstreuten sich schnell. … Gewiß, es gibt falsche Töne, schrille Töne, harte Töne – aber irgendwo hat das dann alles doch wieder seine Berechtigung.*

Ein Satz gefällt mir besonders: *Die Eigenart der Silja liegt in der scharfen, anspringenden Attacke ihres Spiels und ihrer Stimme, in der vitalen, aggressiven Heftigkeit ihres Ausdrucks. Wo jeder Ton, selbst wenn er falsch gesungen ist, richtig ist*…! Mit dem ›richtig‹ Singen hatte ich es wohl nicht so, wenn ich den Kritikern glauben darf!!

Fehler zuzugeben ist niemandes, auch nicht meine Stärke. Wenn ich falsche Töne oder einen falschen Rhythmus sang, pflegte ich immer zu sagen, meine ›Version‹ sei viel besser als die des jeweiligen Komponisten. Wieland hörte von mir, wenn ich mit ihm nach einer Vorstellung telefonierte, auf seine Frage, wie ich denn gewesen sei, immer dieselbe Antwort, die er sehr liebte und auf die er jedesmal hoffte: ›Ich war wieder sehr gut!‹ Aber innerlich wußte ich sehr genau, was nicht so gelungen war und versuchte, es zu verbessern.

In London sang ich 1975 einen Wozzeck in englischer Sprache mit Geraint Evans, eine Uralt-Inszenierung, noch in Bühnenbildern von Caspar Neher, in denen man kaum die (im Gegensatz zu Wielands Inszenierung vorhandenen) Türen schließen durfte, weil sie sonst zerfielen. Aber da es sich um einen Großmeister des Bühnenbildes handelte, war die Aufführung auch nach so vielen Jahren noch wirkungsvoll.

Im Frühjahr bekam ich dank meiner Tochter Julia Mumps und mußte eine SALOME in Frankfurt absagen. Diese Erkrankung war wohl der idiotischste Absagegrund, den ich bis dahin anführen konnte, später nur noch überboten von einem Sonnenstich! Ich war außerdem wieder schwanger.

Im Herbst hatte ich einen der wenigen Auftritte in meiner Heimatstadt Berlin. Gary Bertini dirigierte in der Philharmonie ein Konzert unter dem Motto ›Der unbekannte Kurt Weill‹. Die Stücke hießen DER SILBERSEE, kurz vor Weills Emigration geschrieben, und noch 1933 in Leipzig uraufgeführt, und ORPHEUS, ein anderes wenig bekanntes Werk.

❧

Meine Auftritte wurden immer sporadischer und übersichtlicher, wie Loriot sagen würde, da meine Schwangerschaften so kompliziert waren, daß ich mir nur wenig Kraftaufwand leisten konnte. Bei meiner zweiten mußte ich fast sechs Monate liegen und war dadurch vollkommen ›aus dem Verkehr‹ gezogen. Aber das störte mich nicht. Es war eine große Ruhe in mir, man ›brütet‹ vor sich hin, hat viel Zeit für andere Dinge, wird bedient und ist trotzdem produktiv! Es war eine sehr glückliche Zeit, für Christoph und mich, glaube ich. Ich war erfüllt von der Aufgabe, Mutter zu sein.

Mein letzter Auftritt vor der Geburt unseres Sohnes im April war in MAHAGONNY in Genf im November 1975. Wieder mit Martha Mödl als Begbick. Man nahm große Rücksicht auf meinen Zustand, daher ging alles gut, aber ich wollte nichts weiter riskieren und blieb nach dieser Produktion zu Hause. Benedikts Geburt war kompliziert, dafür aber wenigstens termingerecht. Und es war, wie alle im Kreissaal im Chor und begeistert ausriefen: ein Junge (das scheint ja auf alle Fälle etwas Besseres zu sein!?). Bis zum Sommer trat ich nur noch zweimal auf, in einem Konzert in Budapest und einem FIDELIO in Hamburg. Unser Leben war ausgefüllt mit Christophs Karriere und der Kindererziehung. Die Erziehung meiner ›Stief‹kinder wurde immer wieder zu einem Streitpunkt zwischen Christoph und mir. Der einzige, genaugenommen. Meine Einwände waren meistens ›Quatsch‹ und wurden familiär überstimmt.

Nach den Theaterferien im September noch einmal ein Ausflug ins italienische Fach. DAS MÄDCHEN AUS DEM GOLDENEN WESTEN. Ein bißchen Kitsch as Kitsch can, aber doch eine Rolle, die viel zu bieten hat, mit Schwerpunkt auf der Darstellung …

In einer Vorstellung waren Tisch und Stuhl in der berühmten Pokerszene zu nah an den Vorhang gerückt worden. Als ich am Aktschluß über dem Tisch wie vorgesehen zusammenbrach, knallte mir der Vorhang auf den Kopf. Sollte ich daraus Schlüsse auf meine weitere Entwicklung ziehen? Den nächsten Auftritt, der in Wien sein sollte, mußte ich jedenfalls wegen übermäßiger Kopfschmerzen absagen. Für diesen Ausfall zahlte die Kölner Oper, aber die lebenslange Rente blieb mir versagt, ich wurde schnell wieder gesund.

Im Herbst flogen wir mit allen Kindern nach San Francisco. Die MAKROPULOS-Inszenierung dort ist nicht weiter erwähnenswert. Das einzige, was hätte erwähnenswert werden können, war, daß das Kindermädchen auf Zeit mit dem halbjährigen Benedikt auf dem Arm eine große und ziemlich lange Treppe in unserer gemieteten Wohnung herunterfiel. Riesenaufregung, Arztbesuch, Untersuchungen. Wir hatten Glück gehabt.

❧

Christoph erhielt das Angebot, Intendant der Hamburgischen Staatsoper zu werden. Er zögerte anfangs, da er die norddeutsche Mentalität aus seiner Lübecker Zeit kannte. Ich war hingegen begeistert, liebte Hamburg und redete ihm zu. Die Jahre in Frankfurt waren extrem erfolgreich für ihn und sind bis heute unvergessen. Er fand wunderbare junge Sänger, die später weltberühmt wurden. Agnes Baltsa, Ileana Cotrubas, Eva Marton, auch Hildegard Behrens, die, bevor sie nach Frankfurt kam, allerdings schon in Düsseldorf bekannt wurde. Aber es war Zeit für einen Wechsel, fand er, also wechselten wir.

Das Hamburger Orchester, offensichtlich gewohnt, daß man vordirigiert, bevor man gewählt wird, war von Anfang an gegen ihn, da der Kultursenator ihn eigenmächtig ernannt hatte. Die Musiker fühlten sich übergangen.

Zu Beginn des Jahres 1975 war in Hamburg Christophs erstes Konzert als designierter Intendant. Er dirigierte Schuberts UNVOLLENDETE,

Till Eulenspiegel und nach der Pause Schönbergs Erwartung mit mir. Das Konzert begann, wie die ganze Hamburger Zeit bleiben sollte: stürmisch. Erst mit einer halben Stunde Verspätung, da eine Klarinette einen Defekt hatte, der erst behoben werden mußte. Als Christoph aufs Podium kam, wurde er mit Buhrufen empfangen. Das war eine eindeutig gelenkte Aktion. Er blieb stoisch ruhig. Die Überschrift einer Zeitung sagt es: ›Mit eisernen Nerven – Christoph von Dohnányis triumphales Hamburger Debüt‹. Schon zur Pause wurde er mit Ovationen gefeiert. Die Besucher, die bereit waren, für den Schönberg im Zuschauerraum zu bleiben, feierten dann auch dieses Stück.

Das Orchester war nicht bereit, seine großen Qualitäten anzuerkennen, es blieb ein ständiger Kampf, und es wurde eine sehr unruhige, für ihn unnötig schwierige Zeit. Seine engsten Mitarbeiter waren der inzwischen international renommierte Leiter der Salzburger Festspiele, Gérard Mortier, und der jetzige künstlerische Direktor von Covent Garden, Peter Mario Katona. Ein besseres Team hat es wohl selten gegeben. Mortier verließ auf Grund dieser Schwierigkeiten als erster Hamburg wieder, ging zu Rolf Liebermann nach Paris.

Kurz vor Benedikts erstem Geburtstag am Beginn des Jahres 1977 zogen wir von Frankfurt nach Hamburg. Mit inzwischen zwei kleinen Kindern, einem Stiefsohn im Alter von 16 Jahren, und, da dies nicht genug war, einem jungen Hund, der das große Haus bewachen sollte und mir auch noch zwischen den Füßen herumwuselte. Oft hätte ich am liebsten Kinder und Hund beim lieben Gott zurück- und abgegeben, besonders in den Momenten, in denen alle drei sich gleichzeitig entschlossen, ihre Geschäfte irgendwo und nicht an dem dafür vorgesehenen Platz zu erledigen.

Wir hatten ein sehr großes und schönes Haus in den Elbvororten. Privat waren unsere Hamburger Jahre eine sehr harmonische Zeit, obwohl sie fast mit einer Katastrophe begannen, sozusagen im ›verflixten‹ siebenten Jahr. Es gab einen Kollegen, mit dem ich gerade in einer anderen Stadt gesungen hatte. Ich mochte ihn – etwas zu sehr – und er bewunderte mich. Das ist, ich muß es zugeben, einer meiner schwachen Punkte. Nicht, daß es mir in den Jahren vor und mit Christoph an Bewunderung gefehlt hätte, doch ich war meiner selbst nie sicher.

Anfangs wurde das von meinem Großvater aufgefangen, später von Wieland. Für offen gezeigte Bewunderung war ich sehr anfällig, zumal sie nur wenige wagten. Das wiederum lag an meinen jeweiligen Partnerschaften, die für viele eine große Hemmschwelle waren.

Christoph ist kein Mann, der gerne lobt. Hin und wieder möchte man aber doch etwas Lob hören. Wieland wußte das und hat mich mit positiven Äußerungen zu immer neuen Leistungen animiert und motiviert. Wer diese Zuwendung in unserem Beruf leugnet, erscheint mir unglaubwürdig, denn es ist ein Teil unseres Metiers. Wir brauchen diese positive Resonanz. Das hat nichts (oder nur wenig) mit Eitelkeit zu tun, sondern im Gegenteil viel mehr mit Unsicherheit.

Voller Begeisterung erzählte ich also dem Kollegen von dem gerade gekauften Haus und daß ich im Anschluß an unsere gemeinsame Aufführung nach Hamburg führe, um es einzurichten. Er könne mich ja besuchen. Es war das bekannte ›Spiel mit dem Feuer‹. Er kam, und ich bereute die Einladung in dem Moment, in dem er vor mir stand.

Ich spielte dieses ›Spiel‹ noch zwei weitere Male im Laufe unseres nun fast dreißigjährigen gemeinsamen Lebens (die letzten fünf Jahre unserer Ehe kann man allerdings nicht mehr wirklich dazu zählen). Es waren immer dieselben Gründe, die dazu führten, in späteren Jahren verstärkt durch mir unbewußte Defizite. Und immer mit demselben Ergebnis. Es ›passierte‹ nichts. Nur mein Gleichgewicht war deutlich gestört durch diese Irritationen, die ich noch dazu ungeschickterweise leugnete. Ich hatte Angst vor Christophs Reaktion. Er gab sich nach außen hin sehr gefaßt und überlegen, aber wie er innerlich reagieren würde, war mir nie klar. Er wurde in kritischen Momenten häufig krank. Ein ungewolltes, aber starkes Druckmittel. Er war zu intelligent, um diese – wenigen – Störungen auf meiner Seite nicht zu bemerken. Für ihn waren sie ein untrüglicher Beweis meiner Unfähigkeit zur Treue. Nichts anderes sah er darin. Das war aber nie das Motiv. Es war eher meine Unfähigkeit, Gefahren rechtzeitig aus dem Weg zu gehen oder sie überhaupt zu sehen. Er würde jetzt dazu sagen: ›Egal, wie du es nennst, das Resultat ist das gleiche!‹

Und das ist leider richtig.

Diesen ersten Vertrauensbruch hat er nie wirklich verwunden. Immer und immer wieder kam er auf die Geschichte zurück. Jedesmal, wenn ihm irgend etwas an mir mißfiel, wurde sie aufgewärmt. Es gab vielleicht auch für ihn während unserer Ehe Gefährdungen. Ich weiß es nicht. Er konnte, was kaum einer kann. Er blockte alle Eventualitäten mit dem Verstand, bevor sie möglicherweise kritisch werden konnten. Ich habe niemals nur einen Hauch von Interesse an einer anderen Frau bei ihm bemerkt. Eine bewunderungswürdige Haltung, aber wirklich nicht jedem gegeben.

Mitte Februar 1977 in Wien unter Christophs Leitung drei Konzerte mit den Wiener Philharmonikern. Schönberg-Lieder opus 8, die ich sehr liebe. Sie sind noch nicht zwölftönig, noch sehr von Richard Wagner beeinflußt. Christoph kam direkt von der Mailänder Scala, an der er MOSES UND AARON dirigiert hatte, obwohl am Generalprobentag Teile der Bühne abgebrannt waren. So etwas erschüttert die Italiener nicht, über Nacht vollbrachten sie das Wunder, alles wieder herzustellen, und die Vorstellung konnte stattfinden.

Mit den Wiener Philharmonikern und Karl Böhm (Christoph als zweitem Dirigenten) flogen wir nach Japan. Eine sehr interessante und angenehme Tournee, mit Flugzeug und Zug, auf der ich viel vom Land sah. Man lernt auch die Musiker einmal etwas näher kennen. Die Organisation klappte, wie wir uns das hier überhaupt nicht vorstellen können. Es war fast wie in der Geschichte vom Hasen und dem Igel. Die Japaner brachten es fertig, im selben Zug oder Flugzeug zu reisen und trotzdem immer vor uns da zu sein. Wir besichtigten alles, was zu besichtigen war. Auch in Hiroshima waren wir. Man ist immer wieder betroffen, wenn man an so geschichtsträchtigen Plätzen steht und das Leben selbstverständlich weitergehen sieht.

Im März 1977 hatte ich erneut eine Kinderkrankheit. Diesmal Scharlach, während einer Wiederaufnahme der Wieland-SALOME an der Brüsseler Oper. Ich holte wirklich alles nach, was ich als Kind ›versäumt‹ hatte.

Ich war schon wieder schwanger, diesmal zum Entsetzten der Kölner Oper, an der ich KISS ME KATE machen sollte. Meine Schwangerschaften haben meine Musical-Karriere gründlich zunichte gemacht! Wer weiß, was sonst noch aus mir geworden wäre!

Mir blieben bis zum Sommer nur noch vierzehn Abende zu singen, darunter KABALE UND LIEBE von Gottfried von Einem in Florenz als Gastspiel der Wiener Staatsoper. Dann kam erneut die große Pause.

Unsere Tochter Olga wurde im November in Hamburg geboren. Diesmal verlief alles nach Plan, auch die Schwangerschaft selbst war sehr viel weniger kompliziert. Ich konnte mich wie ein normaler Mensch während der ganzen Zeit auf zwei Beinen bewegen.

Im folgenden Jahr sang ich 34 mal, immerhin. In Lyon sollte eine SALOME sein. Wieder in meinem Kostüm, aber in einer anderen Konzeption. Ich nahm Julia mit auf diese Reise. Dort angekommen, stellte ich fest, daß ich erstens alles im Wasser stehend und laufend singen sollte (!), und daß sie außerdem kostümlich etwas Neues für mich entworfen hatten. Das kam um keinen Preis der Welt für mich in Frage. Zum ersten Mal in meiner Karriere blieb mir nichts anderes übrig, als abzureisen, was sich gar nicht als so einfach erwies. Es gab an dem Tag keinen direkten Flug und keine Anschlußmaschinen von anderen Flughäfen. Aber das war mir egal. Tochter, Koffer und was ich sonst noch hatte, wurde in einen Zug verfrachtet, und ich fuhr erst einmal nach Genf und von dort irgendwie weiter. Ich war so wütend, daß ich keine Minute länger in dieser Stadt bleiben wollte.

Christoph, der sich immer um Regisseure außerhalb der Opernroutine bemühte (in Frankfurt hatten Rudolf Noelte, Volker Schlöndorff, Hans Neuenfels und Grüber inszeniert), animierte 1978 in Hamburg Luc Bondy zu seiner ersten Opernregie. Bondy war das ›Wunderkind‹ der deutschsprachigen Schauspiel-Regisseure. Die Arbeit mit ihm war gerade dadurch, daß es sein erster Versuch mit der Oper war, besonders bemerkenswert.

Er suchte einen Weg, das Schauspiel in der Oper zu erhalten und mußte sich anfangs an die Zwänge der Musik gewöhnen, die ja erbarmungslos weiter geht, wo man sich szenische Ausdehnung wünscht. Sein damals noch ungewohntes Umgehen mit dieser Form des Theaters führte am Ende zu einer besonders spannungsreichen und ungewöhnlichen Lösung. Diese Inszenierung in den Bühnenbildern und Kostümen von Rolf und Marianne Glittenberg gehört bis heute zu meinen bevorzugten LULU-Aufführungen.

Drei Jahre später folgte Wozzeck mit demselben Team. Wieder eine besondere Version dieses Stücks. Es gab kein Haus, nur ein Zelt, Eisenbahnschienen, die ins Nichts führten, und – ein ganz besonderer Effekt – im Wirtshausbild tanzte der ganze Damenchor im selben Kostüm und mit derselben Perücke wie Marie, Wozzecks Schizophrenie und Verfolgungswahn demonstrierend. Diese Szene ist mir besonders im Gedächtnis geblieben.

Ende 1978 sang ich nach langer Zeit noch einmal Wielands Holländer in Hamburg, der inzwischen nicht mehr viel mit ihm zu tun hatte. Diese Inszenierung blieb jahrzehntelang im Spielplan der Hamburger Oper. Neben der in Kopenhagen, die als einzige Wieland-Inszenierung noch immer existiert, obwohl man sie eigentlich wirklich nicht mehr mit seinem Namen verbinden dürfte.

Das Jahr 1979 begann mit Eugen Onegin. Meine Tatjana kam beim Publikum nicht an. Die Inszenierung Adolf Dresens war weit entfernt von dem üblichen Klischee dieser wunderbaren Oper. Tatjana war herb, fast introvertiert und nur im direkten brieflichen oder auch persönlichen Kontakt mit Onegin von jugendlich explosiver Leidenschaft. Sie hatte nichts Liebliches, Zartes, Zerbrechliches, nichts von dem, was ganze Sängergenerationen in dieser Rolle portraitiert haben. Auch optisch war ich mehr in der Gegend von blaustrümpfiger Verklemmtheit angesiedelt. Alles so, wie Puschkin sich Tatjana wohl vorgestellt hat. Aber Dichtung ist eben eine andere Sache.

❧

Wir konnten endlich 1980 heiraten. Der Anfang vom Ende, wie Christoph heute meint, weil ich mir von da an seiner zu sicher gewesen sei. Das ist völliger Unsinn, ich habe mich in meinem Leben nie eines Menschen sicher gefühlt. Das ist wahrscheinlich mein Problem. Wie hätte ich es auch gekonnt?

Ich war begeistert über meinen neuen Namen, stolz auf den neuen Stand. Endlich und zum ersten Mal war Ruhe und Ordnung in meinem Leben. Ich hatte drei wunderbare, gesunde Kinder und einen Mann, den ich liebte.

Mit den Kindern Julia, Benedikt und Olga 1980 in New York

Im Sommer war ich ›nur‹ Ehefrau und Mutter und begleitete Christoph nach Salzburg, wo er den ROSENKAVALIER dirigierte. Benedikt fiel in den Mondsee mit einem Stück Kuchen im Mund, das er trotz drohenden Ertrinkens nicht aus den Zähnen lassen wollte.

Die Aufführungen wurden überschattet von einem wieder einmal gänzlich unerwarteten Tod. Günther Rennert, der Regisseur des ROSENKAVALIER, erlag nach einer eigentlich harmlosen Leistenbruchoperation einer Embolie, dabei sollte er schon wieder aus dem Krankenhaus entlassen werden. Ein ungeheurer Schock für uns alle. Das ganze Festival war wie gelähmt durch diesen plötzlichen Tod.

Je berühmter Christoph wurde, um so mehr verstärkte sich sein Wunsch, eine Frau an seiner Seite zu haben, die nur für ihn da war. Die immer mit ihm reisen konnte, ihn zu Hause erwartete, wenn er von den Proben kam oder, besser noch, mit auf die Proben ging (für viele Menschen klingt das sicher sehr reizvoll und ist es ja auch für eine gewisse Zeit), die ihm alles Unangenehme abnahm, Zeit hatte, wenn er seine zu geben bereit war.

Aber ich hatte auch einen Beruf, den ich zwar schon sehr weit zurückgestellt hatte, das mit drei kleinen Kindern auch mußte, aber ganz wollte ich ihn eigentlich nicht aufgeben. Christoph sagte irgendwann – ich glaube in Hamburg – den mir bis heute unbegreiflichen Satz: ›Deine Zeit ist vorbei, jetzt kommt meine!‹ Ich war nicht überzeugt, daß dem so war. Das sind Situationen, in denen wohl jeder Mensch gleich reagiert. Es ist ein Unterschied, ob man etwas freiwillig aufgibt, oder ob einem gesagt wird, was man aufzugeben hat, weil man es angeblich nicht mehr kann, nicht mehr so gut kann. Es war der Satz, mit dem er vielleicht den Grundstein für das Scheitern unserer Ehe legte. Obwohl ich tatsächlich oft selbst gesagt hatte, daß ich nicht mehr singen wollte.

Ich war gerade 40 Jahre alt, das Alter der künstlerischen Hoch-Zeit, und er hoffte oder erwartete, daß ich nur noch für ihn da sein sollte. Und es gab die Kinder, die nicht nur mit uns durch die Welt fliegen sollten, wollten und konnten. Wie sollte ich das alles zusammen bekommen? Ein Schuldgefühl häufte sich auf das andere. Fast unmerklich fühlte ich mich gefangen, obwohl ich es noch nicht einmal so nennen würde. Da war etwas, was er gerne wollte, was auch ich immer häufiger wollte, solange die Kinder klein waren, und was ich doch innerlich nicht in dem erforderlichen Maße erfüllen konnte. Ich suchte mit meinen negativen Äußerungen zu meinem Beruf wahrscheinlich unbewußt seinen Widerspruch zu wecken. Aber der kam nicht.

❧

Michael Gielen hatte in Frankfurt das Opernhaus nach Christoph übernommen, suchte und fand zusammen mit Ruth Berghaus und dem heutigen Intendanten der Stuttgarter und damaligen Dramaturgen der Frankfurter Oper Klaus Zehelein einen eigenen Stil. Die Berghaus inszenierte praktisch das ganze Repertoire dort. Von Mozart bis zu Wagners Ring. Gielen lud mich ein, mit ihr Die Sache Makropulos zu machen. Ich war sehr neugierig und auch etwas ängstlich. Ich hatte bis dahin nie mit einer Frau gearbeitet, wußte nicht so recht, ob ich das wollte. Es war ein Experiment. Kein einfaches Experiment. Ihrer verrätselten Bühnensprache konnte ich kaum folgen, obwohl sie alles sehr gut erklärte. Es ging ihr, denke ich, nicht so sehr um die Schicksale der Figuren, die sich auf der Bühne bewegten, als um die psychologische Situation des Stücks. Sie schuf optische Abnormitäten, Irrealitäten, Rätselhaftigkeiten. Also etwas, was man nicht darstellen kann. Man kann sich nur in ihnen bewegen, und deshalb waren ihre Intentionen so schwer zu verwirklichen. Aber wieder einmal war das eine große Herausforderung. Wie kann man nicht Erklärbares erklären, verdeutlichen, wie Abstraktes vermenschlichen? Es interessiert mich bei allen Regisseuren, immer wieder zu ergründen, warum sie oft so Gegensätzliches fordern zu dem, was man gemeinhin als logisch bezeichnet. Warum sie häufig dem Sänger ihm Widerstrebendes abverlangen. Ebenso interessiert es mich, den Zuschauer für Un(be)greifbares zu interessieren. Das kann man aber nur dann, wenn man – für sich selbst – einen begreifbaren Weg gefunden hat. Das überträgt sich auf das Publikum, das weder dümmer noch klüger ist als wir da oben. Man muß im Theater niemanden zwingen, etwas zu verstehen, wie es der Callas in dem Stück MEISTERKLASSE in den Mund gelegt wird. Man muß sich nur selbst verstehen lernen, glaube ich, und das ist bekanntlich besonders schwer! MAKROPULOS ist schon in sich ein schwer verständliches Stück. Das jetzt noch einmal verrätselt, wie sollte das gehen? Der zweite Akt, der (im Stück) eigentlich in einer Bühnengarderobe spielt, wurde hier zwischen Kirchenbänken im Schnee angesiedelt. Mittendrin stand ein Turm wie ein Projektor, auf dem ich den ganzen zweiten Akt mehr oder weniger unbeweglich verbrachte. Nur einmal durfte ich ihn verlassen. Eine fast unspielbare Aufgabe. Was macht man da oben eine knappe Stunde lang? Nun, es ist ihr einiges dazu eingefallen, und mir ist es tatsächlich gelungen, es mit meinen Gefühlen zu vereinen. Die Interpretation der Berghaus hat mir sehr geholfen, mein Bild der Emilia Marty zu vertiefen, denn mir blieb gar nichts anderes übrig, als einen inneren Zugang zu der Rolle zu finden. Äußerlich war ich weitgehend amputiert da oben auf meinem Turm.

Wir machten zwischen 1982 und 1985 drei Inszenierungen zusammen. MAKROPULOS und DIE TROJANER in Frankfurt, WOZZECK in Paris. Keine der Berghaus'schen Interpretationen habe ich wirklich verstanden, aber sie haben mich trotz allem begeistert. Und genau das ist es, was man auch dem Zuschauer zu vermitteln versucht. Denn Aufführungen, die man gut zu verstehen glaubt, haben häufig keinerlei Faszination. Bei solchen besonderen Regisseuren, wie sie es war, muß man sich als Sänger und als Zuschauer anstrengen und sich das Verständnis erkämpfen. Daraus ergibt sich (aber leider nicht immer) ein Dialog und eine neue Sicht für beide Seiten.

Ich hatte aufgegeben, mit ihr zu argumentieren, bemühte mich vielmehr, genau das zu machen, was sie sich vorstellte, suchte daraus Möglichkeiten der Interpretation für mich. Wie in einem Labyrinth gibt es nur einen Weg hinaus, und den mußte man für sich selbst finden. Das hat manchmal drei bis vier Wochen gedauert. Es war eine spannende Suche, es waren beflügelnde Momente der Erkenntnis. In den TROJANERN mußte ich – ganz idiotischerweise fand ich – in einem imaginären Wasser mit den Händen planschen, während ich ein Liebesduett mit meinem in den Krieg ziehenden Verlobten Choroebus sang. Geschlagene drei Wochen konnte ich diesen Unsinn nicht fassen. Aber plötzlich, wie in einem Spiegelbild, sah ich etwas ganz Ungewöhnliches in meiner ›sinnlosen‹ Handlung. Ich sah die Isolation, die Einsamkeit, auch die Sinnlosigkeit meines und seines Tuns, unseres Abschieds. Und ich konnte es umsetzten in Wort und Ton.

Ruth Berghaus war eine wunderbare Frau. Klar und direkt, empfindsam und sehr weiblich, trotz ihres burschikosen Auftretens. Nach außen von großer Stärke und Bedingungslosigkeit. Es gab keine sichtbar schwachen Momente in ihrem Leben, und doch spürte man, daß es sehr viele gegeben haben muß. Sie war ein Vorbild an Disziplin, aber auch an Herzlichkeit und Verständnis, trotz dieser Kompromißlosigkeit bei der Arbeit.

❧

Als Christophs Bruder Bürgermeister in Hamburg wurde, fiel für ihn die endgültige Entscheidung, von Hamburg wegzugehen. Er meinte: ›Ich kann doch nicht um eine Etaterhöhung kämpfen, wenn ich meinen eigenen Bruder darum bitten muß.‹

Zufällig traf er Lorin Maazel in Hamburg, der damals noch Musikdirektor des Cleveland Orchestra war. Er wollte nach zehnjähriger Tätigkeit dort aufhören. Man suchte einen Nachfolger. Maazel lud Christoph zu einem Konzert nach Cleveland ein. Ich erinnere mich noch, wie begeistert er mich nach diesem Konzert anrief und mir, außer über das Orchester, von der Gegend, den Menschen und den schönen Häusern, ›die ich lieben würde‹, vorschwärmte (sie sind wirklich wunderschön, wie ich bald feststellte). Der Rest ist bekannt, er ist jetzt seit über 15 Jahren Chef dieses Weltklasse-Orchesters.

1984 gingen wir nach Cleveland. Eine neue Welt. Neue Freunde. Amerika als Wohnsitz, ein wunderschönes Haus (mein Lieblingshaus bis heute), in dem ich alles selbst gestalten konnte, von der Tapete bis zum Teelöffel. Wir wurden mit offenen Armen aufgenommen. Das Orchester liebte ihn. Die Zeitungen schrieben von einer ›Ehe, die im Himmel geschlossen wurde‹.

Ich sah mir alle verfügbaren Schulen an. Sie sehen dort, nach englischem Muster, wie Schlösser aus. Jeder riet mir zu einer anderen. Zuerst war es nur die Volksschule, das war einfach. Aber dann …! Sollte es eine gemischte Schule sein, eine reine Jungen- oder Mädchenschule? Was auch immer man auswählt, für alle Kinder dieser Welt ist die Schule, in die sie n i c h t gehen müssen, sowieso immer die beste!

Das Leben in Amerika ist sehr frei und unkompliziert, andererseits aber auch sehr geregelt und unglaublich puritanisch. Als unsere damals vier- bis achtjährigen Kinder im Sommer im eigenen Schwimmbad im Garten nackt badeten, war das sofort in aller Munde. Eine wirkliche Freundschaft ist ebenfalls schwer aufzubauen, obwohl ich viele Freunde dort fand und noch immer habe. Außerdem muß man sich tatsächlich für alles und jedes ins Auto setzen. Nichts geht ohne fahrbaren Untersatz. Zufußgehen ist so wenig üblich, daß man regelrecht von der Polizei angehalten wird, wenn man sich auf einer leidlich einsamen Straße als Fußgänger betätigt. Christoph ist das einmal passiert. Niemand kann dort verstehen, daß man – nur mit Kopfhörern bewaffnet – einsam durch den Schnee stapfen kann und will.

Die täglichen Schulfahrten werden einem, bis die Kinder 13, 14 Jahre alt sind, abgenommen. Der Schulbus hielt direkt vor unserer Haustür, ein zusätzlicher VIP-Service, denn gewöhnlich hält er nur an den jeweiligen Straßenecken. Alles andere blieb mir überlassen. Ich fuhr zum Einkaufen, zu Freunden der Kinder, zum Musikunterricht, zum Tanzunterricht, mal den, mal jenen. Jedes Kind hatte einen anderen Rhythmus. Zum Sport, zum Arzt. Es ist unglaublich, was da alles zusammen kommt. Christoph hatte einen Dienstwagen mit Chauffeur, der war natürlich nur für ihn da. Man kam durch die viele Fahrerei zu gar nichts und war doch die ganze Zeit beschäftigt. Zwischendurch wusch und bügelte ich Christophs Hemden für die Konzerte. Ich kochte, was ich im Laufe der Jahre tatsächlich gelernt hatte, und tat, was sonst noch im Haushalt zu tun ist. Das Hausfrauenleben machte mir sogar Freude. Eine Putzfrau hatten wir allerdings, eine besonders nette sogar (sie wartet noch immer auf meine Rückkehr, haben mir meine Kinder neulich erzählt). Ich war jede Woche aufs neue begeistert, wenn sie mit dem Staubsauger Linien in die dicken amerikanischen Teppiche zog und wagte den ganzen Tag nicht, über sie zu laufen und sie dadurch zu zerstören.

Ich fand alles in Cleveland schön, wie ich überhaupt lange im Leben bereit war, alles schön zu finden. Aber Anja Silja, die Sängerin, gab es nicht mehr.

Konnte ich, konnte er, konnte irgend jemand ernstlich von mir erwarten, daß ich das wirklich und für immer durchhalten würde?

Niemand in Cleveland wußte, wer ich bin. Man wußte zwar, daß ich sang, das hatte in den Artikeln gestanden, die über Christoph und mich am Anfang unserer Zeit dort erschienen waren. Aber was weiß man da schon? Immerhin durfte ich im Dezember 1985 zum ersten Mal in Cleveland auftreten. Das war ein großer Augenblick für mich. Ansonsten ließ es meine angeborene Faulheit zu, dieses Leben zu genießen. Ich hatte ja, neben allen Pflichten, noch meine Hobbys, den Garten und meine Puppenhäuser, die ich selber baute. Mit Faulheit hatte das Leben eigentlich nicht viel zu tun. Es war mehr eine gedankliche Faulheit. Die war freilich beträchtlich.

Alle halbe Jahre flogen wir mit den Kindern von Amerika nach Europa oder anders herum. Das Packen war sehr lästig. Alles mußte mit, von den Gummischuhen bis zum Badeanzug. Die Kinder wären in der Zwischenzeit sonst aus allem herausgewachsen. Wir hatten jedesmal 10 bis 12 große Koffer dabei, die ich packte. Ein halbes Jahr gingen die Kinder in Deutschland, ein halbes Jahr in Amerika zur Schule. Das funktionierte ganz gut bis zur mittleren Reife. Danach mußten wir uns für ›entweder – oder‹ entscheiden. Wir entschieden uns für Deutschland, da sie wahrscheinlich sonst vollständig an Amerika verlorengegangen wären.

Es war, alles in allem, ein schönes, sorgenfreies Leben. Aber war es wirklich m e i n Leben? Ich konnte damals diese mir selbst gestellte Frage weder positiv noch negativ beantworten. Ich weiß heute, daß es wohl eine zu große Diskrepanz war zu dem Leben, das ich bis dahin geführt hatte. Ich vermisse meine Freunde in Amerika, die Atmosphäre, das Haus, das ich so liebte, meinen Garten, den ich ganz allein angelegt habe. Hätte das Orchester etwas mehr Oper gespielt oder ich wenigstens die Gelegenheit gehabt, etwas mehr das zu tun, was ich am besten kann, vielleicht wäre alles anders gekommen. Ich hätte einen Hauch von dem bewahren können, was einmal mein Leben war. Das hätte mir vermutlich genügt.

❧

Mit meiner und der Kinder Rückkehr nach Deutschland (Christoph blieb beruflich weiterhin an Cleveland gebunden) begann gewissermaßen meine ›dritte‹ Karriere. Sie war nicht geplant, vielleicht erhofft. Der sogenannte Fachwechsel begann 1987 mit Gérard Mortiers Angebot, in Brüssel die Küsterin in Janaceks Oper Jenufa zu singen, in der Regie von Adolf Dresen. Christoph riet mir davon ab, wie auch von einer Lulu-Inszenierung, die Ruth Berghaus in Brüssel machen wollte: ›Das solltest du nicht mehr machen, darin warst du einmal so gut, das kann nur schlechter werden,‹ meinte er. Selbst wenn er recht gehabt hat, war das für mich eine schwerwiegende Entscheidung. Ich lehnte ab, weil ich unsicher wurde, was ich noch heute bedaure.

Ich würde sonst nie wieder für das ›Große Fach‹ gefragt werden, sagte er noch. Ja, hatte mich denn bis dahin jemand fragen können? Der größte Teil der Musikwelt nahm an, daß ich das Singen längst aufgegeben hatte. Trotz aller Anerkennung in den Inszenierungen von Ruth Berghaus in Frankfurt und Paris blieben meine Auftritte international relativ unbemerkt.

Mit der Rolle der Küsterin hatte ich wieder einen Volltreffer gelandet, wenn auch ›im falschen Fach‹, wie Christoph meinte. Mortier war anderer Meinung. Er war seit 1981 Intendant am Brüsseler Théâtre de la Monnaie, an dem Haus, an dem ich oft und gern gesungen hatte und in den folgenden Jahren wieder häufiger sang.

Ich wußte, daß die Küsterin eine Partie werden würde, die mich persönlich anging. Auch wenn sie klischeehaft immer den verbitterten alten Damen zugerechnet wird. Ihre Tragödie ist es gerade, daß sie das nicht ist. Sie ist die Stiefmutter Jenufas, ihr eigenes Schicksal liegt noch in nachvollziehbarer Vergangenheit.

Seit dem Jahr 1960, als wir uns in Bayreuth zum ersten Mal trafen, bewunderte ich Maurice Béjart, seine Choreographien waren genial. Er war schon in Brüssel, als ich mit Wieland den TRISTAN machte, danach in Bayreuth, und wir begegneten uns immer wieder bei meinen späteren Gastspielen. Er ist ein großer Wagnerianer. Immer wollten wir etwas finden, was wir zusammen machen könnten. Nie wurde etwas daraus, und schließlich verloren wir uns etwas aus den Augen. Zufällig traf ich ihn in New York auf einer Party wieder und er fragte mich, ob ich am Prinzen Orlovsky in seiner FLEDERMAUS-Inszenierung interessiert sei, erzählte mir von seinen Ideen. Warum nicht, es war wieder mal etwas ganz anderes. Es blieb leider eine Episode. Die Inszenierung ist nicht wirklich geglückt, dabei war es eine besondere Besetzung. Karita Mattila sang die Rosalinde, Judith Blegen die Adele. Beide waren wunderbar. Und ich sah als Prinz phantastisch aus!

Noch einmal Brüssel. Ich sprang dort innerhalb einer Woche als LADY MACBETH ein, nachdem ich diese Partie genau zwanzig Jahre nicht gesungen hatte. Erstaunlich, was man einmal in jungen Jahren gelernt hat, vergißt man tatsächlich nicht. Selbst nicht in einer Sprache, die man nicht kann. Meine Erinnerung kam sehr schnell zurück, und ich hatte in Franz Grundheber einen Kollegen, den ich nicht nur seit Hamburg gut kannte, sondern auch einen Partner, der diese Partie so oft und so gut überall gesungen hat, daß er mir souverän sagen konnte, wo ich gerade sein mußte oder abzugehen hatte …

Im Jahr darauf sang ich (wieder in Brüssel) eine Rolle, die mehr an meine Jungmädchenzeit erinnerte. DER FERNE KLANG von Franz Schreker. Eine sehr opulente Musik, sehr an Gustav Mahler orientiert, blumig und schwer zu singen. Die Handlung der Oper umspannt ein ganzes Leben, ein wirkliches Schicksal, vom träumenden Mädchen über die Kurtisane zur alten Frau. Eine große darstellerische Aufgabe. Christoph sollte es dirigieren und Johannes Schaaf Regie führen. Die Arbeit war unerfreulich. Schaaf, der sehr musikalisch ist, viel von Musik versteht, war offensichtlich nicht allzu gut vorbereitet. Es gibt in diesem Stück zwei Bühnenorchester, die (daher der Name) auf der Bühne spielen müssen. Über die Frage, wo sie dort plaziert werden können, ließ sich zwischen Dirigent und Regisseur keine Einigung erzielen, obwohl es vom Komponisten genau festgelegt ist. Schaaf hatte andere Vorstellungen, blockierte die ganze Bühne mit Dekorationen, auch die Sicht des Chors auf den Dirigenten. Christoph wurde wütend, verließ erst die Probe, dann – kurze Zeit später – die ganze Produktion. Ich wollte solidarisch mit ihm gehen, fand das aber Mortier gegenüber unfair und blieb. Schaaf fiel wohl zum dritten Akt nichts ein, daher war er ebenfalls wenige Tage später verschwunden, zusammen mit seinem Lichtdesigner. Mein Kollege Wieslaw Ochman und ich ›inszenierten‹ die fehlende Schlußszene und Mortier schmiß sich in die Beleuchtung. Christophs dortiger Assistent Ingo Metzmacher, der spätere Vorstellungen übernehmen sollte, dirigierte die Premiere. Ihr war aber nach all den Absagen doch merklich der Glanz genommen.

Im November 1989 sollten Christoph und ich von Cleveland aus nach San Francisco fliegen. Meine erste Amme in Die Frau ohne Schatten. Zwei Tage vor unserem vorgesehenen Abflug war das große Erdbeben. Wir versuchten stündlich, etwas über die Situation zu erfahren. Viele unserer Bekannten hatten Freunde, Verwandte, Kollegen dort, niemand konnte etwas erfahren, nichts funktionierte mehr, man kam telefonisch nicht durch. Schließlich erreichten wir doch jemanden. Die Oper war unzerstört und spielte trotz Rissen in den Wänden, mit einem Stahlgitter unter dem Kronleuchter zum Schutz der Zuschauer. Die Sänger waren aus ihren Appartments evakuiert worden. Wieslaw Ochman war zufälligerweise einer von ihnen. Er wohnte im zwanzigsten Stock, mußte die Treppen zu Fuß bewältigen und erzählte, wie der Flügel, den er im Zimmer hatte, quer durch den ganzen Raum gerutscht sei. Die ersten Tage konnte er alles nur zu Fuß machen. 20 Etagen rauf und runter.

Wir flogen bangen Herzens, hatten noch fast eine Woche lang Nachbeben. Passiert ist nichts mehr. In diesen Tagen fiel die Berliner Mauer, und niemand war von den Fernsehern wegzubringen.

1989 sang ich zum ersten Mal bei den Festspielen in Glyndebourne. Nikolaus Lehnhoff, mit dem ich schon seit fast vier Jahrzehnten befreundet bin und der, als ehemaliger Assistent von Wieland in Berlin und Bayreuth, inzwischen selbst ein sehr bekannter und gefragter Regisseur geworden war, hatte mir für dieses Festival die Küsterin angeboten und mich anschließend zur Ortrud in seiner neuen Inszenierung des LOHENGRIN in Frankfurt überredet. Es sollte die erste Wagner-Premiere werden, in der ich nach fast 20 Jahren wieder auftrat. Die Ortrud hatte ich nie mit Wieland erarbeitet. Sie war für mich nicht mit Erinnerungen belastet. Aber es kam anders. Ich sprang noch vor der Frankfurter Premiere in eine andere LOHENGRIN-Inszenierung ein, die Grace Bumbry in Zürich einen Tag vor Probenbeginn abgesagt hatte. Robert Wilson war der Regisseur, und das interessierte mich sehr. Ich hatte, bevor ich nach Zürich fuhr, eine Aufführung von ihm gesehen und sie überhaupt nicht gemocht. Alles erschien mir mechanisch, unlebendig, künstlich, bis auf einen Darsteller, der den Wilsonschen Stil wunderbar auf sich übertragen konnte und mir Hoffnung machte. Trotzdem bezweifelte ich, daß ich einen Weg für mich finden würde, aber ich war neugierig.

Wilson ist eine ganz ungewöhnliche Erscheinung. Introvertiert, nie wirklich erreichbar, gläsern und gleichzeitig undurchsichtig. Sehr liebenswürdig, leise, fast unsichtbar und doch sehr präsent und von stets gleichbleibender Eleganz. Wenn man versteht, in ihn hineinzusehen, ist er, denke ich, ein Vulkan. Die Mechanik seiner vorgegebenen Bewegungen in Gefühle umzusetzen, war etwas, was mich sehr reizte. Sein Weg, die psychologischen Zusammenhänge zu sehen, erinnerte mich an den Wielands, obwohl dessen Darsteller viel menschlicher blieben. Bei Wilson werden die Gefühle scheinbar ausgeschaltet, aber eben nur scheinbar. Sie werden, wie in den ersten Jahren in Bayreuth, durch Licht ersetzt und durch minimale gestische Akzente. Operngesten werden unmöglich, schon allein das ist ein Gewinn. Die Akzente in einem für einen selber richtigen Moment zu setzen, ist die Aufgabe, die er stellt. Seine Bilder und seine meisterliche Lichtregie zeigen, wie bei Wieland, nur mit unterschiedlichen Mitteln, die innere Haltung der Figuren. Wilson hat nie eine Aufführung von Wieland gesehen, aber seine Gedankenwelt ist seiner frappierend ähnlich. Die Arbeit mit ihm war eine der spannendsten in meiner Theaterlaufbahn.

Ich war immer eine ›optische‹ Sängerin. Die Szene war mir das Allerwichtigste, ist es nach wie vor. Singen erscheint mir selbstverständlich. Das Artifizielle unseres Metiers zu vermenschlichen, ist, was mich interessiert. Ich bewundere Dirigenten, ich brauche sie, alle Sänger brauchen sie, und wenn sie gut sind, lieben oder fürchten wir sie. Ich habe aber nie so viel vom Beruf des Dirigenten verstanden wie von dem des Regisseurs. Das war immer ein wunder Punkt zwischen Christoph und mir. Er kannte meine Idealisierung von Wieland und mochte sie nicht. ›Er war ein guter Regisseur, kein Genie‹, sagte er immer wieder. Für mich war er beides.

❧

Mortier hatte mir 1988, während einer Wiederaufnahme von WOZZECK, die Regie für LOHENGRIN angeboten. Ich kam wirklich dazu wie die Jungfrau zum Kind. Während einer Abendeinladung fragte er mich so ganz nebenbei: ›Warum machen Sie das nicht?‹ Ich lachte und meinte, das könne ich nicht, an so was hätte ich noch nie gedacht, und eine Wagner-Oper schon gar nicht, bei meiner Vergangenheit. Alle Anwesenden fanden, daß das kein Grund sei, es nicht zu versuchen. Mortier schlug vor, ich solle doch einmal die dafür vorgesehene Bühnenbildnerin treffen, die in New York lebte. Vielleicht würde ich meine Meinung ändern. Ich traf sie nicht, aber wir telefonierten. Sie schickte mir einige Entwürfe, ich antwortete darauf, sie entwarf weiter, und auf einmal konnte ich nicht mehr zurück. Mortier fand, die Zeit dränge, ich solle nun auch mit dem Kostümbildner sprechen. Mehr und mehr überzeugte ich mich selbst, daß es vielleicht doch möglich und attraktiv sein könnte. Ich begann, Geschichtliches zu lesen, Aufsätze von und über Wagner, über LOHENGRIN, über die Gotik und das Mittelalter. Ich ging gezielt in Museen, um die Kleidung und Atmosphäre dieser Zeit zu studieren. Alles sehr anregend und neu. Ich kannte den LOHENGRIN in- und auswendig, und doch wußte ich so wenig über ihn.

Die Sängerbesetzung für die Produktion war von Mortier schon engagiert worden, bevor er mir dieses Angebot machte. Ich kannte die meisten seit langer Zeit. Nur die Elsa und der Lohengrin waren mir unbekannt. Tina Kiberg und Josef Protschka. Mit diesen beiden hatte ich besonders viel Glück. Die Kiberg ist ein ähnlicher Typ wie ich, groß und schlank, skandinavisch, mit seltsam eckigen Bewegungen, die ich sehr reizvoll für die Rolle fand. Sie schien auch privat immer etwas abwesend zu sein. Ich wußte nie, ob sie verstanden hatte, was ich erklärte. Das paßte gut in das Elsa-Bild, das ich hatte. Protschka war ein damals sehr gefragter Tenor, hatte sich vom Mozartfach inzwischen deutlich in Richtung des jugendlichen Helden entwickelt. Es war für beide die erste Begegnung mit dieser Oper. Für Protschka war es eine Grenzpartie. Er geriet wenig später in eine massive Stimmkrise. In Brüssel hatte er schon Probleme, aber im großen und ganzen sang er wunderschön. Die Gralserzählung sogar so schön, wie ich sie bis dahin noch nie gehört hatte. Beide Sänger waren für mich die reine Freude. Intelligent und willens, alles auszuprobieren, alles mitzumachen. Mit der Ortrud hatte ich dafür um so größere Schwierigkeiten. Ich hatte die Partie bis dahin selbst nie gesungen, aber doch eine genaue Vorstellung, wie ich sie sehen wollte. Ich machte ihr alles vor, jede Geste, erklärte jede Emotion, und sie meinte, an mir sähe das alles sehr gut aus, aber sie könne das nicht nachmachen. Sie konnte nichts nachmachen. Warum weiß ich nicht, es war wie eine Blockade, manchmal gibt es solche Konstellationen. Telramund und König Heinrich hatten ihre Partien schon oft gesungen, waren nur mühsam vom Gewohnten abzubringen. Wir fanden einen Weg. Mit dem Chor kam ich gut aus. Ich kannte nach jahrelangem Singen dort jeden einzelnen. Das half mir.

Trotzdem wuchs meine Verzweiflung, je näher das Premierendatum kam. Die Kostüme sahen nicht so aus, wie ich sie mir vorgestellt hatte. Die Technik klappte nicht, wie sie sollte, und die größte Katastrophe war das Licht. Der amerikanische Lichtdesigner, den man engagiert hatte, hüllte alles in ein graues, undefinierbares ›Arbeitslicht‹. Dabei hatte ich ihm genau gesagt, was ich mir vorstellte. Aber es kam nichts davon. Es blieb grau wie in einer Straßenszene der WEST SIDE STORY. Ich hatte keinerlei Erfahrung, um das ändern zu können. Mortier griff wieder mal selbst ein. Er liebte solche überraschenden Aufgaben. Er stellte das ganze Haus auf den Kopf, jedes verfügbare Licht wurde eingesetzt, und er erreichte es, Atmosphäre zu schaffen. Wir hätten mit mehr Zeit noch viel mehr erreichen können, vor allen Dingen mit einem Beleuchtungsfachmann, der mit uns und nicht gegen uns gearbeitet hätte. Für mich war das alles ganz schrecklich, so kurz vor der Premiere. Wie für jeden Regisseur, wurde mir tröstend von vielen Seiten versichert. Auf einmal wird alles endgültig, man kann nichts mehr ändern und würde doch so gern. Ich dachte am Ende nur noch darüber nach, welche Todesart ich nach oder am besten schon vor der Premiere für mich wählen sollte. Dem Umstand, daß ich mich für keine entscheiden konnte, verdanke ich, daß ich noch lebe.

❧

Christoph meinte, er hätte in meinem Leben immer nur an zweiter Stelle gestanden. Das ist natürlich nicht wahr. Ich habe ihn sehr geliebt, aber ich glaube, auch viel für ihn aufgegeben. Das wollte er nie hören. Alles sollte freiwillig gewesen sein. Das ist selbstverständlich sehr viel angenehmer. Niemand will dankbar sein müssen, merkwürdigerweise. Zu keiner Zeit habe er mich dazu gedrängt, nicht mehr zu singen. Ganz im Gegenteil, er habe meinetwegen oft genug schlechte Orchester dirigiert. Welche er damit meint, und zu welcher Zeit, will ich hier nicht ergründen.

Ich bin ja bereit, das Mißlingen unserer Ehe zum großen Teil auf mich zu nehmen (ein Graphologe meinte schon in meiner Teenagerzeit, daß ich mich nicht zur Ehefrau eignen würde), aber ganz kann ich es doch nicht. Ich war dankbar für das, was er mir bot, nur, einseitige Dankbarkeit ist keine gute Grundlage für eine Ehe. Hätten wir nicht weiterhin beruflich gemeinsame Wege finden können?

Ich konnte mich in dieser Liebe nicht wirklich frei fühlen, merkwürdigerweise, ich wurde nie richtig erwachsen in ihr. Unsere Beziehung war – viel mehr als die zu Wieland und André, bei denen man es wegen des großen Altersunterschieds hätte annehmen können – eine Pygmalionbeziehung. Ich wurde tatsächlich immer erzogen. Ich sollte, durfte, konnte. Das war sicher gut gemeint. Beruflich hatte ich ›früher alles besser gemacht‹. Meine Zeit war eben vorbei. Er schlug mir sogar einmal vor – ich denke, es war nicht ganz ernst gemeint – ich solle zusammen mit einer Freundin eine Modeboutique in Cleveland eröffnen, dann hätte ich etwas zu tun! Ich lernte gern von ihm und ich lernte viel, ich lerne schon mein ganzes Leben, aber man möchte auch hin und wieder sich selbst etwas zu verdanken haben.

Wenn ich fand, daß ich etwas gut gesungen hatte, kam von ihm oft als einziger Kommentar: ›Der und der Ton war nicht gut, daran solltest du arbeiten‹ (das sagt er allerdings zu allen Sängern, die sicher genauso ›erfreut‹ sind und waren wie ich), ich könne sonst allenfalls noch in Karlsruhe ein Engagement finden! Mit dem ›neuen Fach‹, meinte er, hätte ich einen Weg eingeschlagen, bei dem man das Singen im wesentlichen umgehen könne.

Wenn man immerhin noch Ortrud, die Amme, die Küsterin oder Emilia Marty singt, ist das eine etwas gewagte Behauptung. Was würden meine Kolleginnen sagen, die dieses Fach singen, wenn man sie als ›Nichtsängerinnen‹ bezeichnete! Das sind alles große Fachpartien.

Ich habe immer anerkannt, daß Christoph für mein Leben eine prägende Bedeutung hatte, aber er ist eben auch ein Mann mit einem eisernen Willen. Er ist gewohnt, alles im Griff zu haben, vor allem sich selbst. Ich bin von anderer Natur. Mich in den Griff zu bekommen, ist ihm nicht ganz gelungen, mir selbst allerdings auch nicht. Sein großes Talent wie auch seine Disziplin haben ihn dahin gebracht, wo er jetzt ist. An die Weltspitze. Dahin wollte er, dahin gehört er. Wirkliche Freunde gibt es nur sehr wenige in dieser Höhe, wenn überhaupt. Vielleicht braucht er sie nicht, er hat ja die Musik …

Es war eine über lange Zeit glückliche und schöne Beziehung. Ich habe sie mit den gleichen Hoffnungen begonnen wie die beiden vorherigen. Das war m e i n Fehler, nicht seiner. Christoph zitierte einmal Kierkegaard: ›Wirkliche Liebe heißt, den zu lieben, durch den man unglücklich wurde.‹ Davon weiß auch ich einiges!

Er liebte mich, das weiß ich, und ich habe ihn geliebt, es fällt mir nur schwer, darüber heute enthusiastischer zu schreiben, in einem Moment, in dem das einzige, was uns noch verbindet, die Abwicklung der Scheidung ist. Es ist eine Liebe, die leider zu Ende gegangen ist und – wie ich finde – nicht zu Ende sein müßte. Sie scheint unerreichbar geworden zu sein. War sie wirklich nur ein Mißverständnis?

Epilog

Ein neues Kapitel in meinem Leben begann mit Glyndebourne. Dort vertiefte ich eine alte Freundschaft und begründete eine neue. Glyndebourne ist ein Festival, das ich bis 1987 nur vom Hörensagen kannte, da es jahrzehntelang vor allem Mozart aufführte und daher für mich als Sängerin nicht in Frage kam. Es war und ist außerdem eher ein Festival für junge Talente. Hier haben in ihren frühen Jahren Birgit Nilsson, Pavarotti, Janet Baker, Sena Jurinac gesungen, um nur einige zu nennen. Der Chor besteht, ähnlich wie in Bayreuth, zum großen Teil aus Solisten, von denen ebenfalls einige berühmt wurden. Geraint Evans zum Beispiel.

Nikolaus Lehnhoff begann seinen Janáček-Zyklus im Jahr 1988 mit einer eindrucksvollen Inszenierung von Katja Kabanowa. Nachdem ich die Küsterin in Brüssel gesungen hatte, fragte er mich, ob ich diese Rolle auch in Glyndebourne singen würde. Natürlich wollte ich. Zur Küsterin oder Emilia Marty muß mich niemand überreden.

Glyndebourne liegt – ähnlich wie Bayreuth – auf einem Hügel inmitten von Feldern und Wiesen und besteht aus einem Herrenhaus, wie wir es uns in England vorstellen, und einem kleinen scheunenartigen Theater, das John Christie, ein musikbegeisterter Privatmann, für seine Frau, eine Sängerin, erbauen ließ. Er gründete die Festspiele im Jahr 1934 zusammen mit dem Regisseur Carl Ebert und dem Dirigenten Fritz Busch, die aus ihren Positionen in Berlin und Dresden von den Nazis vertrieben worden waren. John Christie war zudem ein großer Wagnerianer und träumte von einem Klein-Bayreuth. Es hat Jahrzehnte gedauert, bis man auch optisch diesem Traum einen großen Schritt näher kam. Das Haus faßte am Anfang gerade 400 Zuschauer, später wurde es auf 800 Sitze vergrößert. So fand ich es vor, als ich zum ersten Mal dort sang. 1992 wurde alles – zum großen Entsetzen vieler Alt-Glyndebourner – abgerissen, und es entstand ein Opernhaus, das sicher zu den geglücktesten Theaterneubauten der letzten Jahrzehnte zählt. Es hat jetzt für etwa 1.200 Besucher Platz.

Ich kam mit großen Vorurteilen und der Überzeugung, schon an wichtigeren Festspielorten gesungen zu haben, dorthin. Ich war außerdem alles andere als begeistert über das Picknick auf den Wiesen vor dem Herrenhaus, obwohl es eine der Hauptattraktionen von Glyndebourne ist. Eine Stunde und dreißig Minuten dauert die Pause und damit die Möglichkeit, zu essen und zu trinken, hauptsächlich letzteres, was bei sommerlichen Temperaturen beim Publikum zu beträchtlichen Konzentrationsschwächen in der zweiten Hälfte des Abends führt. Aber erstaunlicherweise gelang es uns trotzdem, durch die Kraft der Musik Janáčeks, aber ich glaube auch sagen zu können, durch die Qualität der Aufführung, das Interesse der Zuschauer zurückzugewinnen und sie zu packen. Das war eine sehr erfreuliche und fast unerwartete Überraschung für mich.

Ich fand in Sir George, dem Sohn des Gründers, und Lady Mary Christie, die in dem schloßartigen Haus neben dem Theater leben wie vor ihnen schon viele Generationen, nicht nur künstlerisch interessierte Menschen, sondern über die Jahre wirkliche Freunde, die mir sehr viel bedeuten und derentwegen ich immer wieder mit großer Freude nach Glyndebourne zurückkehren werde, solange das möglich ist. Sie sind es, die dieses Festspiel seit Jahrzehnten lebendig erhalten, ähnlich wie – ich gebe es ungern zu – auch ohne Wieland die Bayreuther Festspiele durch Wolfgang Wagner lebendig gehalten wurden bis auf den heutigen Tag. Um so trauriger, fast tragisch empfinde ich es, daß es in Bayreuth nicht möglich zu sein scheint, die Besonderheit des Familienbetriebs zu erhalten. Nicht zuletzt dadurch ensteht an beiden Festspielorten die herzliche, unprätentiöse besondere Atmosphäre.

George Christie hat das Wunder vollbracht, auf fast ausschließlich privatem Wege die großen Gelder für den Neubau des Hauses zusammenzubekommen, worum ihn wohl jeder andere Festspielort beneidet.

Janáček ist für mich – neben Wagner – die große Entdeckung und Liebe meines Lebens. Ich hatte in meiner Karriere das Glück, mindestens drei bis vier, vielleicht fünf Partien gefunden zu haben, die lange Zeit, man könnte fast sagen, mit mir identifiziert wurden. Senta, Salome, Lulu. Dafür kann ich nicht dankbar genug sein. Wem ich das verdanke, weiß ich nur zu genau. Jetzt sind es die Küsterin und – vor allen Dingen – die Emilia Marty.

In Nikolaus Lehnhoff fand ich einen Regisseur, oder besser gesagt, ich begegnete ihm nach langer Zeit wieder, der mich seit unseren frühen Bayreuth-Tagen kannte. Wir hatten nie miteinander gearbeitet und doch war sofort dieses Band der langen gemeinsamen Zeit und Schulung durch Wieland da, die wir beide niemals leugnen können und wollen. Wir fanden schnell den gemeinsamen Nenner, er wußte, was zu mir passen würde, wohin unsere gemeinsame Suche gehen muß. Durch ihn bekamen diese beiden Janáček-Rollen einen ähnlichen Stellenwert in meinem Leben wie die mit Wieland erarbeiteten.

Die Küsterin ist die Stiefmutter Jenufas, sie muß deshalb nicht unbedingt einen angemessenen Altersunterschied zur Sängerin dieser Rolle haben. Das ist wichtig. Sie ist keine Frau, die mit dem Leben abgeschlossen hat. Ihre Tragödie ist, daß sie eben noch nicht alt ist. Ihr Leben ist verfehlt, hat keine Zukunft mehr. Sie ist eine tragische Figur, keine unsympathische oder gar harte, ›häßliche‹. Es ist nicht attraktiv, eine einseitig unsympathische Rolle darzustellen, solche Menschen gibt es gar nicht. Die Küsterin muß menschlich verständlich werden, in ihrer Stärke und ihrer Schwäche, erst dann wird sie interessant.

Man muß ihren Zwiespalt zeigen, erkennen daß sie Jenufa wirklich liebt und aus Liebe zu ihr zu den falschen Mitteln greift. Der Mord an Jenufas Kind ist nicht verzeihbar, aber psychologisch begreifbar. Es geht ihr um Jenufas Zukunft. Daneben auch um Konventionen. Am Schluß der Oper sagt sie: ›Wenn nur du mir verzeihst, will ich alles ertragen, alles annehmen. Ich war verblendet, habe nur mich gesehen, aber ich tat es für dich‹. Lehnhoff hatte viel Feingefühl für diese differenzierte Rolle, er hat mir sehr geholfen, meinen persönlichen Weg zu finden, den ich schon in Brüssel in der Regie von Adolf Dresen begonnen hatte.

Ich verstehe kein Tschechisch, man versteht oft die Sprachen nicht, in denen man singt, aber ich kenne die Bedeutung der Sätze. Man muß nicht jedes einzelne Wort kennen, auch im Deutschen denke ich, wenn ich singe, nicht über jedes Wort nach. Es ist die Musik, die die Phrase bestimmt, das ist das Entscheidende. Man könnte ein gut komponiertes Stück ohne Worte singen und es wäre zu verstehen, wenn man es richtig interpretiert. Durch das Wort verändert sich der Ausdruck des Singens. Wie im Leben. Wenn man in Wut gerät, weiß man oft nicht, was man sagt. Wie man es sagt, ist das Entscheidende. Man sollte die Emotion in

Als Küsterin in JENUFA, Glyndebourne 1989

die Körperhaltung, die Worte in die Bögen der Musik legen. Die Sprache der Musik zu erkennen, das habe ich, neben vielem anderen, von Wieland gelernt.

Es ist gefährlich und unprofessionell, sich mit einer Rolle wirklich zu identifizieren. Wenn ich von einer Partie sagen könnte, das ›bin ich‹, wäre sie für mich nicht mehr darstellbar. Man kann nur Ähnlichkeiten schaffen. Besonders die gefühlvollen Szenen muß man auf reale Situationen, auf etwas selbst Erlebtes, das mit der Oper nichts zu tun haben muß, zu übertragen suchen. Sonst singt man an ihnen vorbei, oder sie werden kitschig. Wenn man nur schön singen will, ist es nicht überzeugend.

Bei MAKROPULOS allerdings muß man einen Schritt weiter gehen. Das ist eine Ausnahmeoper, in der es nicht mehr darum geht, ob ›schöner‹ oder weniger ›schön‹ gesungen wird. Die Emilia Marty ist eine Partie, die jenseits von jeder Konvention steht. Ein Wesen aus einer anderen, fast unnatürlichen Welt, mit einer Aura des Unbegreiflichen umgeben, und doch von einem erschreckenden Realismus. Welche der hier aufgezählten Eigenschaften hat der Kritiker an mir sehen wollen, der schrieb: *Wäre die Figur der Emilia Marty noch nicht geschaffen, sie müßte eigens für Anja Silja erfunden werden.*

Emilia ist eine Frau auf der verzweifelten Suche nach dem Sinn des Lebens, den sie nicht finden kann, den es für sie nicht mehr geben kann, nach einer so langen Zeit der vergeblichen Suche. Lehnhoff und sein Bühnenbildner Tobias Hoheisel fanden auch optisch einen Weg, die Kälte und Ausweglosigkeit, die sie umgibt, zu zeigen, die wohl auch Janáček in einer Phase seines Lebens durchlitt. Den Weg, den ich schon vor fast dreißig Jahren, unbewußt noch, in dieser Rolle begann. Ich habe in Emilia Marty die Rolle meines Lebens gefunden.

❧

Der Grund für das endgültige Scheitern meiner Ehe war die Begegnung mit einem Mann, der mich für eine kurze Zeit glauben ließ, meine lebenslange Sehnsucht erfüllt zu sehen, und der zu der einzig wirklichen Enttäuschung meines Lebens wurde. Durch den sich mein bisheriges

Leben endgültig und radikal veränderte. Zum ersten Mal hat mich mein sonst so gerühmter und mich bis dahin nie im Stich lassender Instinkt voll und ganz verlassen.

Ich wußte lange nicht zu erklären, was mir da von einer Sekunde zur anderen passiert ist. Ich war in einer Krise. In einer Midlife-Krise, in einer Isolations-Krise, oder wie man es sonst nennen möchte. Ich glaube, jeder Mensch in einem gewissen Alter weiß, was ich meine. Dieser Mann gab mir etwas, was ich längst verloren glaubte. Ich liebte ihn mit einer unheilvollen Leidenschaft, aus der ich mich nicht befreien konnte, vielleicht nicht befreien wollte. Es war wie ein innerer Zwang. Es wurde die verzweiflungsvollste Beziehung meines Lebens. Es gab keinen Ausweg aus diesem Dilemma. Ich wollte Christoph nicht verlieren und konnte doch nichts dagegen tun. Warum wir es nicht fertig brachten, die richtigen Worte im richtigen Moment zu finden, wird mir erst heute, beim Schreiben dieses Buches klar. Nie vorher habe ich empfunden, w i e verschieden wir dachten und tatsächlich waren. Warum nur muß sich Verschiedenartigkeit irgendwann so negativ auswirken?

Ich sehnte mich nach der ›Normalität‹. Ich glaubte, in diesem Mann das Verständnis und die Fürsorge gefunden zu haben, die ich so lange vermißt hatte. Er ging anscheinend auf mich ein, wie vor ihm nur André auf mich eingegangen war. Ich hatte vergessen, daß es so viel Verständnis überhaupt geben kann.

Er schien unkompliziert, gescheit und interessiert. Endlich, so hoffte ich, würde ich die Welt mit vier Augen sehen können. Dafür nahm sich Christoph fast nie Zeit. Als wir nach Amerika gingen, machte ich ihm einmal den Vorschlag, eine Dampferfahrt auf dem Mississippi zu machen. Seine Antwort war eindeutig: ‹Das fehlte mir gerade noch, so ein Kitsch.‹ Natürlich machte ich keinerlei Vorschläge dieser Art mehr.

Die einzige ›Lichtgestalt‹ meines Lebens blieb André. Von seiner Natur und seinen Träumen war er mir so ähnlich. Daß er in seinem letzten Lebensjahr nicht mehr nur optimistisch sein konnte, war nicht seine Schuld und doch versuchte er es mir zuliebe immer wieder, bis zuletzt.

Der Beruf war nie mein einziger Lebensinhalt. Seit langer Zeit jedenfalls nicht mehr. Es gibt noch so viel mehr als immer wieder nur das Theater!

Es ist ein schöner Beruf, aber er kann auch sehr einsam machen. Das habe ich früh erkannt. Das erste Mal bewußt an dem letzten Abend in Bayreuth, der mir unvergeßlich bleiben wird. Man muß mehr und mehr arbeiten, um diese Einsamkeit nicht allzu sehr zu empfinden. Wie viele solcher Tage habe ich (und sicher alle meine Kollegen) schon in Hotelzimmern verbracht, an denen man sich fragt, warum man das alles macht. Warum man allein in fremden Städten ist, in denen man niemanden kennt, in denen man erst die Lebensmittelgeschäfte oder Restaurants suchen muß und die Stimme für die nächste Vorstellung ›schont‹. Das ist gewöhnlich das aufregende und glamouröse Leben eines ›Stars‹. Die ›Rettung‹ ist die Arbeit, die Beschäftigung mit dem Genie eines anderen, das wir zum Leben erwecken dürfen. Für wen tut man das? Für sich selbst, für den Beifall, für das Publikum?

Ich war – für eine kurze Zeit – glücklich in dieser merkwürdigen Beziehung. Alle Defizite, alle Verluste meines Lebens waren plötzlich vergessen. Ich glaubte an diese Liebe, wie ich nie zuvor an eine Liebe glauben durfte und konnte. Sie hatte uns beide wie ein Blitz getroffen. Keine bisher schien so selbstverständlich, so unausweichlich richtig. Und damit steuerte ich direkt auf die Katastrophe zu. Ich mußte schmerzlich erkennen, wie sehr ich mich diesmal in einem Menschen getäuscht hatte. Er ging aus meinem Leben genauso plötzlich, wie er gekommen war. Ohne Vorwarnung, ohne ein für mich erkennbares Zeichen. Obwohl es eigentlich genug Zeichen gegeben hat. Ich wollte sie nur nicht sehen.

Dabei hätte ich zur Premiere von MAKROPULOS in Glyndebourne Zuspruch bitter nötig gehabt, denn ich hatte einen Sonnenstich (nicht seinetwegen!). Ich fühlte mich außerstande, am Abend zu singen. Das war zumindest einmal ein origineller Absagegrund! Noch um fünf Uhr nachmittags (um sechs sollte die Vorstellung anfangen) hing ich total ›in den Seilen‹. George Christie und Nikolaus Lehnhoff akzeptierten meine Absage nicht und holten mich persönlich in meiner Glyndebourner Wohnung ab, da ich nicht in der Lage war, auch nur einen Schritt allein zu gehen. Sie schleppten mich – anders kann man es nicht nennen – in die Garderobe, ignorierten meine Klagen und die Behauptung, ich könne nicht singen. Sie hatten keine andere Wahl. Mein ›Ersatz‹ war noch nicht fertig studiert. Irgendwie muß ich in meinem vorigen Leben ein Zirkuspferd gewesen sein. Von dem Moment an, als sie mich endlich

Als Emilia Marty in DIE SACHE MAKROPULOS, Glyndebourne 1995

auf der Bühne hatten, lief alles reibungslos und wurde, ich kann es nicht anders nennen, ein Triumph. Vielleicht der größte meines Lebens. Wozu doch Sonnenstiche manchmal gut sein können!

Das erneute Scheitern einer Beziehung war zuviel für mich. Diesmal war ich nicht mehr fähig, damit fertig zu werden. Ich konnte mich nur noch mit starken Beruhigungsmitteln über die vielen Vorstellungen und den ganzen Sommer retten, was zur Folge hatte, daß ich mich nur mit äußerster Mühe während dieser immerhin dreizehn Vorstellungen, von denen ich keine absagte, an meinen tschechischen Text erinnern konnte. In jeder Ecke der Bühne hatte ich hilfreiche Menschen postiert, die mir soufflierten, hatte überall Zettel mit Texthilfen angeklebt. Alles nutzte nichts. Die Soufflierenden verstand ich nicht, und den Text konnte ich ohne Brille gar nicht lesen! Daran hatte ich in meiner Verzweiflung überhaupt nicht gedacht. Es war ein Alptraum. Ich verstand plötzlich den wahren Sinn des Wortes Irr-sinn. Ich war nicht mehr Herr meiner Sinne.

Das Ende dieser Beziehung war meine größte, die vielleicht einzig wirkliche Niederlage meines Lebens.

Ich legte meine ganze Verzweiflung in die Rolle. Ich versuchte, in diesen wenigen kurzen Stunden auf der Bühne meiner Verzweiflung einen Sinn zu geben, indem ich sie auf die Rolle übertrug. Die Briefe, die ich vor und nach Glyndebourne an ihn schrieb, hatten in ihrer Begeisterung, aber auch Verzweiflung große Ähnlichkeit mit denen Andrés. Aber ähnlich, wie Andrés Liebe mich manchmal in ihrer Ausschließlichkeit erschreckt hatte, erschreckte meine Liebe nun diesen Mann. Er kam nicht zurecht mit meiner angeblichen Stärke, meinen Erfolgen, meiner ganzen Biographie. Er sah immer wieder nur einen Ausweg: die Flucht aus seinem bisherigen Leben, vor mir, vor der Verantwortung.

Der Kreis schloß sich. Wieder war ich einem Mann begegnet, der fast unüberwindliche Beziehungsängste hatte. Er erinnerte mich in vielem an Wieland. Ich war aber nicht mehr jung genug, seine Indifferenz zu ignorieren, mich darüber hinwegzusetzen, wie ich das früher gekonnt habe. André hatte es auch nicht mehr gekonnt. Er liebte zu sehr, und das macht angreifbar. Diesen Fehler machte ich nun auch. Ich habe lange gehofft, Beruf und privates Glück vereinen zu können. Berechtigt daran geglaubt, denn zweimal hatte ich es erlebt. Ich konnte nicht noch einmal darauf hoffen. Merkwürdig, ich hatte es lange für selbstverständlich gehalten.

So schmerzlich alles war und wohl immer bleiben wird, zeigt es mir trotz allem, zu was ich noch fähig war, noch fähig bin.

War diese Erkenntnis das alles wert? Sie zerstörte meine Ehe, die Welt meiner Kinder und letztlich mein Leben, weil es etwas in mir zerstörte, was ich mir, trotz aller Schicksalsschläge, bis dahin zu erhalten versucht hatte: Die Hoffnung... Dieses unerwartete Scheitern zerstörte den Glauben an mich selbst. Heute, nach acht Jahren inneren und äußeren Kampfes, kann ich vielleicht ein bißchen besser damit umgehen. Ich weiß es nicht. Ich fand zwar nicht mich selbst, aber ich fand, mehr denn je, zurück zu denen, die mir einmal so viel Kraft gegeben haben.

Mehr steht mir nicht zu. Ist man jemals dankbar? Müßte ich es sein? Ich habe die Suche nach dem, was ich durch den frühen und plötzlichen Tod von Wieland und André verloren hatte, innerlich niemals aufgegeben, nicht diese undefinierbare Sehnsucht verloren. Sie wird sich nie erfüllen. Wie hätte sie wohl ausgesehen, die ›erfüllte‹ Sehnsucht?

Ich habe außergewöhnliche Männer geliebt und wurde geliebt. Was bleibt, ist das Fliegende-Holländer-Dasein. Reisen, die ständige Flucht vor sich selbst, auf der Suche nach sich selbst. Eines Tages wird sie beendet sein. Wie sagt Emilia Marty: ›Kein Leben darf zu lang sein …‹

Was weiter wird, weiß ich nicht. Es ist auch nicht wichtig. Ich weiß heute, was Leben und Lieben heißt. Ich habe die großen Gefühle erlebt, habe sie erleben dürfen und erlebe sie jetzt in der Erinnerung noch einmal. Vielleicht noch stärker, als ich es damals konnte. Ich bin mir inzwischen nicht mehr so sicher, ob die Gefühle ein Geschenk oder eine Prüfung waren. Meine Begegnung mit André, war sie (für mich) nur dazu da, mir zu zeigen, was Liebe und Sexualität bedeuten können, um danach ein Leben lang vergebens zu versuchen, sie noch einmal zu finden?

Solange man lebt, hofft man, und solange man hofft, lebt man. Ein oft zitierter Satz. André schrieb ihn mir und glaubte daran, Christoph schrieb ihn ebenfalls, und auch für mich galt er lange. Ich war nur allzu bereit, auf das Wunder der erreichbaren Sehnsucht zu hoffen. Es kann sie nicht geben, denn dann wäre es keine Sehnsucht mehr. Ich habe, in unterschiedlicher Intensität, seit drei Jahrzehnten mit meiner Vergangenheit gelebt und sie durchlitten. Für jeden bestimmt die Vergangenheit das Leben, sie bleibt bei uns, auch wenn oft geraten wird, man solle sie vergessen und vorwärts denken und -sehen. Das Vergessen, das ich nach Wielands und Andrés Tod so gefürchtet habe, ist wohl zu einem großen Teil notwendig, um weiterleben zu können. Wehmütige Erinnerung hatte André es genannt. Sie tut verdammt weh, diese Erinnerung!

Mein ganz besonderer Dank an Wolfgang Wagner, der mir nicht nur das Bildmaterial aus Bayreuth zur Verfügung stellte, sondern auch Korrespondenz Wieland Wagners aus dem Archiv der Festspiele, ein mir bis dahin völlig unbekanntes und für mich aufschlußreiches Material.

Ein freundschaftlicher Dank ebenso an die Kinder Wieland Wagners, die mir den Abdruck von Auszügen seiner Briefe an mich genehmigten und mir meine eigenen Briefe an Wieland zurückgaben.

Anhang

Inszenierungen mit Wieland Wagner in Bayreuth

1960 DER FLIEGENDE HOLLÄNDER/Senta (Wolfgang Sawallisch)
1961 DER FLIEGENDE HOLLÄNDER/Senta (Wolfgang Sawallisch)
PARSIFAL/Blumenmädchen (Hans Knappertsbusch)
1962 LOHENGRIN/Elsa (Wolfgang Sawallisch)
TANNHÄUSER/Elisabeth (Wolfgang Sawallisch)
PARSIFAL/Blumenmädchen (Hans Knappertsbusch)
1963 DIE MEISTERSINGER VON NÜRNBERG/Eva (Thomas Schippers)
PARSIFAL/Blumenmädchen (Hans Knappertsbusch)
1964 DIE MEISTERSINGER VON NÜRNBERG/Eva (Karl Böhm)
TANNHÄUSER/Venus (Otmar Suitner)
PARSIFAL/Blumenmädchen (Hans Knappertsbusch)
1965 DAS RHEINGOLD/Freia (Karl Böhm)
GÖTTERDÄMMERUNG/3. Norn (Karl Böhm)
TANNHÄUSER/Venus (André Cluytens)
DER FLIEGENDE HOLÄNDER/Senta (Otmar Suitner)
PARSIFAL/Blumenmädchen (André Cluytens)
1966 TANNHÄUSER/Venus (Carl Melles)
TANNHÄUSER/Elisabeth (Carl Melles)
DAS RHEINGOLD/Freia (Karl Böhm)
SIEGFRIED/Waldvogel (Karl Böhm)
GÖTTERDÄMMERUNG/3. Norn (Karl Böhm)
PARSIFAL/Blumenmädchen (Pierre Boulez)
1967 TANNHÄUSER/Elisabeth (Berislav Klobucar)
DAS RHEINGOLD/Freia (Karl Böhm)
SIEGFRIED/Waldvogel (Karl Böhm)
GÖTTERDÄMMERUNG/3. Norn (Karl Böhm)
PARSIFAL/Blumenmädchen (Pierre Boulez)

Inszenierungen mit Wieland Wagner außerhalb Bayreuths

1961 Turin: SIEGFRIED/Waldvogel (Robert Heger)
Berlin, Deutsche Oper: LOHENGRIN/Elsa (Heinrich Hollreiser)
1962 Stuttgart: SALOME/Salome (Ferdinand Leitner)
Brüssel: TRISTAN UND ISOLDE/Isolde (Karl Maria Zwissler)
Berlin, Deutsche Oper: SALOME/Salome (Bruno Maderna)
1963 Genf: TRISTAN UND ISOLDE/Isolde (Alberto Erede)
Brüssel: SALOME/Salome (André Vandernoot)

1963 Neapel: DIE WALKÜRE/Brünnhilde (Lovro von Matacic)
Neapel: TRISTAN UND ISOLDE/Isolde (Lovro von Matacic)
Köln: DIE WALKÜRE/Brünnhilde (Wolfgang Sawallisch)
Köln: SIEGFRIED/Brünnhilde (Wolfgang Sawallisch)
Kopenhagen: TANNHÄUSER/Venus und Elisabeth (John Frandsen)
1964 Paris: SALOME/Salome (André Cluytens)
Brüssel: ELEKTRA/Elektra (André Vandernoot)
Stuttgart: FIDELIO/Leonore (Ferdinand Leitner)
1965 Rom: TRISTAN UND ISOLDE/Isolde (André Cluytens)
Frankfurt/M: OTHELLO/Desdemona (André Cluytens)
Genf: DER FLIEGENDE HOLLÄNDER/Senta (Georges Sébastian)
Brüssel: FIDELIO/Leonore (André Vandernoot)
Wien, Staatsoper: SALOME/Salome (Zdenek Kosler)
1966 Stuttgart: LULU/Lulu (Ferdinand Leitner)
Hamburg: DER FLIEGENDE HOLLÄNDER/Senta (Leopold Ludwig)
Frankfurt/M: WOZZECK/Marie (Pierre Boulez)
Rom: SALOME/Salome (Bruno Bartoletti)
Edinburgh-Festival: LULU/Lulu
(Ferdinand Leitner – Gastspiel Staatsoper Stuttgart)
1967 Holland-Festival: ELEKTRA/Elektra
(André Vandernoot – Gastspiel Oper Brüssel)
Osaka: DIE WALKÜRE/Brünnhilde
(Thomas Schippers – Gastspiel Bayreuther Festspiele)
Paris: DIE WALKÜRE/Brünnhilde (Georges Sébastian)
1968 Edinburgh-Festival: DER FLIEGENDE HOLLÄNDER/Senta
(Bernhard Klee – Gastspiel Staatsoper Hamburg)

Rollendebüts und andere Inszenierungen

1956 Braunschweig: DER BARBIER VON SEVILLA/Rosina
Braunschweig: CARMEN/Micaela
1957 Braunschweig: DON CARLOS/Engelsstimme
Braunschweig: ARIADNE AUF NAXOS/Zerbinetta
1958 Stuttgart: DER TROUBADOUR/Leonore – Ines
Stuttgart: DIE ZAUBERFLÖTE/Königin der Nacht
Stuttgart: RIGOLETTO/Gräfin Ceprano
1959 Frankfurt/M: CAVALLERIA RUSTICANA/Santuzza
(Wolfgang Rennert/Hans Neugebauer)
Wien, Staatsoper: DIE ZAUBERFLÖTE/Königin der Nacht (Karl Böhm)

1959 Aix-en-Provence: DIE ZAUBERFLÖTE/Königin der Nacht
(Alberto Erede/Jean Pierre Grenier)
Frankfurt/M: HOFFMANNS ERZÄHLUNGEN/Olympia, Giulietta, Antonia, Stella (Wolfgang Rennert/Georg Hartmann)
Frankfurt/M: ELEKTRA/4. Magd (Georg Solti/Georg Hartmann)
1960 Frankfurt/M: DIE ENTFÜHRUNG AUS DEM SERAIL/Konstanze
(Felix Prohaska/Wolfgang Müllner)
Frankfurt/M: COSI FAN TUTTE/Fiordiligi (Felix Prohaska/Leopold Lindberg)
Frankfurt/M: TURANDOT/Liu (Wolfgang Rennert/Hans Hartleb)
Frankfurt/M: DIE WALKÜRE/Sigrune (Georg Solti/Erich Witte)
1961 Frankfurt/M: DIE WALKÜRE/Sieglinde (Felix Prohaska/Erich Witte)
1962 Bologna: TRISTAN UND ISOLDE/Isolde (Lovro von Matacic/Peter Lehmann)
Frankfurt/M: FIDELIO/Leonore (Lovro von Matacic/Harry Buckwitz)
Frankfurt/M: ARIADNE AUF NAXOS/Ariadne
(Lovro von Matacic/Arno Assmann)
1964 Toulouse: DIE MEISTERSINGER VON NÜRNBERG/Eva (Gustav Koenig)
Turin: TRISTAN UND ISOLDE/Isolde (Lovro von Matacic/Peter Lehmann)
Neapel: DIE MEISTERSINGER VON NÜRNBERG/Eva
(Lovro von Matacic/Heinz Arnold)
1965 Stuttgart: HOFFMANNS ERZÄHLUNGEN/Olympia, Giulietta, Antonia, Stella
(Wolfgang Rennert/Otto Schenk)
1966 Zürich: DER FLIEGENDE HOLLÄNDER (Victor Reinshagen)
Wien, Staatsoper: HOFFMANNS ERZÄHLUNGEN/Olympia, Giulietta, Antonia, Stella (Josef Krips/Otto Schenk)
1967 Barcelona: DER FLIEGENDE HOLÄNDER/Senta
(Oscar Danon/Manfred Hubricht)
Genf: SALOME/Salome
(Georges Sébastian/Gertrud Wagner nach Wieland Wagner)
Stuttgart: AUFSTIEG UND FALL DER STADT MAHAGONNY/Jenny
(Ferdinand Leitner/Günther Rennert)
Holland-Festival: LULU/Lulu (André Vandernoot/Jo Dua)
München, Nationaltheater: MACBETH/Lady Macbeth
(Christoph von Dohnányi/Otto Schenk)
Budapest: SALOME/Salome
Budapest: TANNHÄUSER/Venus und Elisabeth
Frankfurt/M: LA TRAVIATA/Violetta (Wolfgang Rennert/Otto Schenk)
1968 Barcelona: SALOME/Salome (Mladen Basic/Renate Ebermann)
London, Royal Festival Hall: DER FLIEGENDE HOLLÄNDER/Senta
(Otto Klemperer – konzertant)
Genf: DIE WALKÜRE/Brünnhilde (Georges Sébastian/Herbert Graf)

1968 Holland-Festival: SALOME/Salome (Jaroslav Krombholc/Renate Ebermann)
Stuttgart: TURANDOT/Turandot (Arthur Grüber/Ernst Poettgen)
San Francisco: SALOME/Salome (Horst Stein/Renate Ebermann)
Wien, Staatsoper: LULU/Lulu (Karl Böhm/Otto Schenk)
1969 Barcelona: TANNHÄUSER/Elisabeth (Mladen Basic/Renate Ebermann)
London, Covent Garden: FIDELIO/Leonore
(Otto Klemperer, auch Inszenierung)
Frankfurt/M: DER FEURIGE ENGEL/Renata
(Christoph von Dohnányi/Václav Kašlik)
London, Covent Garden: LES TROYENS/Cassandra
(Colin Davis/Minos Volanakis)
Chicago: DER FLIEGENDE HOLLÄNDER/Senta
(Christoph von Dohnányi/Renate Ebermann)
1970 Chicago: LULU/Lulu (Christoph von Dohnányi/Renate Ebermann)
Frankfurt/M: LULU/Lulu (Christoph von Dohnányi/Rudolf Noelte)
Triest: SALOME/Salome (Wolfgang Rennert/Renate Ebermann)
Stuttgart: DIE SACHE MAKROPULOS/Emilia Marty
(Vaclav Neumann/Günther Rennert)
München, Nationaltheater: TANNHÄUSER/Elisabeth
(Christoph von Dohnányi/Hans Peter Lehmann)
Edinburgh-Festival: DER FEURIGE ENGEL/Renata
(Christoph von Dohnányi/Vaclav Kašlik – Gastspiel Frankfurt)
Stuttgart: DIE MACHT DES SCHICKSALS/Leonore
(Josef Dünnwald/Ernst Poettgen)
1971 Frankfurt/M: Cherubini MEDEA/Medea
(Christoph von Dohnányi/John Cox)
Salzburger Festspiele: WOZZECK/Marie (Karl Böhm/Gustav Rudolf Sellner)
1972 New York, Metropolitan: FIDELIO/Leonore (Hans Wallat/Otto Schenk)
New York, Metropolitan: SALOME/Salome (Karl Böhm/Günther Rennert)
Paris: Schönberg ERWARTUNG (Georg Solti – konzertant)
Frankfurt/M: DIE LUSTIGE WITWE/Hanna Glawari
(Christoph von Dohnányi/Otto Schenk)
Chicago: WOZZECK/Marie (Bruno Bartoletti/Virginio Puecher)
1973 Frankfurt/M: CARMEN/Carmen
(Christoph von Dohnányi/Jean Pierre Ponnelle)
London, Royal Albert Hall – Proms: FIDELIO/Leonore
(Colin Davis – konzertant)
1974 Frankfurt/M: Halévy DIE JÜDIN/Recha (Elyakum Shapira – konzertant)
Frankfurt/M: ERWARTUNG/Die Frau
(Christoph von Dohnányi/Klaus Michael Grüber)

1974 Stuttgart: Katja Kabanowa/Katja (Vaclav Neumann/Ernst Poettgen)
Frankfurt/M: Tosca/Tosca (Christoph von Dohnányi/Jean Pierre Ponnelle)

1975 London, Covent Garden: Wozzeck/Marie (Christoph von Dohnányi)
Berliner Festwochen: Weill Orpheus/Der Silbersee
(Gary Bertini – konzertant)

1976 San Francisco: Die Sache Makropulos/Emilia Marty
(Christoph von Dohnányi/David Poutney)
Köln: Das Mädchen aus dem goldenen Westen/Minnie
(Charles Mackerass/Hans Neugebauer)
Wien, Staatsoper: von Einem Kabale und Liebe/Luise
(Christoph von Dohnányi/Otto Schenk)

1978 Hamburg: Lulu/Lulu (Christoph von Dohnányi/Luc Bondy)
Hamburg: von Einem Kabale und Liebe/Luise
(Theodor Guschelbauer/Kurt Horres)

1979 Hamburg: Eugen Onegin/Tatjana (Christoph von Dohnányi/Adolf Dresen)
Wiener Festwochen: Goldmark Die Königin von Saba/Königin
(Julius Rudel – konzertant)

1981 Hamburg: Wozzeck/Marie (Christoph von Dohnányi/Luc Bondy)
Brüssel: Wozzeck/Marie (Sylvain Cambreling/Hans Neugebauer)
Berlin, Staatsoper: Erwartung (Christoph von Dohnányi – konzertant)
San Francisco: Lady Macbeth von Minsk/Katarina
(Calvin Simmons/Gary Freedman)

1982 Frankfurt/M: Die Sache Makropulos/Emilia Marty
(Michael Gielen/Ruth Berghaus)

1983 Frankfurt/M: Die Trojaner/Kassandra (Michael Gielen/Ruth Berghaus)

1985 Paris: Wozzeck/Marie (Christoph von Dohnányi/Ruth Berghaus)
San Francisco: Reimann Lear/Regan (Gerd Albrecht/Jean Pierre Ponnelle)

1986 Boston: Die Sache Makropulos/Emilia Marty
(Sarah Caldwell – auch Inszenierung)
Brüssel: Die lustige Witwe/Hanna Glawari
(Christoph von Dohnányi/Jürgen Tamchina)

1987 Brüssel: Die Fledermaus/Prinz Orlofsky
(Michael Schønwandt/Maurice Béjart)
Brüssel: Macbeth/Lady Macbeth (Michael Schønwandt/Philippe Sireuil)
Brüssel: Jenufa/Küsterin (Sylvain Cambreling/Adolf Dresen)

1988 Brüssel: Schreker Der ferne Klang/Grete (Ingo Metzmacher)
Brüssel: Wozzeck/Marie (Sylvain Cambreling/Hans Neugebauer)

1989 Glyndebourne: Jenufa/Küsterin (Andrew Davis/Nikolaus Lehnhoff)
San Francisco: Die Frau ohne Schatten/Amme
(Christoph von Dohnányi)

1990 Brüssel: Lohengrin – Inszenierung
Cleveland/New York: Henze Die Bassariden/Agave
(Christoph von Dohnányi – konzertant)
1991 Zürich: Lohengrin/Ortrud (Ralf Weikert/Robert Wilson)
Frankfurt/M: Lohengrin/Ortrud (Stefan Soltesz/Nikolaus Lehnhoff)
1993 Wien, Volksoper: Die Sache Makropulos (Isaac Karabtchefsky/Christine Mielitz)
1994 Paris, Chatelet: Die Frau ohne Schatten/Amme
(Christoph von Dohnányi/Andreas Homoki)
Madrid, Zarzuela: Wozzeck/Marie (Antoni Ros Marba/José Carlos Plaza)
Leipzig: Salome/Herodias (Jiri Kout/Nikolaus Lehnhoff)
Zürich: Die Frau ohne Schatten/Amme
(Christoph von Dohnányi/Cesare Lievi)
1995 Wien, Volksoper: Der feurige Engel/Renata (Donald Runnicles/Christine Mielitz)
London, Covent Garden: Salome/Herodias (Christoph von Dohnányi/Luc Bondy)
Glyndebourne: Die Sache Makropulos (Andrew Davis/Nikolaus Lehnhoff)
Frankfurt/M: Jenufa/Küsterin (Sylvain Cambreling/Adolf Dresen)
Brüssel: Erwartung/Die Frau (Antonio Pappano/Klaus Michael Grüber)
1996 Brüssel: Weill Die sieben Todsünden der Kleinbürger/Anna I
(Mark Stringer/Sabine Hartmannshenn)
Paris, Chatelet: Jenufa/Küsterin (Simon Rattle/Stéphane Braunschweig)
Chicago: Salome/Herodias (Antonio Pappano/Luc Bondy)
1997 Prag, Staatsoper: Jenufa/Küsterin
Paris, Chatelet: Salome/Herodias (Semyon Bychkow/Luc Bondy)
1998 Zürich: Jenufa/Küsterin (Franz Welser-Möst/Reto Nickler)
Trier, Antikenfestspiele: Elektra/Klytämnestra (Siegfried Köhler/Heinz Lukas-Kindermann)
Rio de Janeiro: Salome/Herodias (Gabor Ötvös)
Barcelona: Salome/Herodias (Peter Schneider – konzertant)

Filme/Fernsehaufzeichnungen

Mozart, DIE ZAUBERFLÖTE/Königin der Nacht (Alberto Erede/Jean Pierre Grenier) Aix-en-Provence 1959

Wagner, DIE MEISTERSINGER VON NÜRNBERG/Eva, 3. Akt/Schusterstube (Thomas Schippers/Wieland Wagner) BR 1963 (Bayreuther Festspiele)

Wagner, WESENDONCKLIEDER, am Flügel Ferdinand Leitner, aus dem Großen Saal des Regentenbaus in Kissingen, ZDF 1963

Mozart, DIE ENTFÜHRUNG AUS DEM SERAIL/Konstanze (Lovro von Matacic/Bruno Hübner) ZDF/Life-Übertragung 1963 (Oper Frankfurt/M)

Wagner, DIE WALKÜRE/Brünnhilde, (Thomas Schippers/Wieland Wagner) NHK 1967 (Osaka-Festival)

Beethoven, FIDELIO/Leonore, (Horst Stein/Günther Rennert-Joachim Hess) NDR/Polyphon 1968 (Hamburgische Staatsoper)

Menotti, DAS TELEFON/Lucy, (Wolfgang Rennert/Otto Schenk) SFB/ORF 1968

Berg, LULU/Lulu, (Ferdinand Leitner/ Wieland Wagner) ZDF 1969 (Staatsoper Stuttgart)

Weill, AUFSTIEG UND FALL DER STADT MAHAGONNY/Jenny (Ferdinand Leitner/Günther Rennert) ZDF 1969 (Staatsoper Stuttgart)

Schönberg, ERWARTUNG/Die Frau (Christoph von Dohnányi/Klaus Michael Grüber) ZDF 1974 (Oper Frankfurt/M)

Weill, DER SILBERSEE (Gary Bertini) SFB 1975 (Konzert der Berliner Festwochen)

Janáček, JENUFA/Küsterin, (Andrew Davis/Nikolaus Lehnhoff) Channel 4/ZDF 1990 (Glyndebourne-Festival)

DIE MUSIK SAGT ALLES – Anja Silja, SFB/ARTE 1995 (Portrait)

Strauss, SALOME/Herodias, (Christoph von Dohnányi/Luc Bondy) 1995 (Covent Garden)

Janáček, DIE SACHE MAKROPULOS/Emilia Marty (Andrew Davis/Nikolaus Lehnhoff) 1995 (Glyndebourne-Festival)

Schallplatten

Bayreuth

Der Fliegende Holländer/Senta, 1961 – Wolfgang Sawallisch (Philips)

Parsifal/Blumenmädchen, 1962 – Hans Knappertsbusch (Philips)

Tannhäuser/Elisabeth, 1962 – Wolfgang Sawallisch (Philips)

Lohengrin/Elsa 1962 – Wolfgang Sawallisch (Philips)

Der Ring des Nibelungen – Das Rheingold/Freia;
Götterdämmerung/3. Norn 1965 – Karl Böhm (Philips)

❧

Beethoven, Fidelio/Leonore, 1964 – Ausschnitte, Lovro von Matacic (Eurodisc)

Puccini, Tosca/Tosca, 1966 – Ausschnitte, Accademia di Santa Cecilia, Lorin Maazel (Decca)

Wagner, Der Fliegende Holänder/Senta, 1967 – New Philharmonia Orchestra London, Otto Klemperer (EMI)

Berg, Lulu-Suite/Strauss, Schlußgesang der Salome, 1973 – Wiener Philharmoniker, Christoph von Dohnányi (Decca)

Berg, Lulu/Lulu, 1973 – Wiener Philharmoniker, Christoph von Dohnányi (Decca)

Berg, Wozzeck/Marie – Wiener Philharmoniker, Christoph von Dohnányi (Decca)

Schönberg, Erwartung – Wiener Philharmoniker, Christoph von Dohnányi (Decca)

Weill, Aufstieg und Fall der Stadt Mahagonny/Jenny, 1985 – Kölner Rundfunk Sinfonie Orchester, Latham-König (Capriccio)

Henze, La Cubana – Hamburger Kammerorchester, Latham-König (Capriccio)

Wagner, Die Walküre/Fricka, 1993 – Cleveland Orchestra, Christoph von Dohnányi (Decca)

Strauss, Salome/Herodias – Dänisches Rundfunkorchester, Michael Schønwandt

Personenregister

Bühnenwerke

Bildnachweise

Titel: Als Senta, Stuttgart 1962 (Madelin Winkler-Betzendahl)
Rückseite: Als Emilia Marty, Glyndebourne 1995 (Guy Gravett)

Rama 33
Otto Hoppe 37
Siegfried Lauterwasser 72, 80, 113, 126, 144, 146, 153, 156, 157, 160, 253
Bayreuther Festspiele 45, 60, 69, 83, 101, 118, 135, 154, 155, 158, 159, 177
Deutsches Theatermuseum, Archiv Ilse Buhs 64
Gebauer 87, 103
Teatro di San Carlo/Trocone 105
Heinz Bogler 106
Studio Lipnitzky 121
Atelier Dietrich 141
Günter Englert 151, 195, 225, 257
Jones 184
EMI 191, 228
Felicitas 238
Metro News, Chicago 252
Erika Davidson 270
Guy Gravett 288, 292
alle anderen Privatarchiv Anja Silja